弁護士専門研修講座

交通事故の法律相談と事件処理

民事交通事故訴訟の実務Ⅲ

東京弁護士会
弁護士研修センター運営委員会［編］

ぎょうせい

はしがき

　現代社会はあらゆる分野で複雑化・高度化が進行しており、紛争類型も多様化しています。これに応じ、弁護士も、より高度な専門性を習得し、複雑化した案件に対応できる実践的能力が求められております。弁護士が市民の法的ニーズを的確に理解し、日々研鑽を重ねることが必要なことは言うまでもありません。

　東京弁護士会では、弁護士研修センターを設置し、弁護士の日常業務の研鑽に加え、専門分野の研修にも力を注いできました。特に平成18年度後期からは、特定の分野に関する専門的知識や実務的知識の習得を目的とする専門連続講座を開始し、研修の実質を高めて参りました。本書は、平成26年度に行われた「交通事故」専門講座の講義を収録したものです。

　本連続講座は、交通事故をめぐる法律問題について実践的内容を講義しているもので、多くの弁護士にとって示唆に富み、素養に資するものと確信しております。

　本講座を受講されなかった皆様方におかれましても、是非本書をお読みいただき、交通事故をめぐる法律問題に関する実務能力の向上をはかられ、日々の事件への適切な対応にお役立ていただければ幸いです。

平成27年9月

東京弁護士会会長　伊　藤　茂　昭

講師紹介

(講義順)

谷原　誠（たにはら・まこと）

平成6年	弁護士登録（東京弁護士会・第46期）
〃 13年度	東京弁護士会常議員・代議員
〃 21年	税理士登録

正田　光孝（しょうだ・みつたか）

平成20年　　弁護士登録（東京弁護士会・第61期）

前田　真樹（まえだ・まさき）

平成19年　　弁護士登録（東京弁護士会・第60期）
〃 23年　　（公財）日弁連交通事故相談センター東京支部交通事故相談担当
〃 24年　　〃
〃 26年　　〃

小堀　優（こぼり・ゆう）

平成19年　　弁護士登録（東京弁護士会・第60期）
現在　　　　放送大学非常勤講師

俣木　泰治（またき・たいじ）

平成13年　　大阪地方裁判所判事補（第54期）
〃 16年　　横浜地方裁判所横須賀支部判事補
〃 18年　　経済産業省経済産業政策局産業資金課課長補佐
〃 20年　　東京地方裁判所判事補
〃 22年　　富山地方・家庭裁判所判事補、同魚津支部判事補
〃 23年　　富山地方・家庭裁判所判事、同魚津支部判事
〃 25年　　東京地方裁判所判事

花沢　剛男（はなざわ・たけお）

昭和62年	弁護士登録（第二東京弁護士会・第39期）
平成14年〜	（財）日弁連交通事故相談センター東京支部相談担当
	現在、あっせん委員を兼ねる

平山　隆英（ひらやま・たかひで）

昭和60年	弁護士登録（東京弁護士会・第37期）
平成2年	東京三弁護士会交通事故処理委員会委員
〃 8年	（財）日弁連交通事故相談センター東京支部委員
〃 19年	（財）日弁連交通事故相談センター東京支部委員長

目　次

はしがき
講師紹介

I　交通事故の法律相談全般
（相談から示談終了までのロードマップ）

弁護士　谷原　　誠
弁護士　正田　光孝

第1　はじめに……………………………………………………………2
　1　相談者が弁護士に相談する目的………………………………2
　2　相談を受ける前の準備…………………………………………3
　　(1)　弁護士側の準備（携行すべき書籍）／3
　　(2)　相談者側の資料準備／4
　3　相談を受けるにあたっての前提知識…………………………6
　　(1)　事故発生から解決までの流れ／6
　　(2)　一般的な交通事故の損害項目（基準）／7
第2　交通事故の法律相談の流れ…………………………………… 12
　1　事故状況（過失割合）の把握……………………………… 12
　2　被害者の受傷内容、治療経過、後遺障害の内容などの把握…… 18
　3　賠償額の検討………………………………………………… 22
レジュメ………………………………………………………………… 34

II　後遺障害等級について
（後遺障害事案を扱う際のポイントや注意点等）

弁護士　谷原　　誠
弁護士　前田　真樹

第1　後遺障害等級について………………………………………… 43
　1　はじめに……………………………………………………… 43
　　(1)　後遺障害とは／43
　　(2)　症状固定の意味・役割／44
　2　等級認定の仕組み…………………………………………… 45
　　(1)　認定機関／45

目　次

　　(2)　認定の資料／45
　　(3)　等級認定の手続／46
　　(4)　認定基準／47
　　(5)　複数の障害がある場合／49
　3　不服申立手続 …………………………………………… 49
　　(1)　異議申立／49
　　(2)　紛争処理の申請／50
　4　後遺障害等級認定と訴訟 ……………………………… 51
第2　後遺障害事案相談のポイント………………………… 52
　1　相談にあたって必要な資料 …………………………… 52
　2　相談の流れ ……………………………………………… 52
第3　後遺障害ごとの検討…………………………………… 69
　1　眼の障害 ………………………………………………… 70
　　(1)　視力障害／70
　　(2)　調節機能障害及び運動機能障害／70
　　(3)　視野障害／71
　　(4)　まぶたの障害／71
　　(5)　その他の障害／71
　2　耳の障害 ………………………………………………… 71
　　(1)　聴力障害／71
　　(2)　耳介の欠損障害等／72
　3　鼻の障害 ………………………………………………… 72
　　(1)　欠損障害／72
　　(2)　嗅覚脱失・減退／72
　4　口の障害 ………………………………………………… 73
　　(1)　そしゃく及び言語機能障害／73
　　(2)　歯牙障害及び味覚障害他／73
　5　高次脳機能障害 ………………………………………… 74
　6　脊髄障害 ………………………………………………… 74
　7　てんかん ………………………………………………… 75
　8　末梢神経障害 …………………………………………… 76
　9　上肢の障害 ……………………………………………… 77
　　(1)　欠損障害／77

(2)　機能障害／77
　　　(3)　変形障害／78
　　10　下肢の障害 ………………………………………………… 78
　　　(1)　欠損障害／78
　　　(2)　機能障害／79
　　　(3)　変形障害／79
　　11　手指の障害 ………………………………………………… 79
　　12　足指の障害 ………………………………………………… 79
　　13　醜状障害 …………………………………………………… 79
　　14　脊柱の障害 ………………………………………………… 80
　　　(1)　変形障害／80
　　　(2)　運動障害／80
　　15　その他体幹骨の変形障害 ………………………………… 81
　　16　胸腹部臓器、生殖器の障害 ……………………………… 82
　レジュメ ………………………………………………………… 83
　資　　料 ………………………………………………………… 102

Ⅲ　交通事故に関する保険制度

　　　　　　　　　　　　　　　　　　弁護士　小堀　　優

はじめに ……………………………………………………… 112
　　1　検討すべき保険制度 …………………………………… 112
　　2　交通事故における保険制度とは ……………………… 113
　　3　有無責の判断にあたり検討すべき事項 ……………… 114
　第1　自動車保険の概要 ……………………………………… 115
　　1　自賠責保険と任意保険～対人賠償保険は上積み保険～ ……… 115
　　2　任意保険の概要 ………………………………………… 115
　第2　自賠責保険・対人賠償 ………………………………… 116
　　1　検討すべき保険 ………………………………………… 116
　　2　自賠責保険 ……………………………………………… 117
　　　(1)　自賠責保険とは／117
　　　(2)　根拠法／117
　　　(3)　要　件／117
　　　(4)　支払限度額／118

目　次

　　(5)　免責事由／119
　　(6)　支払方法／120
　　(7)　重過失減額／120
　3　対人賠償保険とは ……………………………………………… 121
　　(1)　定　義／121
　　(2)　適用要件／121
　　(3)　免責事由／122
　　(4)　示談代行制度／124
　4　自賠責・対人賠償の相談時に確認すべき事項 ……………… 124
第3　対物賠償 ……………………………………………………………… 126
　1　対物賠償保険とは ……………………………………………… 126
　2　適用要件 ………………………………………………………… 126
　3　免責事由 ………………………………………………………… 126
　4　示談代行制度 …………………………………………………… 128
　5　対物賠償の相談時に確認すべき事項 ………………………… 128
第4　人身傷害補償 ………………………………………………………… 128
　1　人身傷害補償とは ……………………………………………… 129
　2　保険事故 ………………………………………………………… 130
　3　適用要件 ………………………………………………………… 131
　　(1)　被保険者／131
　　(2)　「他の自動車」に搭乗中の場合の確認事項／131
　4　免責事由 ………………………………………………………… 132
　5　人身傷害補償と損害賠償請求権との関係 …………………… 132
　　(1)　問題の所在／132
　　(2)　学　説／134
　　(3)　保険法25条……差額説を採用（片面的強行規定）／135
　　(4)　判　例／135
第5　無保険車傷害補償（無共済車傷害補償） ………………………… 137
　1　無保険車傷害補償とは ………………………………………… 137
　2　保険事故 ………………………………………………………… 138
　3　被保険者（無保険車傷害の対象になる人） ………………… 138
　4　保険金の性質〜実損てん補方式〜 …………………………… 139
　5　免責事由 ………………………………………………………… 140

6　人身傷害補償との関係 ………………………………… 140
第6　車両保険 ……………………………………………………… 141
　1　車両保険とは ……………………………………………… 141
　2　主な対象事故（例） ……………………………………… 141
　3　免責事由 …………………………………………………… 141
第7　その他の補償 ………………………………………………… 142
　1　搭乗者傷害保険 …………………………………………… 142
　　(1)　搭乗者傷害保険とは／142
　　(2)　被保険者（搭乗者傷害の支払対象となる者）／142
　　(3)　保険金の性質／142
　　(4)　免責事由／143
　2　自損事故傷害保険 ………………………………………… 143
　　(1)　自損事故傷害保険とは／143
　　(2)　被保険者（自損事故傷害の支払対象となる者）／144
　　(3)　保険金の性質（死亡保険金、後遺障害保険金、介護保険金、医療保険金）／144
　　(4)　免責事由／144
第8　各種特約 ……………………………………………………… 144
　1　他車運転特約 ……………………………………………… 144
　　(1)　他車運転特約とは／144
　　(2)　適用される補償項目／145
　　(3)　適用要件／145
　　(4)　免責事由／146
　2　ファミリーバイク特約 …………………………………… 146
　　(1)　ファミリーバイク特約とは／146
　　(2)　適用される補償項目／146
　　(3)　適用要件／147
　3　家族限定特約 ……………………………………………… 147
　　(1)　家族限定特約／147
　　(2)　同種の特約／147
　　(3)　相談時の注意条項／147
　4　年齢条件に関する特約 …………………………………… 147
　　(1)　年齢条件に関する特約とは／147

(2) 特殊な特約の例／147
　　5　弁護士費用特約 ………………………………………… 148
　　6　個人賠償責任特約 ……………………………………… 148
　　7　フリート契約・ノンフリート契約 …………………… 148
第9　時　効 …………………………………………………… 148
第10　政府保障事業 …………………………………………… 149
　　1　政府保障事業とは ……………………………………… 149
　　2　損害の塡補請求から支払までの流れ ………………… 149
　　3　自賠責保険との主な相違点 …………………………… 149
　　4　政府保障事業の対象とならない主なケース ………… 150
第11　自転車保険 ……………………………………………… 150
　　1　自転車事故の傾向 ……………………………………… 150
　　2　自転車事故で高額の損害賠償が命じられた事案 …… 150
　　3　自転車保険の概要 ……………………………………… 151
　　　(1) 現　状／151
　　　(2) 主な商品内容／151
参考情報 ………………………………………………………… 151
レジュメ ………………………………………………………… 153

Ⅳ　民事交通事故訴訟の基礎

　　　　　　　　　　　　　　東京地方裁判所判事　俣木　泰治
第1　民事交通事故訴訟の特徴等 …………………………… 184
　　1　東京地裁民事第27部について ………………………… 184
　　2　交通事故訴訟における審理の特徴 …………………… 186
第2　訴訟提起段階での留意点 ……………………………… 189
　　1　管　轄 …………………………………………………… 189
　　2　訴状の記載内容 ………………………………………… 192
第3　争点整理段階での留意点 ……………………………… 208
　　1　答弁書の記載 …………………………………………… 208
　　2　債務不存在確認訴訟の対応 …………………………… 212
　　3　文書送付嘱託 …………………………………………… 214
第4　和解について …………………………………………… 216
第5　人証について …………………………………………… 218

第6　おわりに·· 220

V　物損全般について
弁護士　花沢　剛男

はじめに·· 222
第1　基礎・理論編·· 225
　1　どのように知識を習得するか ····························· 225
　　⑴　物損、人損問わず／225
　　⑵　「赤い本」下巻（2005年版より分冊）の裁判官の講演録は役に立つ／225
　　⑶　参考本（一部）／227
　2　法的根拠が人損と異なる ·································· 227
　　⑴　人損には自賠法の適用がある／227
　　⑵　物損には自賠法の適用がない→不法行為責任（民法709条）で／228
　3　物損をどう評価するか…公的（第三者）評価機関はない ······· 233
　4　物損には後遺障害はないし、原則、慰謝料は発生しない ······ 234
　5　物損として代表的なものは修理費用 ····················· 236
　6　改造車の修理費用 ··· 236
　7　自動車の評価は難しい ···································· 246
　8　被害者からの相談では「査定額が低い」「これでは中古車であっても購入できない」という不満が多い ·················· 247
　9　自動車には評価損がある ································· 247
　10　代亘使用料 ·· 249
　11　休亘損害 ··· 250
　12　休業（営業）損失（損害） ······························ 251
　13　その他 ·· 251
　14　物損と人損との区別 ······································ 251
第2　応用・実践編·· 251
　1　裁判所（管轄）を選ぶのも弁護士の腕 ·················· 251
　2　交通事故証明書の入手 ···································· 253
　3　自動車登録事項等証明書の入手 ·························· 253
　4　処理方法（方針）の選択 ································· 254
　5　不当・過大な請求を受けたら ···························· 254
　6　債務不存在確認訴訟の方法 ······························· 254

目　次

7　アジャスターとは·· 255
レジュメ·· 256

VI　損害算定の実務（具体的な事例をもとに）

弁護士　平山　隆英

はじめに·· 276
【具体例1】67歳男性／清掃会社勤務 ································· 276
【具体例2】26歳男性／レストラン勤務 ······························· 286
【具体例3】48歳女性／主婦 ·· 291
【具体例4】42歳女性／看護師 ·· 293
レジュメ·· 297

あとがき

I 交通事故の法律相談全般
(相談から示談終了までのロードマップ)

弁護士 **谷原　　誠**
弁護士 **正田　光孝**

I 交通事故の法律相談全般

　みなさん、こんにちは。本日は「交通事故の法律相談全般」ということで、相談から示談終了までどのような形で進んでいくのかということをお話ししたいと思います。私たちは、みらい総合法律事務所で、主に被害者側の後遺障害あるいは死亡事故を専門にやっております。年間大体1000件以上のご相談を事務所で受けており、そのうち何割かを受任して処理しております。

　今日は、基礎的なことをやるということですので、あまり難しいところまでは踏み込みません。ただし、交通事故は、誰でもいつでも遭遇するものなので、弁護士としては学んでおくのが必須かなと思っております。交通事故は、法律や判例だけではなく、医学的な知識、例えば、頸椎捻挫でしたら、頸椎捻挫というのはどういうところに打撃を受けて痺れが出るとか、治療期間としてはどのくらいかかりそうかといったところも必要になってくるので、法律以外の医学的な勉強も必要になってきます。

　今日は、交通事故の法律相談について概略的なことを説明した後に、ロールプレイを少し行い、相談が実際にどのように行われているかをやってみたいと思います。いろいろ話したいことを詰め込んだので、少々無理のある事案になっていますが、その辺はご容赦いただきたいと思います。

　それでは、まず正田弁護士から概括的な説明をいたしまして、後半ロールプレイに入っていきたいと思いますので、最後までよろしくお願いいたします。

第1　はじめに

1　相談者が弁護士に相談する目的

　それでは、引き続いて、私正田から交通事故の法律相談全般について総論的なことをお話しさせていただきます。

　まず、交通事故の被害に遭われた方が弁護士に相談する目的は、何なのでしょうか。交通事故に遭われて相談に来られる方のうち、ほとんどの方は、初めて事故に遭われる方です。ですから、自分の賠償手続が今後どのように進んでいくのかが全く分からないということがあります。あるいは、今はある程度インターネットで情報を得られますが、具体的に自分の事案で最終的にどれだけの賠償額を獲得することができるのか、又は既に保険会社から金

額の提示が出ている場合には、その提示の金額が正しいのかといったところを知りたいと言って来られる方がほとんどだと思います。

2 相談を受ける前の準備

(1) 弁護士側の準備（携行すべき書籍）

そうした相談の申込みを受けて、弁護士としては、相談日を設定することとなります。相談日の当日、ただお話を聞くだけで全てをお答えできる方であればよいのですが、それはベテランの方でもなかなか難しいところもあるかと思いますので、最低限相談の際にお持ちいただきたいという書籍と資料をレジュメに書きました。ご存知ない方はいらっしゃらないかと思いますが、『民事交通事故訴訟損害賠償額算定基準』（いわゆる赤本）、『交通事故損害額算定基準』（いわゆる青本）です。この2冊のうち、少なくとも赤本はご相談の際にお持ちいただく必要があるかと思います。その次の『別冊判例タイムズNo.38』も交通事故事案を取り扱われている先生方であればご存知だと思いますが、過失割合について詳しく載っていますので、事故状況によって過失割合が問題となる事案であれば、適宜その場でこれを参照して適切な見通しを立てられることが必要かと思います。

赤本、青本、判例タイムズで、損害額の基準と過失割合については説明できますが、場合によって後遺障害が残っている事案又は残りそうな事案については、その場で「今後何級が認定されるでしょうか」と質問を受けることがあります。その場合には、診断書などを持ってきてもらって、その診断書を見て、自分である程度基準に当てはめて、「これくらいではないでしょうか」という見通しを説明できることが必要ですので、そういった参考になる書籍もお持ちになっていると相談に役立つと思います。レジュメに挙げたのは、後遺障害全般に関する書籍、いわゆる基準なども細かく書いてあるような本です。例えば、高野先生らが書かれている本などが細かく書かれていて有名です。当事務所でも、交通事故全般に関わる書籍、基準などを記載したものを書いております。その次の『労災補償障害認定必携』という本は、労災における後遺障害の認定基準が詳しく書いてありますので、こういうものを参考に具体的な事案に当てはめて等級の見通しが立てられるとよいのではないかと思います。

(2) 相談者側の資料準備

　以上が弁護士側の準備になりますが、これに対して相談者側においては、交通事故の相談なので、当然事故に関する資料をお持ちいただく必要があります。主な参考となる資料については、レジュメに書いたとおりです。順番に読み上げますが、まずは交通事故証明書です。事故がいつ、どのような場所で起こって、当事者がどういう方々かというのが1、2枚の用紙に記載されています。また、刑事事件になっている場合であれば、実況見分調書や供述調書などを始めとする刑事記録をお持ちの方も時々いらっしゃいますので、持ってきていただければ参考になります。

　そのほかは治療関係になってきますが、病院の診断書です。診断書といっても、刑事事件などで出てくるような、「完治まで何か月」などが書いてあるものではありません。自賠責が適用となる事案であれば、自賠責の様式に従った診断書でA4用紙1枚のものがありますので、そういったもののコピーなどを持っているようであれば持ってきてもらったほうが、治療の経過がよく分かります。診療報酬明細書については、治療費などの内訳が書いてありますので、そちらもあれば参考になります。

　次の休業損害証明書は、事故の治療のためにお仕事を休まなければならなかった場合、それによってどれだけ減収が生じたのかを証明するものです。これも自賠責の様式があります。相談に来るときには既に保険会社から渡されて、書いて提出していることがあり、そのコピーを取っている方も多いので、こういうものも持ってきていただければと思います。

　その次は、後遺障害診断書です。その名のとおり、後遺症が残った場合が前提となりますが、後遺症が残っている方の場合で、既に症状固定し、治療が終了している方については、その担当主治医の方から後遺障害診断書を書いてもらっているという場合があります。場合によっては先に保険会社に提出しており、等級が認定されている場合には、その次の後遺障害等級認定票をもらっているということもあります。この後遺障害等級認定票には、その方の負った後遺症を何級に認定するのかということが、理由とともに書いてあります。相談者の方にこれを持ってきてくださいと言うと、「何級何号に認定します」という1枚目だけを持ってきてしまうことがあるのですが、そ

第1　はじめに

れだけですと、その等級が適切なのかどうかを判断できませんので、2枚目以降の「理由」と書かれた別紙も必ず持ってきてもらうようにしてください。

相談者ご自身で保険会社との交渉が既に始まっている、若しくは保険会社から金額が伝えられている場合には、保険会社から「あなたに対する今回のお支払はいくらで、その内訳はこうです」という内容が記載された書類をもらっている場合があります。その場合には、その金額が適切かどうかという相談になりますので、その保険会社からの提示は必ず持ってきてもらう必要があります。

そのほかの資料としては、事故前年度の源泉徴収票、自営業の方や個人事業主の方であれば確定申告書の控えなど、事故の前年度の収入が分かる資料を持ってきてもらう必要があります。これは、後でご説明させていただきますが、逸失利益の計算には、原則として事故の前年度の収入を基礎としますので、それを把握するために持ってきてもらうことになります。続いて、年金の受給額が分かる証明書です。当然高齢者の方になりますが、高齢者の死亡の場合には、年金収入についても逸失利益として計算していくことになりますので、その収入を把握するために、これを持ってきてもらうことになります。

最後に、相談者ご自身又はご家族が加入している損害保険の証券を挙げました。通常被害者の方は、加害者側の保険会社と交渉するわけですが、ご自身の加入されている保険でその当該交通事故に適用される保険がある場合があります。今回の連続講座でも第3回で保険制度が予定されていますので、そちらで詳しく説明がされると思いますが、人身傷害補償保険や搭乗者傷害保険、あとは弁護士に相談を依頼するのに重要となってきますが、弁護士費用特約が付されている場合があります。被害者の方若しくはご家族の方は、その保険に入っていることは知っていても、今回の事故に適用がないのではないかと勘違いをされる方も多いです。そのため、念のため証券のコピーでもよいので持ってきていただいて、弁護士の目で今回適用される事案なのかどうか直接確認してあげたほうが、被害者の方のためになるのではないかと思っておりますので、私どもでは、この保険の証券も持ってきていただくことにしております。

以上、多くの資料についてご説明いたしましたが、診療報酬明細書とか

A4の診断書などは持ってないとおっしゃる方もいらっしゃいます。しかし、レジュメの資料の中でもアンダーラインが引いてあるものについては、相談時、基本的な考え方、見通しについて説明するためには必要となりますので、最低限持ってきてもらうようにしてください。どうしても持っていないという場合、これらの資料については、加害者側の保険会社で持っていることがほとんどですので、その保険会社にコピーを送ってほしいと言えば、すぐに送ってくれます。ですから、それをお伝えして、それを受け取ってから相談に来てもらうとよいと思います。

3 相談を受けるにあたっての前提知識

(1) 事故発生から解決までの流れ

今回の講座のサブタイトルも「相談から示談終了までのロードマップ」となっておりますので、まず、交通事故が発生してから解決までの流れについてご説明いたします。

交通事故なので言うまでもなく、レジュメ2ページの図のように民事手続と刑事手続が進んでいくこととなります。相談者は、民事と刑事が別々に進んでいくということを知らない方が多いので、まずはこういったことを順序立てて説明してあげるとよいと思います。

まず、民事手続についてです。交通事故が発生してその方が怪我を負われた場合、病院に通われて治療を受けることになります。そして、その後半年から1年、長い方では2年と、治療を受けることになるのですが、ある一定の時期で治療を終了することになります。これ以上治療を尽くしても残念ながらよくならないという時点を「症状固定」といい、症状固定をした段階でまだ何らかの症状が残っているようであれば、後遺症として扱うということになります。したがって、後遺症が残らなかったということであれば、治療が終了した段階で損害額が確定するので、この時点から損害賠償の計算、請求に入っていくということになります。

他方で、症状固定の結果、後遺症が残ったということであれば、その方に残った後遺症が、自賠責の定める等級のうち何級に該当するのか、認定を受けることになります。これが後遺障害等級認定手続です。先ほどの資料で挙げた後遺障害診断書をこの間に作成してもらって、自賠責保険ないし加害者

側の任意保険に提出して等級の認定手続に入るということになります。その結果、複雑な症状であれば長期間かかることもありますが、早ければ1か月、長ければ数か月で等級が認定されます。等級が認定されると、その段階で今後の賠償請求できる損害額が確定しますので、保険会社側に弁護士がついていない場合は、保険会社から被害者本人に対し賠償額が提示されます。この提示がされるくらいまでには弁護士に相談していること多いと思いますので、この賠償額の提示が納得のいくものではなかった、又は適切なものではなかったという場合には、弁護士が代理をして保険会社と賠償額の交渉をしていくことになります。

交渉の結果、賠償額について合意ができず、かつ、訴訟を起こした方が増額する見込みがあるのであれば、訴訟を提起して裁判に入っていくということになります。訴訟を起こした場合、双方主張と立証とを尽くして最終的には和解で終わるのか、判決によって終了するのかということになります。この場合相手方には、保険会社から選任された弁護士が代理人としてつくことがほとんどです。

和解で終了した場合はもちろんですが、判決で終了した場合でも、控訴されず、その判決が確定すれば、保険会社がついている事案では、保険会社から保険金が支払われます（判決の場合は支払予定日までの遅延損害金が加算されます）。

他方で、保険会社がついていない場合では、その支払の確保をどうするのか、例えば強制執行などを検討するのかという話になります。

刑事事件については大きな問題はないと思いますが、捜査機関が実況見分や、当事者からの供述の録取などの捜査をして、検事が起訴、不起訴を決定します。

起訴された場合、交通事故では略式手続で終わることも多いですが、公判請求された場合、公開の法廷で審理され、判決が下されることになります。

大まかになりますが、事故発生から解決までの流れは、こういったものになります。

(2) 一般的な交通事故の損害項目（基準）

ア 交通事故によって発生する代表的な損害

続いて、交通事故の損害に関して一般的な項目とその基準についてご説明

いたします。ほとんどが赤本、青本に記載されていますので、そちらを事前に読んで確認していただくことが必要ですが、この場で改めてご説明いたします。

㋐の物損部分の損害としては、これらの損害をどう捉えるのかということには争いがありますが、レジュメに挙げました「修理費用、買換差額、評価損」などが代表的なものになると思います。

続いて、㋑の傷害部分ですが、これについては、一般的には症状固定、すなわち治療が終了するまでに、被害者の方、場合によっては周りの方の場合もありますが、それらの方に生じた損害です。具体的には、まず病院で治療を受けますので、その治療費が損害となります。そして、その方が入院された場合には、入院の際に要する雑費があり、入院雑費と呼ばれます。また、その方が入院をせずに通院治療を受けた、若しくは退院されても、その後通院治療を継続した場合には、通院のための交通費が発生することになりますので、その場合には通院交通費も損害として計上されることとなります。そして、事故によって負った障害が重い場合、場合によってはご家族の方や職業介護人、職業付添人などが病院で付き添わなければならないということもあります。そのような場合には、付添費用も損害として請求していくことになります。そのほかに、その負った障害の治療のために休業を余儀なくされ、そのために減収が生じたということであれば、それは休業損害が発生したということになります。請求する場合は、先ほども挙げましたが、会社などに休業損害証明書に必要事項を記入してもらいます。

次に傷害慰謝料です。これは、傷害部分の慰謝料ということになりますが、主に入通院をしたことに関する慰謝料とされています。後ほど基準のところでもご説明いたしますが、例えば赤本、青本の基準などでは、入院期間や通院期間に対応する表が掲載されており、これに従って慰謝料を算定するということになります。このほかにもさまざまな積極損害がありますが、これらが傷害部分の損害として挙げられるということになります。

次の、後遺障害部分とは、症状固定をして後遺症が残った場合の、当該後遺障害部分に関する損害です。

まず挙げられるのが、後遺症を負ったことによる逸失利益です。亡くなっ

た場合に関しては死亡による逸失利益となりますが、いずれにせよ、後遺障害を負ったこと、若しくは亡くなったことによって、将来得られるはずであった収入が得られなくなってしまったという損害になります。先ほどの休業損害についても同様ですが、これについては、お仕事をされている方はもちろん、主婦の方であれば家事従事者としての労働、あとは高齢者の方が亡くなった場合には年金なども逸失利益として計算することになります。

　また、後遺症を負ったことに関する慰謝料も請求することができます。死亡の場合には、死亡慰謝料ということになりますが、民法で定められているとおり、近親者慰謝料もこちらに含まれます。赤本などでは、いくつか基準が挙げられていますが、それらは近親者慰謝料も含めた金額とされています。

　そのほか、後遺症が残った場合で、それが非常に重いものであった場合、主に自賠責の基準の別表第1の1級、2級などに認定されるような後遺症が残った場合ですが、このような方の場合には、症状固定をした後も、将来にわたって介護が必要になります。具体的には、施設に入所したり、ヘルパーさんを呼んだり、若しくは自宅で近親者の方が介護に当たったりすることになりますので、これらの介護費用が損害となります。

　以上が交通事故によって生じる代表的な損害です。そのほかにも、傷害部分の損害で、治療中に装具が必要になったり、松葉杖や車いすを購入、あるいはレンタルすることになったり、これは先ほどの重い後遺症が残った場合に問題になることが多いのですが、自宅を改造したり、車を改造するような場合の改造費用もあります。また、被害者の方がお亡くなりになった場合には、葬儀費用なども損害となります。

　　イ　算定基準

　以上のような損害については、基本的には赤本、青本で説明されています。ただ、あくまでも赤本、青本は、一つの基準として挙げているだけですので、必ずしもこれにとらわれず、裁判で高い金額を請求できる見込みがあるのであれば、積極的にそちらを主張していくべきだと思います。

　一応、赤本に書かれている基準をおさらいしてみたいと思います。

　まず、治療費については、必要かつ相当な実費全額とされています。したがって、逆にいえば、不必要かつ不相当なものについては、保険会社、加害

I　交通事故の法律相談全般

者側から争われて、裁判のときにそれが果たして認められるかという問題になります。そして、入院している期間の雑費については1日当たり1,500円とされています。次に、通院交通費は、電車やバスなどの料金が実費として認められます。タクシーを利用する場合も多くありますが、タクシーを利用した場合には当然交通費が高くなりますので、症状から相当と認められる場合となり、これも不相当にタクシーを利用している場合には加害者側から争われることになります。お子さんだったりすると、親御さんなどの近親者による看護、病院の付添いなどが必要になったりします。そうした場合も、その必要性に応じて、交通費が本人の損害として認められるとされています。また、先ほどもご説明いたしましたが、入院中症状が非常に重かったりする場合には、医師の指示などで近親者若しくはほかの職業付添人による付添いが求められる場合があります。そのような場合には、職業付添人についてはかかった実費の全額、近親者については1日当たり6,500円という形でその入院付添費が認められるとされています。ただ、多くの病院の場合には、完全看護の体制が整っていると思いますので、障害の程度によっては、そもそも付添いは必要なかったのではないかと指摘されるケースもあります。したがって、そういった場合には、症状からこういった付添いが必要であったと一般的に主張できるのか、若しくは医師の指示が取り付けられるのかというところを検討しておく必要があります。続いて、通院付添費です。これは先ほど説明してしまいましたが、幼児などで親が付き添う必要がある場合などでは、1日当たり3,300円という形で認められるとされています。

　次に、休業損害は現実の収入減とされています。勤務先などに休業損害証明書を書いてもらいます。休業損害証明書には、今回の交通事故の傷害のために休んだ日が記載されており、そのほか事故前の3か月間の収入が書いてあります。また、この休業をしたためにいくらを支払わなかったというような内容が書かれていますので、実際に払われなかったものについてその場合は原則として当該金額が休業損害となります。不明な場合には、こちらで算出していく必要がありますので、事故前3か月の収入から1日当たりの収入を割り出して、それを休業日数に乗じて請求していくことになります。注意が必要なのは、有休を取った場合です。有休を取った場合でも、その有休部

分については収入減として扱われますので、これらも休業損害として計上していくことになります。

続いて、入通院慰謝料、傷害慰謝料です。赤本に掲載されている表では、横軸が入院期間、縦軸が通院期間とされ、この表に従って算出します。例えば、入院が2か月で通院が5か月であれば173万円と算出されます。ところで、赤本には別表Ⅰと別表Ⅱという二つの表が掲載されています。この別表Ⅱは、症状がむち打ち症で、他覚症状がない場合について用いるものとされており、相談のときに間違って別表Ⅰで説明してしまうと、当初の算定よりも傷害慰謝料が下がってしまい、相談者の方に「聞いていた話と違う」と言われてしまう場合もありますので、その点は注意してください。

続いて、後遺障害部分の後遺症逸失利益についてです。後遺症逸失利益は、基礎とする収入に労働能力喪失率、すなわち負った後遺症でどれだけ労働能力を喪失したのかという割合を掛け、あとは労働能力喪失期間、すなわちそれがどれくらいの期間継続するのかを掛けて算出します。労働能力喪失期間については、その年数をそのまま掛けるのではなく、対応するライプニッツ係数を掛けることになります。ライプニッツ係数についても赤本に書いてありますので、相談のときにすぐに引けるように、場所を覚えておいたほうがよいです。基礎収入は、原則として事故の前年度の収入によるとされていますので、先ほどご説明したとおり、相談の際は、事故前年度の源泉徴収票など、事故前年の収入が分かる資料をお持ちいただいたほうがよいです。

次に、死亡逸失利益ですが、こちらについても考え方は同様です。ただ、亡くなっていますので、労働能力の喪失は100パーセントということになります。ただし、生きていらっしゃれば、存命の間、生活費に費やされたであろう部分がありますので、これを控除します（「生活費控除率」といいます）。赤本では、一家の支柱や女性、男性というように基準が定められていますので、相談の時にはこれも念頭に置いてその場で説明できるとよいです。基礎収入に生活費控除率を1から引いたものを掛けて、あとは就労可能年数に対応するライプニッツ係数を掛けることで死亡逸失利益を算出することができます。この死亡逸失利益は、先ほどご説明したとおり、年金の部分についても請求することができます。年金はご存命でいらっしゃる限りはもらえると

11

いうことになりますので、年金を請求する場合には就労可能年数ではなくて、平均余命を掛けていくとることになります。

　続いて後遺症慰謝料、死亡慰謝料についてです。こちらについては赤本にそれぞれ後遺症慰謝料については後遺障害等級に応じた基準が、死亡慰謝料については死亡された方の属性、一家の支柱であるのか、母親、配偶者であるのかといったところで基準が定められていますので、そちらも覚えておき、少なくとも相談の当日その場で引けるようにはしておいたほうがよいと思います。

　重篤な後遺症が残った場合の将来介護費用についてですが、職業付添人であれば必要と認められる実費全額、近親者付添人であれば原則1日当たり8,000円とされています。しかし、近親者付添人について、症状や介護の内容によっては8,000円ではなく1万円以上が判決で認められたり、介護者も1人ではなく2人以上付けなければならなかったりということもあります。そのため、必ずしも1人1日8,000円しか認められないと決めつけるのではなく、その事案ではどれだけの介護が必要であるかを把握することが必要です。将来介護費用の計算は、基本的には年額を算出した上で、平均余命までの年数（ライプニッツ係数）を掛けます。しかし、実際裁判などで認められているケースを見ますと、色々な考え方が組み合わさっているケース、例えば高齢のお母さんが看ている場合には、その方が亡くなった場合を考慮し、その方の平均余命や肉体的に限界となると考えられる時期から先は、違った計算方法をとることもありますので、そういった裁判例などを多くご覧になっておくとよいと思います。

第2　交通事故の法律相談の流れ

1　事故状況（過失割合）の把握

　以上が相談を受けるにあたっての前提的な知識、特に後半は交通事故の損害項目とその基準ということになりますが、ここからは交通事故の法律相談を受けてからの流れということになります。これからロールプレイングということで、実際の相談の状況を4ブロックに分けてシミュレーションしていきたいと思います。

まずは、どういった事故だったのか、過失割合は最終的にどれくらいの見込みなのかという事故状況の把握に関するブロックです。次に、被害者の方がどういった障害を負われて、どのような治療を受けられて、最終的にどのような後遺障害を負われたのかを把握して、説明するブロックです。その次は、それまでのご相談を踏まえて、実際に今回の賠償額がいくらくらいになるのかといったことを説明するブロックです。そして、最後にその他相談者の方が分からない、あるいは不安なことを聞いたり、補足的に加入している保険などを聞いたりするブロックに分けてご説明いたします。それぞれのブロックで一度切って、そのブロックごとのポイントについてご説明いたしますので、そのような形でお聞きいただければと思います。

　ロールプレイという形で実際の相談をシミュレーションしますので、お聞きになっている間に必要に応じてメモを取っていただければと思います。

　では、実際にロールプレイを始めます。私（谷原）が被害者役を、正田が弁護士役をやりますので、よろしくお願いします。

被：「先生、本日はよろしくお願いいたします。」

弁：「よろしくお願いいたします。では、早速、ご相談を伺いたいのですが、今回は交通事故に遭われたということのご相談ということですが、どういったご相談になりますか。」

被：「大体今から2年くらい前の事故なのですけれども、最近になってようやく加害者の保険会社の方から示談の金額が出てきました。インターネットなどで色々調べているのですが、実際その金額は本当に私がもらえる金額なのか、あるいは低いのか、そういうところをご判断いただきたいと思いまして、本日参りました。」

弁：「ちょっとお持ちいただいた資料を拝見させていただきますが、この「損害賠償額のご案内」が今回保険会社から提示を受けた内容ということでよろしいですね。」

被：「そのとおりです。」

弁：「これを見ると過失相殺が30パーセントもされているのですが、実際どういう事故だったのかお聞きしてもよろしいですか。」

被：「私はバイクで、相手が自動車でした。私が交差点を直進しようとしていたら、相手の車が右折をしてきて、バイクにぶつかってきたので転倒しました。そういう事故です。」

弁：「お持ちいただいた交通事故証明書を拝見させていただきますと、平成24年1月15日午後7時35分頃の事故で、場所は東京都内の某所ということですね。」

被：「そうですね。はい。」

弁：「甲欄に書いてあるほうが自動車を運転していた相手方で、乙欄に記載されている大型自動二輪車を運転していたのがあなたということでよろしいですね。」

被：「警察からは、甲に書いてあるほうが加害者で、乙に書いてあるほうが被害者となっていますので、私は過失ゼロの被害者だと思っています。」

弁：「過失ゼロということを主張されるということですが、実際の事故状況を伺ってからご説明させていただきたいと思いますので、事故状況について聞かせてください。交通事故証明書の半分より下を見てみますと、事故類型が側面衝突ということになっているのですが、具体的にはどのような衝突をしたのでしょうか。」

被：「さっき申し上げたとおりなのですが、ちょっと書いてみてもよいでしょうか（図を書く）……こんな感じです。」

弁：「分かりました。そうすると、あなたがバイクを運転して、交差点を直進して、対向方面から来た自動車が右折をしてきて、交差点内でぶつかったということでよろしいですね。」

被：「はい。そうです。」

弁：「分かりました。刑事手続の中で実況見分調書などが作成されていて、それをコピーすることもできるのですが、そういった資料は、今日はお持ちではないですか。」

被：「確かに、現場で警察官に指示をされて実況見分はしました。その際に書類を作ったと思いますけれど、私の手元にはありません。」

弁：「分かりました。刑事記録についてですが、管轄の検察庁で保管さ

れていますので、そちらに連絡をすれば、被害者の方であればコピーを取ることができます。今回はお持ちではないということですので、書いていただいた図を基に、今回の過失割合を検討させていただきます。」

被：「刑事記録が取れるということなのですが、それは自分でも取れるのですか。」

弁：「被害者の方であれば、ご自身でも取ることができます。」

被：「分かりました。」

弁「今日はお持ちではないので、とりあえずは書いていただいた図を参考にご説明させていただきます。相手の方はどれくらいのスピードで走ってきたのでしょうか。」

被：「さっき書いた図でいきますと、私が交差点に進んだ辺りで、本当は一度止まって右折するはずですけれども、すごいスピードでそのまぐいっと曲がってきまして、いきなり来て衝突しました。」

弁：「具体的には何キロくらいだったか、お聞きしてもよいですか。」

被：「私としては30キロくらい出ていたのではないかと思ったのですが、警察からは20キロくらいだったと聞きました。」

弁：「今書いていただいた図を見ると、自動車の右折の方法について、かなり手前から始まっているのではないかと思うのですが、この図のとおりなのでしょうか。」

被：「そのとおりです。」

弁：「では、交差点の中まで進んで右折をしたのではなく、浅めの段階で右折を開始したということでしょうか。」

被：「はい。それもあって、私としては避けきれなかったというのもあります。」

弁：「分かりました。今事故状況について伺ったのですが、この『別冊判例タイムズNo.38』という本には、裁判所が定めている事故の類型に応じた過失割合の基準が記載されています。今回、あなたがバイクで直進、自動車が右折の事故ということなので、まさにこの図（※『別冊判例タイムズNo.38』【189】図）のとおりだと思うのですが、この

本によると、本件のような事故の基本の過失割合は、被害者側が15、加害者側が85とされています。」

被：「ちょっとよいでしょうか。私はこれに納得ができません。私は青信号に従って直進して交差点に入りましたし、警察の段階では「あなたは全く悪くありません。加害者側が100パーセント悪い。」と言われたので、私としては15パーセントというのには、納得がいきません。」

弁：「今、警察があなたは全く過失がないということを言われたということですが、今回の賠償請求手続は民事事件となりますので、民事事件における過失割合は、そもそも警察の方で判断するものではないのです。ですので、警察の方が「あなたは過失がない」と言っても、必ず民事の手続において過失割合が100：0とは限らないので、それは別に考えていかなければなりません。その上でご説明させていただきますが、今のお話ですと、結局相手の方は20キロくらいで右折してきたということでよろしいですね。」

被：「はい。」

弁：「ですので、こちらお見せした表の一番上の「徐行なし」に該当すると思います。これは、徐行がないということであれば、あなたの過失をマイナス10するという意味ですので、先ほどの過失割合が15：85から5：95となります。そのほかについて、先ほどの図で書いていただいたとおり、向こうの自動車が交差点の中央に寄らないで、浅い段階で右折を開始したというのであれば、「早回り右折」ということになりますので、これが認められれば、5：95からさらに0：100となる可能性があります。ただ、20キロということも含めてですけれども、実際に刑事手続においてどのような認定がされているのかが分からないので、実況見分調書などの資料を確認して、事故状況がどのように認定されているのか、20キロで走行していたということがちゃんと立証できるのか、というところによりますが、これが立証できれば0：100と認められるということになります。」

被：「はい。分かりました。」

以上が事故の状況及び過失割合の把握に関する相談部分になります。最初に事故状況の確認をしました。事故の状況が簡潔にまとめられていて、相談者の方が相談のときに持っていることが多いのが交通事故証明書です。これを持っている方は非常に多いので、これは必ず持参していただいた方がよいです。後々、自賠責保険で被害者請求をするときに必要となる、相手の自賠責保険会社のような情報も書いてあります。

途中で刑事記録の取付けに関するやり取りがありました。インターネットなどの情報などを参考に自分で勉強した方や、被害感情が強かったり、保険会社側の対応などに怒っているような被害者の方の中には、すでに自ら刑事記録も取り付けているような方もいますが、多くの方は刑事記録が手元にありません。したがって、相談のときに必ず必要とまでは言えませんが、後々受任をした場合には刑事記録を取り付けることは非常に重要です。

刑事記録は、みなさんご存知のとおり検察庁で保管されていますので、そちらに閲覧、謄写の申請を行うことになります。閲覧、謄写の申請の際には、検番というものが必要となります。交通事故証明書の一番上に「○○署　第○○号」と、事故照会番号が書いてありますので、こちらの警察署に連絡をして「第○○号の事件です」というように伝え、検番を教えてもらいます。ただ、場所によっては単に問い合わせただけでは教えてくれないこともあり、この検番を知るために23条照会を使うこともありますので、その点は少し注意が必要です。

過失割合の判断については、まず相談の時点では、携行した判例タイムズを参照して当てはめていくことになります。そのほかの過失割合の裁判例をまとめたCD-Rなども販売されていますので、そういった情報に当たれる方であれば、微妙な争いのある事案では参照されるとよいと思います。とりあえず、相談の段階では、判例タイムズを使って見通しを説明することが多いと思いますので、基本過失割合を説明してから、記載されている修正要素に該当するかどうかを相談の中で相談者の方から聴き取っていくということになります。このときに、それぞれ修正要素について、例えば「徐行なし」であれば何が「徐行なし」なのか、定義を覚えておく必要があります。事前に頭に入っているのがベストですが、判例タイムズの最初のほうにこれらの

I　交通事故の法律相談全般

定義についてまとめられていますので、「徐行なし」に当たりそうだということになったときに、では「徐行」というのはどのくらいのことをいうのかというのを引けるようにしておいたほうがよいと思います。判例タイムズでは、「徐行」の定義に関して、「裁判例としても時速10km以下と解するのが大勢のようである」と書かれています。そのため、今回のケースでは、20キロという相手方の速度が「徐行なし」に当たると回答しています。判断が微妙なケースでは、加害者側も過失割合について主張を譲らず、それが原因で裁判になることも少なくありません。裁判になる場合には、これらの事実についてこちら側で立証しなければなりませんので、刑事記録を取り寄せて、有利な記載があればそれを証拠として使うことになります。有利な事情が読み取れない場合は、その事情を裁判で立証できるかという問題があり、立証できなければ当該事由による過失割合の修正は認められないことになりますので、そのような説明はあらかじめしておいたほうがよいと思います。

2　被害者の受傷内容、治療経過、後遺障害の内容などの把握

では、続いて治療経過、後遺障害の把握に関するロールプレイングに入ります。

> **弁**：「今回の交通事故に関して労災保険の適用があるのかどうか確認したいのですが、今回の事故は通勤中あるいはお仕事中の事故でしたか。」
>
> **被**：「今回の事故は、仕事から一回帰って、お腹が空いたのでおにぎりが食べたくなってコンビニに行く途中で遭ったものです。ですから、おにぎりを買い置きさえしておけば今回の事故は起きなかったと後悔しています。」
>
> **弁**：「分かりました。では、労災の適用はありませんね。次に、今回後遺障害診断書と後遺障害等級認定票をお持ちいただいたと思うのですが、見せていただけますか。」
>
> **被**：「はい。後遺障害診断書を持ってきました。」
>
> **弁**：「その他お持ちいただいた後遺障害等級認定票を拝見すると、頸椎捻挫に基づく神経症状が、別表第二第12級13号に該当すると認定さ

れており、そのほかには後遺障害の等級判断がされていないのですが、このとおりということで間違いないですか。」

被：「そうですね。首だけですね。」

弁：「首に神経症状が残っているということについては、○○整形外科というところで後遺障害診断書を書いてもらったということですが、そのほかの科にかかっていたりもしましたか。」

被：「いえ。整形外科にだけ通院しました。」

弁：「整形外科だけということですが、この病院以外に入院や通院をされていたということはありますか。」

被：「今回事故を起こして、救急車が来て、病院に運ばれて、「入院の必要はない」とは言われたのですけれども、頼み込んでしばらく入院させていただきました。退院してからも症状固定まではずっとこの病院に通っていました。」

弁：「この後遺障害診断書を見ると、左上に受傷日時として平成24年1月15日、それから15日から20日まで6日間入院されて、そのあと65日間治療を受けて、平成26年1月25日に症状固定として診断されたということでよろしいですか。」

被：「そうですね。入院についても、「本来頸椎捻挫で入院なんかしない」と言われましたし、「治療期間も2年間は長すぎる」と言われたのですが、なんとか頼み込んでこのような治療を行いました。」

弁：「そうすると、今回は事故で受傷してから直ちに救急車でこちらに運ばれたということでよろしいでしょうか。」

被：「そうですね。」

弁：「通院期間を見ますと、平成24年1月25日から平成26年1月25日まで、まる2年通われているということで、この間65日間通院されていたということですが、通院のペースはどういったものだったのでしょうか。」

被：「無理やり退院させられてからは、1年間くらいは1週間に2回くらい治療に通っていました。後半の1年間は、月に1回程度通院していました。」

> **弁**:「最終的に平成26年1月25日に症状固定をして、右下の「障害内容の増悪・緩解の見通しなどについて」という欄に「症状が増悪することは十分考えられる」と記載されているのですが、今後の症状の見通しについては、ここに書いてあるとおりなのでしょうか。」
>
> **被**:「そうですね。実際に症状が固定してからも、雨が降ったりするとずっと痛かったり、重かったりしているので、治ることは自分ではないと思っています。」
>
> **弁**:「お医者さんからはどう説明されていますか。」
>
> **被**:「医師の方からも、「あとは慣れるしかないよ」というふうに言われています。」
>
> **弁**:「はい。分かりました。ほかに病院にかかられていなくて、ご自身でも首の痛みだけだということですので、今回負われた障害の12級13号という認定は適切だと思われます。ですので、これで問題ないということでしたら、これから保険会社からの金額の提示などについて確認させていただきますけれども、よろしいでしょうか。」
>
> **被**:「はい。お願いします。」

　以上が治療経過、後遺障害の把握に関する相談についてです。まず、労災の適用について確認しました。これは、治療経過、後遺障害の把握に必ずしも必要ではないので、どの時点で聞いてもよいのですが、第三者傷害などの労災事案の場合には、労災から治療費、休業損害などが支払われている場合がありますので、保険会社からの金額の提示が労災との調整が終わっているものであるのかどうか、労災からいくら支払を受けているのかという確認は必要です。よく「労災も申請したほうがよいのではないでしょうか」という話も受けますが、被災者に支払われる保険金のうち、特別支給金は、保険会社との損害賠償等の調整の対象外となりますので、特別支給金について説明した上で、「労災の適用について申請してください」と伝えることが多いです。

　後遺障害診断書には、左上に被害者（患者）の氏名、住所、生年月日などの情報、受傷日時、入通院期間、症状固定日などが記載され、その下に、被害者が負われた傷病名や事故以前に既存の障害があった場合にはその障害名

が記載されます。その下に自覚症状として、被害者本人が医師に対して訴えた症状が記載され、今回のようなケースであれば、痛みについて「右上腕、右前腕の痛みなどがある」や、痺れについて「ジーンとする」「ビリビリする」などと記載されます。

そこから下は、用紙右側まで、被害者に残った後遺障害について部位ごとにその障害の内容を記載する欄になります。

今回の事例では、頸椎捻挫による神経症状ですので、用紙左側の「①精神・神経の障害他覚症状および検査結果」の欄に記載されていることになります。この中で、例えばCTやMRIを撮影したことや、そのほか例えば「C4からC7までにかけて圧迫所見がある」、というような所見や、結論として「脊柱管や椎間孔に高度圧迫狭窄を認める」という所見が記載されます。

その他、後遺障害診断書には、上肢・下肢などの障害、脊柱の障害、聴力、耳の障害、醜状障害などの記載欄があります。今回は症状固定をして、等級も認定されている事案ですので、事後的に記載されている内容を確認すればよいですが、症状固定をしていなかったり、これから等級の認定をしたりする段階で相談を受けることもあります。そのような場合には、これから後遺障害診断書を作成してもらうことになりますので、どこにどのようなことを書いてもらうのかについて、適切に説明できるようにしておいたほうがよいです。医師は後遺障害診断書の記載の仕方を知っている方がほとんどですから、医師に対して一から記載の仕方を説明することは多くありません。

しかし、場合によっては、例えば関節の可動域制限の障害が残った場合に、角度について本来分度器を使って正確に計測すべきところを、目測で適当に書いてしまったために等級が認められなかったということもあります。この場合、後から認定等級を争おうとしても、一度診断書として、測定結果を外部に公表としている手前、医師が再計測に協力してくれなかったり、再計測しても、その結果について信用性がないと判断されることもあります。そのため、可動域制限などの後遺障害が残った事案では、「きちんと分度器で測ってもらってください」とアドバイスすることもあります。

今回の事案は整形外科だけにかかっていたという設定ですが、大きな病院の他の診療科にかかっていた場合に、当該診療科の後遺障害診断書があった

り、相談者が他の科で作成してもらうことを失念している場合もありますので、そういった見落としがないように確認することが重要です。

　また、今回のケースでは、一つの病院しか通っていないという設定ですから、入院期間と通院期間は後遺障害診断書に記載されているものを前提とするということで足りるのですが、通常後遺障害診断書は、最終的に症状固定を診断する病院で作成されますので、その病院に転院しているケースですと、転院前の病院でどれだけ入通院したのかがすぐには分かりません。そのため、適切な賠償額を算定するにあたっては、そのような情報も漏らさず聞いて把握することが必要になります。

　自賠責から治療費が払われているケースですと、自賠責の様式の診断書が作成されていると思いますので、そういったものを保険会社から取り寄せれば、診断書に書いてある入通院期間を確認して、全体でどれだけ入通院したのかを把握することができます。

　ですから、相談者が後遺障害診断書しか持参せず、ほかに通っていた病院があるけれども、その入通院期間を正確に説明できないという場合には、傷害慰謝料などの見通しが不十分なものになりますので、その点はきちんと相談者に伝えることが必要です。

　先ほど、これから等級認定がされる段階で相談に来られるケースについて触れました。今回は12級13号の認定で、しかも結論として「おそらく適切でしょう」と伝えて、相談者の方にも「分かりました」と言っていただく設定ですが、弁護士が認定理由なども見た上で、認定等級が適切なものでなかったり、相談者が納得せず「もっと上の等級が認定されるべきだ」と主張をする場合もあります。その場合、直ちに賠償手続に入っていくのではなく、その等級認定について異議申立てをするかどうか検討をすることになります。その場合にも、問題となる後遺障害の認定基準を踏まえて、等級認定票に記載されている認定理由を検討し、果たして異議申立てをして、認められる可能性があるかどうかを、その場で、少なくとも一度資料を預かって判断して回答できるようになる必要があります。

3　賠償額の検討

　では、続いて損害の算定に関するロールプレイに入ります。ただ、損害の

算定については、全6回の講座のうち第6回が「損害算定の実務」というテーマになっていますので、あまり深入りはせずに、全体をおさらいするというような形にとどめます。

> 弁：「では、今までご事情を諸々伺いましたので、保険会社からの提示金額について確認させてください。」
> 被：「保険会社からの提示については、コピーを持参しましたので、これ（レジュメ別紙「資料」）を見ていただければと思います。」
> 弁：「では、上から順番に確認をさせていただきます。まず、一番上に治療費として25万円が計上されているのですが、これについては保険会社から全部支払われていますか。」
> 被：「はい。私は支払っていません。」
> 弁：「分かりました。持ち出しはないということでよろしいですね。」
> 被：「はい。」
> 弁：「続いて、入院雑費は6,600円と書いてあります。説明を見ると、入院雑費は1日当たり1,100円で計算しています。すなわち、保険会社の主張としては、1日当たり1,100円で入院日数が6日なので6,600円と計算してあるのですが、これは裁判所の基準ですと、1日当たり1,500円で計算されますので、入院日数が6日ですとこちらは9,000円になるということになります。続いて、通院交通費は15万円と計上されています。この通院交通費について、保険会社に通院交通費明細書というものは出していますか。」
> 被：「はい。今までかかったものを提出いたしまして、それを全部払っていただきました。」
> 弁：「ほかに出していない明細書などはないということでよろしいですね。」
> 被：「はい。ないです。」
> 弁：「続いて、休業損害です。休業損害は、1,193,140円と計算されています。休業損害については通常休業損害証明書という書類を保険会社に提出するのですが、これは提出しましたか。」

被:「確か、勤務先に書いていただいて保険会社に提出してしまったので、もう私の手元にはないです。」

弁:「分かりました。休業損害証明書にこの金額が記載されているのであれば、この金額のとおりということになります。120万円くらい計上されていることになりますが、今お手元にはないということですので、これはご自身の感覚と比べてどうですか。」

被:「これは細かく1円単位で計算しておりますので、間違いありません。」

弁:「間違いないということですね。続いて傷害慰謝料については、35万円と計算されています。この傷害慰謝料というのは、そもそもあなたが今回の事故で入通院せざるを得なくなったことに関する精神的損害に対する慰謝料ということになります。慰謝料は、裁判所の基準では入院期間と通院期間に応じて金額が定められており、今回は入院日数が6日、それを除く通院期間は全体でいうと約24か月になります。この表(※赤本の「入通院慰謝料」別表Ⅰ)に照らすと、入院が6日つまり5分の1月で、通院が24か月ということで、この表からはみ出てしまいますが、ここを継ぎ足して計算すると、187万円くらいになるかと思われます。ただ、今回の場合は、通院期間が丸2年ということで非常に長くて、かつ、後半の方は月に1回程度だったということですので、通院期間が短く認定される可能性があります。具体的には、実通院日数の3.5倍を通院期間として認定される場合がありますので、そのように認定された場合には、同じく表に従って再計算すると約135万円になることになります。つまり、傷害慰謝料については、低めの見積りで計算しても保険会社の提示の100万円は低いということになります。」

被:「先ほどご説明があった「裁判基準」や、保険会社からの提示の傷害慰謝料のところに記載されている「任意基準」など、いろいろな基準があり、どうやら今回の提示は低いということですが、保険会社はなぜ裁判基準で出してこないのでしょうか。」

弁:「保険会社内で算定するための基準が任意基準なのですが、保険会社の提示額に納得がいかなければ裁判を起こすことになります。裁判

になれば、裁判基準で計算されることとなりますので、保険会社の内部基準にすぎない任意基準にとらわれることなく、裁判基準に比較して低いということであれば保険会社の提示には争っていったほうがよいと思います。」

被：「分かりました。」

弁：「障害慰謝料の次ですが、後遺症逸失利益ということで、290万円ほどが計上されています。逸失利益というのは、今回あなたは12級13号という後遺障害を負われており、この後遺障害のためにお仕事で得られるはずであった収入が得られなくなってしまったという損害です。計算方法は、事故の前年度の年収に、今回の12級の障害が残ることによって働くことができなくなった率つまり労働能力喪失率を掛けて、1年当たりどのくらい収入を得られなくなってしまったのかを計算し、その後にそれがどのくらい続くのかという対象年数を掛けていくということになります。保険会社は、年収額を670万円、労働能力喪失率を10パーセント、対象年数を5年と設定しています。これについて、まず、平成23年源泉徴収票の記載を参考にしているようなので、事故の前の平成23年の収入は670万円だったということで間違いないでしょうか。」

被：「はい。」

弁：「ただ、保険会社の提示では、労働能力喪失率について10パーセントとされておりますが、今回あなたが認定された12級という後遺障害の場合には、原則として14パーセントとされています。対象年数については、原則としては、就労可能年数、すなわち症状固定時の年齢から67歳までの期間を掛けることになります。今回資料3の後遺障害診断書を見ると、左上のところに生年月日が昭和43年5月25日生まれと書いてありますので、症状固定時には45歳ということですから、67歳までの22年間を掛けるということになります。ただ、22年をそのまま掛けるのではなくて、対応するライプニッツ係数というものがありますので、それを掛けていくことになります。22年に対応するライプニッツ係数は、13.1630とされていますので、こ

れを掛けることになります。以上のとおり年収額を670万円、労働能力喪失率を14パーセント、対象年数つまり労働能力喪失期間を22年とすると、逸失利益は、全部で12,346,894円となりますので、これを290万円と比較すると随分差があるということになります。ただ、今回あなたが負われている後遺障害は、頸椎捻挫による神経症状ということですが、神経症状の場合、期間が経過するにつれて慣れが生じるという考え方もあり、労働能力喪失期間を67歳までの全期間ではなく、短く制限されることがあります。例えば12級ですと、裁判例では、一つの目安として10年程度に制限されることが多いです。したがって、本件でも、労働能力喪失期間を22年ではなくて、10年とするともう少し低い額になります。そのほかに、労働能力喪失率についても、12級の場合原則として14パーセントとご説明しましたが、今回事故を負われて、症状固定をされて、現在はお仕事に戻られているかもしれません。その結果、事故前に比べて収入が減少していないようなケースですと、裁判になった場合でも、この14パーセントが認められない可能性があります。また、労働能力喪失期間についても、先ほど22年から10年に下げられることがありますとお伝えしましたが、もしかしたら10年以下で認定されることもありますので、逸失利益については、今このご相談の段階で必ずこれだけ認められますとお伝えすることができません。ただ、仮に一つ目安として労働能力喪失期間を10年とした場合、10年に対応するライプニッツ係数というのは7.7217とされていますので、先ほどの670万円に14パーセント、10年の7.7217を掛けると、逸失利益の総額は7,242,954円ということになります。ここまではよろしいでしょうか。」

被:「平成23年の年収は670万円で、労働能力喪失が14パーセントということでしたが、私は頑張り屋さんなもので、仕事を頑張りまして、実際には年収が平成24年で690万円、平成25年で710万円と上がっております。ただ、周りの人たちが重いものを持つときに手伝ってくれたり、勤務先に気を遣っていただき、そのおかげで何とか仕事ができております。しかし、給料は減っていないので労働力は喪失してい

ないように感じるのですが、これは本当にもらえるのでしょうか。」
弁：「後遺症逸失利益というのは、最初にご説明したとおり、事故に遭わなければ得られるはずだったけれども得られなくなった利益のことをいいますので、減収がない場合や、それを超えて収入が増えている場合には、「逸失利益はないのではないか」と保険会社側からは主張されます。ただ、減収がなかった場合でも、あなたがおっしゃったとおり、ご自分が頑張ったしわ寄せがほかに出てくることもありますし、会社の同僚が理解してくれているというようなこともあるようです。しかし、仮にあなたが今後転職されたり、若しくはクビになってしまったというような場合、次の職場では同僚が事故による影響を理解してくれないかもしれません。その場合には減収が生じる可能性もありますので、そういったことを考慮して、逸失利益が認められる可能性はあります。ただ、減収していない、若しくは収入が上がっているということを考慮して、先ほど申し上げたような原則的な考え方が用いられず、低めに認定されることは多いので、その点はご理解ください。」
被：「分かりました。」
弁：「最後に、後遺症慰謝料が93万円と計算されています。これについては、後遺症が残ったことについての精神的損害に対する慰謝料になり、裁判所では、後遺症の等級ごとに慰謝料の金額の基準が設けられています。今回あなたの後遺症は12級ということですので、12級に相当する後遺症慰謝料は290万円とされています。したがって、この保険会社の提示というのは、200万円近く低いということになります。ここまでよろしいでしょうか。」
被：「はい。大丈夫です。」
弁：「以上のように、これまでご説明したとおり、損害額の合計でかなり差があるように感じられるのですが、ここから過失相殺がされるのかどうかということになります。今保険会社側は30パーセントの過失相殺がされるとしています。これは最初にご説明したとおり、今回の事案は、全ての事情を立証できれば過失割合は0：100となりますので、その場合には過失相殺はされないことになります。ただ、この立証が

必ずしもできるとは限りませんので、立証できなかった場合には、過失割合が5：95になったり、もしかしたら15：85で変わらないということもあります。先ほどご説明したとおり、今回の事故の基本の過失割合は、15：85とされております。ですから、保険会社が提示する30パーセントというのは、かなり高めに設定されているということになります。ところで、先ほどはこの資料（※『別冊判例タイムズNo.38』【189】図）の修正要素の「-10」というところについて確認させていただいたのですが、もしかしたら、「＋10」又は「＋20」に該当する事情を保険会社が主張していることも考えられます。ですから、念のため一つずつ確認させていただきたいと思います。まず「既右折」に該当する場合は「＋10」とされています。これは相手が既に右折を開始しているところに二輪車が突っ込んだというような状況を指すのですが、今回の事故はそういう事故だったのでしょうか。」

被：「全く違います。」

弁：「違いますか。次に、先ほどは相手の方の速度しか伺わなかったのですが、こちらに速度違反があればこちらの過失も上がってしまいます。この表に書いてあるとおり、15キロメートル以上の違反があれば過失が上がってしまうのですが、速度違反についてはどうでしょうか。」

被：「私は安全運転をモットーにしていますので、制限速度以内で走っていました。」

弁：「はい。そうすると、これらのものに当てはまらないということになると、あとは最後の「著しい過失又は重過失」があったということがあるのですが、そういった、こちらに非常に不利になりそうな事情は何かありますか。」

被：「いえ、前をまっすぐ見て走っていましたので、そういうことはありません。」

弁：「もしかすると、向こうはそれを主張するだけの何か根拠を持っているかもしれず、裁判になった場合、証拠が出される可能性もあります。しかし、そういった事情はないということであれば、修正要素について立証できればあなたの過失はないことになり、過失相殺はされ

ないということになります。既払金については、おそらくこちらの数字を見ると、治療費25万円と交通費15万円の合計だと思いますので、保険会社から支払われているのはこの金額ということで間違いないですか。」
被：「はい。間違いないと思います。」
弁：「分かりました。」

　少し長くなりましたが、損害額に関する説明は以上です。この中で一つポイントについてご説明させていただきます。治療費については、保険会社から支払われることが多いと思います。ただ、場合によっては、保険会社が把握していない病院に通院して、立て替えている場合もあります。今回の場合には「支払済みです」と保険会社が通知をしていますが、治療費が一部しか支払われていないこともあります。また、今回の設定では通院期間は丸2年以上となり、傷害内容に照らせば長期間となりますので、そのようなケースでは、保険会社から治療費の支払が打ち切られているケースがあります。打ち切られてしまうと当然被害者の方は自腹でその後払っていかなければなりませんので、そういったものについてはこちらで計上して請求していくことになります。ただ、保険会社が治療費の支払を打ち切る場合、顧問医の意見を聞いたり、主治医に照会をかけたりといった手続を踏まえた上で行っていることがありますので、果たして打ち切られた後に支払った治療費が最終的に損害として認められるかどうかには注意が必要です。受任後の作業になると思いますが、その点については、可能であれば主治医の意見なども確認しておくほうがよいかと思います。
　休業損害証明書の記載事項については、先ほどご説明いたしました。こちらで計算する場合、あるいは向こうで計算している場合もありますが、社会保険料や所得税を控除する前の支給金額をベースにして、事故前3か月から1日当たりの金額を算出する点については覚えておく必要があります。
　今回の事例では、逸失利益について、12級13号の神経症状で、労働能力喪失期間が制限される可能性があると説明しています。実際のところ、裁判でも制限されることが多いと思いますが、相談の段階で、制限される可能性

I　交通事故の法律相談全般

があることを伝えておかないと、相談者としては後々逸失利益が低く認定されたときに不満に感じる場合がありますので、念のためそういった見通しについてはきちんと説明しておく必要があります。

　続いては、その他の事項について補足的にロールプレイをします。

> 弁：「以上で、保険会社側から提示された金額に関する説明は全てになりますが、あなた自身は損害保険に加入されていますか。」
> 被：「車を運転するので入っています。」
> 弁：「その入られている保険の中で、人身傷害補償特約や弁護士費用特約などは付けられていますか。」
> 被：「ちょっと前に入ったので、入っているかどうかは分からないです。」
> 弁：「分からないですか。保険証券はご自宅などにありますよね。」
> 被：「自宅にあると思います。」
> 弁：「保険証券に、付いている特約が書いてありますので、必ずそれを確認してください。人身傷害補償特約については、今回の事案はうまくいけば0：100の事案と先ほどお伝えしましたが、こちらの過失が残念ながらある程度認められることとなってしまった場合には、その減額部分について補填してもらえる可能性がありますので、非常に重要です。また、弁護士費用特約については、名前からお分かりになると思いますが、今後仮に私にご依頼いただいたときなどに、弁護士費用が保険から支払われることになりますので、こちらも必ず確認しておいてください。」
> 被：「保険証券を見ても、私では分からないかもしれないのですけれども。」
> 弁：「それでは、保険証券のコピーを送っていただけますか。また次回ご相談に来ていただくことがあれば、その時にお持ちになっても結構です。こちらで判断しますので。」
> 被：「あと、家に車が2台あって、1台は親の車なのですけれども、何かそれは関係あるのでしょうか。」

弁：「被害者の方、ご本人の保険だけではなくて、同居のご親族の方がいらっしゃる場合には、その方の保険が適用となる場合があります。そちらについても確認をさせていただきたいので、保険証券をお持ちください。」

被：「分かりました。あとお聞きしたいのが、事故からもう2年も経っております。よくインターネットなどで時効というのを見るのですが、まだ大丈夫なのでしょうか。」

弁：「結論としては、まだ大丈夫です。お気にされている時効ですが、交通事故による損害賠償請求においては、症状固定の日から3年とされております。先ほど見せていただいた後遺障害診断書には、症状固定日は平成26年1月25日と書いてありますので、ここから3年は請求することができると思います。ただ、今回のケースでは、保険会社からの提示ももらっており、直ちに請求に入れますので、こちらですぐに請求に入ってしまえば、時効について特にお気になさる必要はないと思います。ちなみに、物損についてはどうなっていますか。」

被：「物損は、0：100、私の過失0でもう全額支払をいただいております。」

弁：「はい。分かりました。そのほか何かご質問などはありますか。」

被：「是非お願いしたいとは思うのですが、お願いした場合にどういうふうに進んでいくのか、どのくらい時間がかかるのか、ということが心配なので教えていただきたいのですが。」

弁：「今後ご依頼していただいた場合には、契約書を交わさせていただき、同時に委任状をいただきます。そして、今回は相手が保険会社ですので、私から保険会社に、「本件については、今後弁護士が代理することになりました。」という受任通知を出します。そうすると交渉の窓口が私に切り替わりますので、あとは私と保険会社の担当者との間で賠償額の交渉を進めていくということになります。見通しは先ほどご説明させていただいたとおりになりますので、ある程度交渉して、これ以上増額しそうにないなという段階になったら、その段階で、示談で解決するのか、裁判にするのかを決めていただくことになります。」

被：「「裁判」というと、大げさな気がして、また、すごく時間がかかると

> いうイメージなのですが、裁判になるとどれくらい時間がかかるのでしょうか。」
> 弁：「やはりある程度の時間はどうしてもかかってしまいます。今回は、非常に重い事案ではないのですが、それでも半年から1年くらいはかかってしまいますので、その点だけは覚悟してください。ただ、裁判の期日には代理人である私が出廷し、基本的にはあなたに出ていただく必要はありませんので、その点についてはご安心ください。ただ、最後に証人尋問を行うことになった場合は、一度お越しいただく必要があるかもしれませんので、その点についてご承知おきください。」
> 被：「分かりました。では、是非先生にお願いしたいのですが、受けていただけますか。」
> 弁：「はい。是非契約手続に入らせてください。」
> 被「では、お願いします。」

　ロールプレイは以上です。最後は補足的な確認を行い、まず保険の加入状況について確認をしました。

　先ほどもご説明しましたが、被害者側も損害保険を加入していて、人身傷害補償特約や搭乗者傷害補償特約、弁護士費用特約などが付されている場合があります。ロールプレイでも説明しましたが、ご本人の方に限らず、同居の親族の方なども適用になる場合がありますので、念のため保険の加入状況や相談のケースに適用されるかどうかについて確認されたほうがよいかと思います。

　具体的にどのような保険金が、被害者側の保険から支払われるのかなどについては、第3回に保険制度の講義が予定されていますのでそちらに譲りたいと思います。

　時効については、これは改めてご説明するまでもないと思いますが、後遺障害が残った事案では、症状固定日から3年とされております。ただ、相談者の中には、事故から3年と勘違いされている方もいらっしゃいますので、その場合にはこの点を説明することになります。

　ただ、今回のように、治療期間が長期にわたっている場合には、実質的な

症状固定日を争われる可能性もあります。例えば、先ほどの治療費の打ち切りなどにも関連しますが、一定の時期に実質的な治療は終了していて、本件に関する時効の起算点は実質的な治療の終了日とすべきと主張される可能性もあります。

そのため、傷害内容に照らして治療期間が長期にわたっていると思われる場合には、その点も意識して、できる限り早く処理をされることが重要だと思います。

私どもからの解説は以上ですが、最後に補足をします。受任のときに、加害者に対する損害賠償請求は当然受任されると思いますが、人身傷害補償特約がある場合に、その保険に対する保険金の請求を受任するかどうかを決めて、契約書に入れるか入れないかということを決めておく必要があると思いますので、補足的に申し上げておきます。

I　交通事故の法律相談全般

レジュメ

I　交通事故の法律相談全般（相談から示談終了までのロードマップ）

弁護士　谷原　　誠
弁護士　正田　光孝

第1　はじめに
1　相談者が弁護士に相談する目的
　・今後の手続の流れ
　・賠償額の見通し　などを把握したい
2　相談を受ける前の準備
(1)　弁護士側の準備（携行すべき書籍）
　　・赤本（民事交通事故訴訟損害賠償額算定基準）、青本（交通事故損害額算定基準）
　　・別冊判例タイムズNo.38
　　・その他
　　　後遺障害全般に関する書籍
　　　労災補償障害認定必携　など
(2)　相談者側の資料準備
　　・<u>交通事故証明書</u>
　　・刑事記録（実況見分調書等）
　　　なければ手書きで事故状況を図示してもらったものを持参してもらう
　　・診断書
　　・診療報酬明細書
　　・休業損害証明書
　　・<u>後遺障害診断書</u>
　　・<u>後遺障害等級認定票</u>
　　・<u>保険会社からの賠償額の提示</u>
　　・事故前年度の源泉徴収票（確定申告書の控えなど）
　　・（死亡事案の場合）年金の受給額が分かる証明書
　　・自身または家族が加入している損害保険の証券

3 相談を受けるにあたっての前提知識
 (1) 事故発生から解決までの流れ

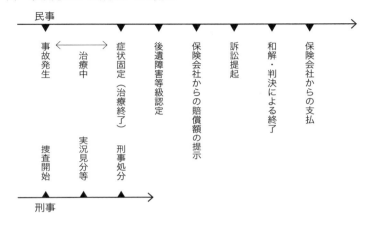

 (2) 一般的な交通事故の損害項目（基準）
  ア 交通事故によって発生する代表的な損害
   (ア) 物損部分
    修理費用、買換差額、評価損 など
   (イ) 傷害部分
    治療費、入院雑費、通院交通費、付添費用（看護、通院）、
    休業損害、傷害慰謝料（入通院慰謝料） など
   (ウ) 後遺障害部分（死亡部分）
    後遺症（死亡）逸失利益、後遺症（死亡）慰謝料（近親者
    慰謝料を含む）、将来介護費用 など
   (エ) その他
    治療中の装具費用、松葉杖、車いす等の購入・レンタル費用、住居改造費
    用、葬儀費用 など
  イ 算定基準
   (ア) 治療費
    必要かつ相当な実費全額
   (イ) 入院雑費
    1日につき1,500円
   (ウ) 通院交通費
    電車バスなどの料金（タクシー利用は症状から相当と認められる場合）
    近親者等の看護が必要な場合、その交通費も本人の損害として認められる

Ⅰ　交通事故の法律相談全般

　㈜　入院付添費
　　　職業付添人：実費全額
　　　近　親　者：6,500円/日
　㈵　通院付添費（症状や幼児等必要が認められる場合）
　　　3,300円/日
　㈻　休業損害
　　　休業したことによる現実の収入減
　㈼　入通院慰謝料（傷害慰謝料）
　　　入通院期間を基礎として、赤本記載の別表Ⅰを参考に算出する
　　　むち打ち症で他覚症状がない場合は別表Ⅱを使用する
　㈽　後遺症逸失利益
　　　基礎収入×労働能力喪失率×労働能力喪失期間（ライプニッツ係数）
　㈾　死亡逸失利益
　　　基礎収入×（1−生活費控除率）×就労可能年数（ライプニッツ係数）
　㈿　後遺症慰謝料、死亡慰謝料
　　　赤本に基準あり
　㊀　将来介護費用
　　　職業付添人：必要と認められる実費全額
　　　近親者付添人：8,000円/日
　　　年額×平均余命までの年数

第2　交通事故の法律相談の流れ
1　事故状況（過失割合）の把握
（1）　交通事故証明書記載事項の把握
　　事故日時、事故の場所、加害者（加害車両）、被害者（被害車両）、事故類型、相手加入の自賠責保険会社（証明書番号）が分かる
（2）　刑事記録、相談者のメモ等を参考に、具体的な事故類型を把握
　　事故証明記載の現場住所をGoogle　マップ（ストリートビュー）で見ることができると、より具体的な事故現場のイメージをつかむことができる
（3）　判タ38号などを参考に、基本過失割合を把握する
　　修正要素を参考に、より詳しい事故状況を聴き取る

2　被害者の受傷内容、治療経過、後遺障害の内容などの把握
（1）　診断書、後遺障害診断書等の記載から、受傷内容、治療経過を把握する
（2）　後遺症が残っている場合は、後遺障害診断書、等級認定票の理由を確認し、

等級の認定が適切かどうか検討する
 (3) これから後遺障害の認定を受ける場合や、聴き取り等の結果、上位の等級が認定される可能性がある場合、後遺障害診断書に加筆してもらう、新たな診断書を取り付ける、新たな検査を受けてみてもらう、などの指示をする

3　賠償額の検討
 (1) 治療費
　保険会社から病院に直接支払われることが多いため、自分の過失割合については自己負担となる
 (2) 通院交通費
　公共交通機関だけでなく、自家用車を使用した場合もガソリン代に換算して認められる
 (3) 入通院慰謝料
　「通院が長期にわたり、かつ不規則である場合」
 (4) 後遺症逸失利益
　減収がない場合について
 (5) 後遺障害慰謝料
　慰謝料の増額事由の検討
 (6) 被害者側加入損害保険の確認
　人身傷害補償保険、搭乗者傷害保険、弁護士費用特約など

I　交通事故の法律相談全般

資　料

損害賠償額のご案内

　●●　●●　様

●●損害保険株式会社
担当：●●　●●
TEL：03-××-××
FAX：03-××-××

　平成24年1月15日に発生した自動車事故による人身損害に関する、お支払額は以下のとおりとなります。

治療費		250,000
入院雑費		9,900
通院交通費		150,000
休業損害		1,193,140
傷害慰謝料		350,000
後遺症逸失利益		2,900,765
<u>後遺症慰謝料</u>		<u>930,000</u>
損害額合計		5,783,805
<u>過失相殺</u>	30％	<u>-1,735,142</u>
合計		4,048,664
<u>既払金</u>		<u>-400,000</u>
お支払額		3,648,664　円

1　治療費
　全額医療機関へお支払い済みです。
　総治療日数：742日
　入院日数：6日
　実通院日数：65日
2　入院雑費
　1日あたり1100円で計算しています。
3　通院交通費
　ご提出の明細書に基づき全額お支払い済みです。
4　休業損害
　ご提出いただきました休業損害証明書に基づき算定しました。

5　傷害慰謝料
　　任意基準にて計算しました。
6　後遺症逸失利益
　　年収額：670万円（平成23年源泉徴収票）
　　労働能力喪失率：10％
　　対象年数：5年（対応するライプニッツ係数：4.3295）
7　後遺症慰謝料
　　任意基準に基づき計算しました。
8　過失相殺
　　本件事故状況に鑑み、●●様側の過失を30％とさせていただいております。

Ⅱ 後遺障害等級について
（後遺障害事案を扱う際のポイントや注意点等）

弁護士　**谷原　　誠**
弁護士　**前田　真樹**

II　後遺障害等級について

　みなさん、こんばんは。前回の第1回は法律相談のロールプレイをやりながら、どのように相談が進んでいくのかをお話しいたしました。今日は、第2回となります。46期の私、谷原誠と60期の前田真樹の2人で進めていきたいと思います。

　今日の内容は後遺障害等級ですが、交通事故を専門的に扱っている先生とそうではない先生とで知識の差がかなりあります。いきなり難しいものをやってしまうと、かなりマニアックなものに終始してしまいます。これだけの先生方が専門的にやられているということはまずあり得ないことだと思いますから、これから始める先生、あるいは年間2、3件やられる先生を見据えたレベルを考えて今日は作ってきています。したがって、既に交通事故の案件を扱っている先生にとっては、知識の確認ということになるかと思います。また、交通事故の案件を少し扱う先生は少し知らないこともあるかもしれませんし、これから初めて扱う先生にとっては「後遺障害はそのような世界なのだ」ということになるかと思います。

　レジュメに沿って説明いたしますが、もう一つ、資料という冊子も使っていきます。私たちの事務所は被害者専門ですので、被害者側からの話が主になってくるかと思います。被害者とのやり取りの中で、どのように後遺障害の内容を聴き取ってアドバイスをしていくかというロールプレイを交えながら進めていきたいと思いますので、最後までよろしくお願いいたします。では、初めに前田の解説から入りたいと思いますので、よろしくお願いいたします。

　弁護士の前田と申します。本日は交通事故専門講座の第2回ということですが、第2回では第1回での全体の流れを踏まえて、後遺障害事案の相談に重点を置いて説明していきたいと思います。全体の流れとしては、後遺障害事案を扱う際のポイントや注意点として、レジュメ1ページの第1では、後遺障害等級についての基礎を説明させていただきます。その後、第2のところで、後遺障害事案の相談における必要書類やポイントを説明した上で、具体的な診断書を用いてどのように相談を進めていくのかというところをロールプレイしてみたいと思います。最後に第3では、後遺障害ごとに等級の認定基準を表に直して掲載いたしました。ただ、これを全部説明しますと、時

間もかかってしまいますし、知識的な話になりますので、この点については私が実際に交通事故を扱っていく中で問題になった点や気になった点、ポイントだけをざっくりお話しさせていただけたらと思います。

第1　後遺障害等級について

1　はじめに

(1)　後遺障害とは

　自賠法施行令では、「傷害が治ったとき身体に存する障害」とされています。ただ、これだけでは何のことかよく分からないかと思います。前回の講義の際にも参考文献として挙げた『労災補償障害認定必携』にも載っていますが、労災の定義では、「負傷又は疾病がなおったときに残存する当該傷病と相当因果関係を有し、かつ、将来においても回復が困難であると見込まれる精神的又は身体的なき損状態であって、その存在が医学的に認められ、労働能力の喪失を伴うもの」とされています。これを順番に見ていきます。レジュメの①「負傷又は疾病がなおったとき」は、後で説明しますように「症状固定」といいます。この治ったときに存在する傷病と後遺障害などとの間に因果関係、すなわち事故によって怪我を負ったということの因果関係も当然の前提になってきます。したがって、後遺障害の等級の認定においては、まず、そもそも事故によって当該怪我を負ったのかどうか、次に怪我を負ったとしてその怪我から後遺障害が存在することについて因果関係があるのかどうかというプロセスを経て判断していくこととなります。争点になりやすいところでもあります。

　次の②については、後遺障害というのは、将来においても回復が困難である、つまり治らないということを前提としています。通常、例えば捻挫などであれば、時間を経れば治ると考えられていますが、後遺障害では治らないということを前提としているために、頸椎捻挫などでは後遺障害なのかどうかということが争いとなることも多いのではないかと思います。

　次に③の「その存在が医学的に認められ」ることということの「医学的」というのも大事なところです。いくら相談者、被害者の方がその痛みが治まらないということを言っても、それが医学的に説明できなければ、それは後遺障害とは認められません。ここでいう医学的というのは、医師がそう診断

Ⅱ　後遺障害等級について

したというだけでは足りなくて、医学的な所見や根拠も必要となってきます。この点について、医師の診断とのずれが生じることもありますが、これは後で説明します。

次に④の「労働能力の喪失を伴うもの」です。喪失を伴うものが類型化されたものが自賠法の後遺障害等級表です。後遺障害の事案においては、どの後遺障害に該当するのかを判断していくことが必要となります。「cf.」として「後遺症」と書きました。一般的に後遺症という場合は、一般的な用語で治療後に残る支障についてのことをいいます。これに対し、後遺障害というのは法律的な概念です。したがって、後遺症を後遺障害として評価を獲得していくのが後遺障害事案における弁護士の役割とよく言われています。

(2) 症状固定の意味・役割

先ほども少しお話ししましたが、症状固定というのは、これ以上治療を継続しても治療効果が上がらなくなった状態、もう回復しないという状態を指します。この症状固定についても、医学用語ではなく、後遺障害の損害算定のための法律上の概念です。症状固定の役割としては、症状固定になることで交通事故によって被った損害が確定しますので、様々な基準として用いられています。実務的に症状固定が一番影響するのが、治療費についてだと思います。よく保険会社などは、「症状固定したので治療費の支払は打切りとする」ということがありますので、被害者の方はこれが一番関心のあるところだと思います。症状固定をしてしまうと、基本的にはその後の治療費は出ないということで、裁判上でも症状固定した後の治療費を請求する場合には、それなりの立証が必要となってくるところです。

ほかにも、症状固定の役割としては、休業損害と逸失利益との区別基準があります。症状固定するまでが休業損害、それからが逸失利益です。また、傷害慰謝料、別名入通院慰謝料と後遺障害慰謝料との区別基準にもなります。あとは、症状固定後の損害が将来の損害、すなわち将来治療費や将来介護費用といったものとされていくかと思います。この他にも、前回の講義の際に説明がありましたように、症状固定には、人損、体の怪我の時効の起算点となるという意味があります。

ここで、複数の後遺障害がある場合の基準はどうなるのかという点につき

ましては、基本的に最後に症状固定した日が基準でよいかと思います。なぜなら、後遺障害の併合等の関係からも、後遺障害が全部固定しないと、何級なのか、いくらくらいの損害を請求したらよいのかということを確定できないからです。ただ、複数の後遺障害がある場合に、一つは先に固定したけれども、もう一つがなかなか固定せずに期間が空いてしまう場合には注意しなければなりません。なぜかというと、仮に最後に症状が固定したという後遺障害が自賠責で非該当になってしまった場合には、前の後遺障害から起算するという可能性もありますので、そこから3年経ってしまっていた場合には、全部請求できなくなってしまう可能性があるからです。したがって、複数の後遺障害があって、期間が空いてしまう場合には、内容証明を出したり、訴訟提起をするといった方法も必要になってくるのではないかと思います。私も訴訟提起したことがあります。

2 等級認定の仕組み

(1) 認定機関

では、後遺障害等級がどのように認定されるかということですが、まず認定機関については損害保険料率算出機構というところが行います。これは、損害保険料率算出団体に関する法律によって設立された団体です。手続的には、ここで認定された等級を保険会社が被害者の方に伝えるという形になっています。この点でよく相談者の方から質問があるのですが、被害者の方としては相手方の保険会社から等級認定の通知が来るので、「相手方の保険会社が認定しているから不当なのでは」ということをおっしゃることがあります。しかし、相手方の保険会社が認定をしているわけではありませんので、その点は説明できるようにしておくとよいと思います。例外として、JA共済だけはJA共済連というところで認定をしているのですが、この場合も認定基準は同じです。

(2) 認定の資料

診断書は当然、初診時の状態や治療の経過を見るために必要になってきます。診療報酬明細書はなぜ必要なのかというと、診療報酬明細書にはどのような治療を施したのかということや処方した薬、治療費等の記載があるので、傷病名と治療方法、治療費等の整合性を確認するために使います。次は、後遺障害診断書です。また、レントゲンやMRIなどの画像が決め手となる後

Ⅱ 後遺障害等級について

遺障害などもありますので、こういったものも必要になります。ここに書いたもののほかに、場合によっては、主治医に対する照会書等が必要になってくることもあります。基本的に認定は書面審査ですが、後でご説明するように醜状障害、すなわち怪我の痕が残ってしまったという後遺障害の場合には、被害者と調査員の方が直接面談して判断の基準にすることもあります。ですから、醜状障害があるといった場合には、相談者の方に面談があるかもしれないということをお伝えしておくのがよいかと思います。

(3) 等級認定の手続

大きく自賠責保険会社への被害者請求（自賠法の16条に基づくものですので、俗に16条請求といいます）と任意保険会社を通じた事前認定という手続に分かれます。簡単に図示すると、レジュメ1ページ下に書いてあるようになります。要するに、被害者請求は直接被害者が必要な資料などを揃えて手続を進めていくというもので、これに対して事前認定は相手方保険会社に診療記録などの取寄せのための同意書を渡しておいて、その相手方保険会社が同意書を基に病院などに照会をかけて、記録を取り寄せて進めていく、つまり相手方保険会社に任せるというものです。

ここで被害者の方からの相談で多いのが、事前認定と被害者請求のどちらがよいのかという質問です。この点につきましては、結論からいえば、双方ともメリット、デメリットがあるということになります。

具体的に、被害者請求のメリットとしては、被害者が自分で手続を進めるとお話ししましたが、要するに自賠責保険会社に提出した書類を自ら把握することができるということが挙げられます。自分が集めて出しているから当然ですね。そのコピーを取っておけば、自分の手元に全部資料が残り、また、何を出すのかも自分で判断できるということが一つメリットとして挙げられます。もう一つのメリットは、この被害者請求を行うことによって、後遺障害等級などが認定されると自賠責保険から後遺障害等級に応じた損害賠償金が一時的に入ってきます。すなわち、示談が成立する前に等級に応じてある程度まとまったお金を受領することができるということになります。ですから、お金のないときには被害者請求で先に自賠責から損害賠償金を取るという手続を進めていくという方法もよいと思います。ほかのメリットとしては、

この自賠責からの損害賠償金を先に受け取るということと表裏一体なのですが、訴訟提起時に裁判所に納める費用が安くなる、つまり印紙代が安くなるということがあります。これはなぜかというと、損害から自賠責保険から受領したお金を既払いとして引くので、当然総額が減るからです。細かいところですが、そのようなメリットがあります。

　他方で、事前認定、すなわち保険会社に任せることについてのメリットとは、被害者請求が資料を自分で集めるということの裏返しとなりますが、保険会社側が資料を収集してくれるので、被害者が行う手続が少ないということになります。被害者としては、同意書を書いて保険会社に任せておけば、あまり作業しなくてよいので、時間が取れないという方にとってはよいということになります。もう一つのメリットは、被害者請求が自賠責から賠償金を受け取るということの裏返しとして、訴訟提起をして判決で認められる遅延損害金が多くなるということが挙げられます。これは、自賠責から受け取っていないので、既払いにならないというためです。それぞれのデメリットについては、お互いのメリット同士の逆という形になります。ただ、一点だけ注意が必要です。双方メリットとデメリットがありますが、基本的に事前認定のとき、相手方の任意保険会社は、後遺障害等級認定のために必要な資料で、かつ、手元にある診断書や診療報酬明細書、画像等しか出しません。当然相手方であるからであるかもしれませんが、積極的に後遺障害を取ろうという努力はあまりしません。したがって、足を切断してしまったとか、醜状痕が残ってしまったとか、2分の1以下に可動域制限がされてしまったというように客観的に後遺障害の認定が明らかな場合には事前認定を使っても問題ないかとは思いますが、脊髄損傷や高次脳機能障害、又は14級か非該当かの判断が分かれるところといった微妙な事案については、積極的に必要な資料を揃えて出すという点において、被害者請求の手続をしていったほうがよいと思います。つまり、認定に問題がありそうなら被害者請求のほうでということになります。

　(4)　**認定基準**

　前回の講義の際に少しお話がありましたが、自賠責の等級に該当するかどうかは、前回の参考文献として挙げた『労災補償障害認定必携』を基にして運用されている労災の基準に従って判断されます。個々の後遺障害等級の具

II　後遺障害等級について

体的な認定につきましては、第3（レジュメ3ページ以降）で一覧表を載せておきましたので、見ておいていただければと思います。ただ、一点だけ、醜状障害などの範囲については、労災と自賠責との間で異なってくるところですので、注意が必要です。これも後でご説明いたします。

　また、基準が同じ場合であっても、「労災基準とのズレ」と書きましたが、具体的事件で、労災で認定された等級がそのまま自賠責保険の後遺障害等級となるわけではないということに注意が必要です。要するに、「労災だと12級がついたが、自賠責だと非該当」といったことはよくあります。私の担当した事件でも、最終的に裁判になりましたが、労災では脊髄損傷と認定されて重い等級がついたのに、自賠責では14級ということもありました。これは、労災と自賠責とで認定機関や認定方法が異なることや労災認定は自賠責に対して拘束力を持たないということが原因です。したがって、労災で既に等級が出ており、それから被害者からの相談を受けて、これから自賠責に被害者請求等で等級を申請していくという場合には、「労災で等級が出ているから、同じ等級が自賠責でも出る」ということや、「労災で等級が出ているから大丈夫だ」というようなことを言わないように注意が必要です。感覚的には、神経症状や脊髄損傷などでは、労災のほうが自賠責よりも比較的高い等級が出やすいという印象を受けています。

　また、「cf.」ということで、「医師の診断とのズレ」と書きました。これは、結構重要なことだと思います。例えば、お医者さんの診断書などで脊髄損傷などのいろいろな傷病名が書いてあっても、自賠責の認定のところでは因果関係がないといったことで否定されることが結構あります。後遺障害をやっていくとこれで問題になることが結構多いのです。なぜこのようなことが起こるのかというと、裁判官などとも話したことがあるのですが、お医者さんの診断というのは患者さんの怪我、病気を治すという観点から、漏れがないようにあらゆる可能性を考えて、いろいろな治療法を立てて、症状から病名を推測していくということになります。これに対して、自賠責や裁判においては、根拠となる所見を前提として、「こういった所見があるからこうなのではないか」、そして「症状があるからこのくらいではないか」と判断していきます。イメージ的には、お医者さんの診断は後から、症状から遡って考え、

自賠責や裁判であれば最初のところから、原因のところから考えていくというように考え方が異なります。そのために、お医者さんがこうだと診断しても、裁判では違うのだということがよくあります。したがって、「お医者さんがこのように診断してくれたから、絶対にこれが認められるんだ」という前提で相談に来られる方が結構多いのですが、「裁判のときには必ずしもそうとはならない」ということを事前に説明しておくことが必要となります。

(5) 複数の障害がある場合

簡単に書きましたが、複数の後遺障害がある場合には、通常は併合という形で、高いほうの後遺障害等級が繰り上がるということになります。例えば、12級と11級の二つがある場合には、高いほうの11級が一つ繰り上がって、併合の10級ということになります。ただ、この繰り上がりのパターンは、等級が高かったりするとまた変わりますし、あと少し難しいのですが、同一系列の後遺障害という問題があります。この点については知識的な話ですので、参考文献等を読んでおいていただければと思います。

3 不服申立手続

(1) 異議申立

では、これまで説明したように後遺障害等級の認定が決まったとして、次はどうすればよいのでしょうか。認定された等級が不服の場合には、不服申立手続が定められています。その代表的なものが異議申立です。これは、被害者請求の場合には自賠責保険会社に、事前認定の場合には任意保険会社に、異議申立書等を提出して認定された等級を争っていく手続です。等級認定のときと同様に、損害保険料率算出機構が審査していきます。基本的には、時効にならない限り、異議申立は何回でもできます。ただ、意味や根拠もなく単に痛みが治らないからというような理由で異議申立をしても時間が経っていくだけです。異議申立のときに大事なのは、認定された結果を踏まえて障害等級が低いというのであれば、どの後遺障害部分を何級に上げたいのか、どうすれば上がるのか、又は認定されなかった後遺障害等級を認定してもらいたいというのであれば、どうすれば認定されるのかというように、目標を設定することです。そのためには、例えば必要な検査が行われていないのであればその検査をしてもらうということや、可動領域に測り間違いがあるの

であれば再度測定してもらうこととなります。すなわち、各後遺障害等級についてその認定基準（どうやったら認定されるのかという基準）をしっかり押さえた上で、異議申立の対策を取っていくことになります。

　この異議申立の際には、基本的に等級申請のときとほぼ似ていますが、診断書等が必要となります。なお、異議申立書は、特に書式はありませんが、従前の認定のどこが間違っているのか、どこが問題なのか、なぜこちらの主張が正しいのかということを医師の意見書など医学的な根拠を基にして説得的に書いていく必要があります。痛みが続くからといった理由だけではだめです。

(2)　紛争処理の申請

　これは自賠責保険・共済紛争処理機構に対する紛争処理の申請というものです。紛争処理機構とは、自賠法に基づく指定紛争処理機関として大臣等の指定を受けた裁判外の紛争処理機関であり、一般財団法人です。こちらについても異議申立と同様に、必要な書類を出しての書面審理となりますが、一点だけ注意が必要です。先ほど異議申立については、時効にかからない限り何度でも申請できるというお話をしましたが、紛争処理機構については、一度出した判断に対する再度の異議申立は受け付けません。すなわち、一度紛争処理機構に申し立てて、そこで結論が出ると、紛争処理機構では判断してくれません。また、等級認定や異議申立を判断する損害保険料率算出機構は、事実上紛争処理機構の出した判断に従うという考えをしていますので、紛争処理機構で一回判断が出てしまったら、それに反する判断は基本的には出ません。

　したがって、紛争処理機構で一旦よくも悪くも結論が出てしまうと、裁判にしない限りは、ここで出た結論は覆らないということになります。もちろん裁判所はこういった判断には拘束されませんので、紛争処理の申請は訴訟前の最終手段とよく言われます。ですから、等級認定に不服があっても、いきなり紛争処理機構に申し立てるのではなく、まずは異議申立をして、その結果がだめで、あとは裁判しかないとなったときに、その前に紛争処理機構というように、先に異議申立、次に紛争処理の申請という順番で申し立てていくほうが争う機会が多くなりますので、結果的に被害者の方に有利になるかと思います。実際に私の扱った事案でも、異議申立をして12級だったのが、どうせ裁判になるのであればいうことで紛争処理をして9級になったという

こともありますので、異議申立でやってだめで、最後の手段で紛争処理ということで覚えておいたほうがよいかと思います。

4　後遺障害等級認定と訴訟

先ほども少しお話しましたが、自賠責の後遺障害認定等級は裁判所を拘束しません。通常は自賠責等で後遺障害等級が認定されるとそれを基に相手側保険会社と交渉して、まとまらなければ裁判という流れになるかと思いますが、その裁判にする際に注意しなければならないのが、この「裁判所を拘束しない」ということです。例えば、自賠責で12級が認定されていても、裁判をしたら14級になってしまった、あるいは、裁判をしたら10級に上がったと、いずれにもなる可能性があり、被害者には有利にも不利にもなります。したがって、等級が認定されて交渉がだめで裁判にするときには、裁判をして果たして有利になるか、不利になるかといったことを事前に検討する必要があります。私も自賠責で得た等級が裁判で上がったことも下がったこともあります。

ただ、自賠責の認定が裁判所を拘束しないといっても、裁判で裁判所がゼロから判断するのかといえば、それは当然裁判所にも無理な話です。後遺障害等級に認定された事実があると、特段の事情のない限り、後遺障害等級に見合った労働能力喪失率と慰謝料の額について一応の立証ができたと考えられるとされています。ここで引用した『別冊判例タイムズ16号』（最新刊は38号）は、前回の交通事故の全体の相談のところで、過失を判断する際に使った本です。この本は過失の本と思われがちですが、裁判官による最初の総論のところに、主張立証の実務上の注意ということで、「こういうところは主張立証が必要だ」というような実践的なことが書いてありますので、是非最初に目を通しておいたほうがよいです。ほんの10ページか20ページくらいだと思いますが、この総論に裁判官の考えが凝縮してまとめられて載っていますのでお勧めです。

話が外れましたが、実際の印象としては、裁判所は一応証明されたとすると、かなり自賠責の認定を重視しているような感じを受けます。例えば、裁判をして、「自賠責の等級はこうだけれども、実はもっと上の等級を争います」と言うと、「えっ」という感じになったり、相手が「等級はこうだけれども争う」

Ⅱ　後遺障害等級について

と言ってきた場合には、裁判所は、「ではそれに関する証拠を出してください」という形になったりしますので、基本的には自賠責の等級認定が前提になるかと思います。ただ、前述のとおり、必ずしもそれで決まるわけではなく、拘束されないということから、結論が変わるということも頭の片隅に置いておいてください。なぜ自賠責の判断と裁判所の判断が違うのかといえば、裁判所では文書送付嘱託などで医療記録などを全部取り寄せたり、医師の追加の証拠を出したり、自賠責の調査とは証拠量が違ってくることから結論が変わってくると言われています。

　以上、後遺障害等級の認定の総論的なところをお話しいたしました。

第2　後遺障害事案相談のポイント

1　相談にあたって必要な資料

　前回の「相談時に必要」だと言った資料と少し被りますが、レジュメ2ページ下段に記載した資料が必要になるかと思います。特に、症状固定し、診断書を書いてもらっている場合には、後遺障害診断書は必要不可欠です。

　また、後遺障害の内容によっては、医師の意見書で補足したり、家族の日常生活状況報告書が必要になってきたりすることもありますので、そういったものがあれば、それも一緒に見てください。さらに、等級が認定されている場合には、認定等級が正しいのかどうか、異議申立で戦えるのかどうかという判断のために、等級認定票が必要不可欠となってきます。前回の講義でも説明がありましたが、保険会社に提出済みの資料については、保険会社に言えばその写しを送ってくれますので、面談が決まりましたら、事前に「必要な資料は保険会社の方に言って写しをもらっておいてください」と言って、取り寄せてから、打合せをしたほうが話が早いかと思います。

2　相談の流れ

　後遺障害の相談において最初にやることは、診断書の内容を確認することです。診断書、後遺障害診断書等の記録を基に、被害者の傷害内容、治療経過を把握することとなります。後遺障害診断書についてはまた後で説明しますが、後遺障害診断書には自覚症状を書くところがありますので、気になる症状は後遺障害診断書に全て記載されているのか、その自覚症状欄に自覚症

状が漏れずに書いてあるのかを確認する必要があります。なお、この点については、相談者自身が後遺障害に気付いていないという場合もあります。また、高次脳機能障害等で物忘れがひどくなってしまっていたり、性格が変わってしまったりという場合には、周りから言われなければ気付かないということもありますので、ご家族の方が一緒の場合にはご家族の方にも確認をしていったほうがよいと思います。

　さらに、可動域制限の有無や参考可動域から大きなズレはないか、測定方法は正しいのかどうかということも確認する必要があります。同様に必要となるのは、後遺障害診断書の見通し欄の確認と、既に認定されている場合には認定された等級が妥当なものかどうかの検討です。そういった話を基にして、今後新しい診断書の取寄せや加筆などをお願いしていくこととなります。

　相談の流れは、以上のとおりですが、これだけ見てもあまりイメージが湧かないかと思いますので、実際にイメージをつかむために、ロールプレイをしてみたいと思います。内容としては資料1（実際に私が担当した事件の後遺障害診断書を少し変えたもの）を中心にして、適宜レジュメの「第3　後遺障害ごとの検討」や資料2（当事務所の本の巻末資料として付けているもので、可動域の測定方法などが書かれたもの）を見ながら話を聞いていただければと思います。ロールプレイの途中でも参考資料等のお話はしますので、耳を傾けていただければと思います。

　では、ロールプレイを始めたいと思います。谷原が被害者役を、前田が弁護士役をやります。

> **被**：「今日は相談よろしくお願いします。」
> **弁**：「よろしくお願いします。今回はどのようなご相談になりますでしょうか。」
> **被**：「ようやく治療が終わって症状固定しまして、主治医の先生に後遺障害診断書を書いてもらったのですが、これからどのように進めていけばよいのでしょうか。」
> **弁**：「分かりました。今後の流れとしましては、後遺障害診断書を基に、後遺障害等級の認定申請をして、認定を受けるということになります。

II 後遺障害等級について

>　　ただ、認定の前に一度、後遺障害診断書の内容を確認させていただいてもよろしいでしょうか。」
>
>**被**：「はい。私も診断書を見ていて分からないところがありましたので、教えていただきたいと思います。」
>
>**弁**：「分かりました。診断書をお見せください。」
>
>**被**：「では、お願いします。」
>
>**弁**：「資料1-①の傷病名が「脳挫傷」と書いてあるものが脳外科の診断書で、その次の資料1-②の傷病名が「右足関節骨折等」と書いてあるものが整形外科の診断書ですね。」
>
>**被**：「はい。そうです。」
>
>**弁**：「それでは、まず整形外科の診断書から見ていきたいと思います。」

　ここで少し解説です。弁護士が交通事故の相談を受けるタイミングはいくつかあると思います。まず事故直後があります。そして今回のような症状固定後の等級認定前や等級認定後の場合には、それが妥当かどうかという質問をいただくことがあります。もっと多いのが相手側の保険会社から示談の提示がきたときにそれが妥当かどうかという質問もあります。また、たまにありますが、相談を受けるタイミングとして、相手から債務不存在確認訴訟を起こされてしまったときが挙げられます。今回はその中でも症状固定後の等級認定前という場面を想定しました。

　なぜここを題材にしたのかといいますと、先ほど説明させていただきましたように、一度等級の認定を受けると、それを争うためには、不服申立手続をする必要が出てきます。そのときに検査漏れで認定されなかった場合には、「もう一度検査に行ってください」ということで患者さんにとっては二度手間になってしまいますし、等級申請前に記載漏れや検査漏れ、測定漏れがないか確認することが望ましいからです。あとはこの後も少し出てきますが、可動域制限の場合などは、一度後遺障害診断書に書いて、認定を受けた後にそれが違うというように揉めたりすると、結構大変です。私もこのような大変な目にも何度か遭いました。ですから、等級申請前に相談を受ける場合には、後遺障害診断書をしっかりと確認して、等級認定もそうですが、後々の裁判

のことなどもしっかり考えて、被害者の方に有利になるように適切なアドバイスをする必要があるかと思います。では、ロールプレイの続きを始めます。

弁：「資料1-②の整形外科の診断書ですが、怪我としては、後遺障害診断書の左上の傷病名のところに、「右足関節骨折　右上腕骨近位端骨折」と書いてあります。ほかに整形外科でかかっていた怪我はありますか。」

被：「いいえ、これだけです。」

弁：「分かりました。それでは、順番に見ていきます。まず、右足関節について、後遺障害診断書の右下のところに可動域の記載がありますが、ここを見ますと、足関節の背屈、底屈というところで、右足の動きが左足に比べて角度が制限されているようなのですが、実際にはどうなのでしょうか。」

被：「そうです。右足のほうが悪いです。この関節機能障害と書かれたところでしょうか。」

弁：「はぃ。そのとおりです。」

被：「そうです。」

弁：「そうすると、関節の動きが制限されているということが、右足関節の機能障害として後遺障害等級が認定される可能性があります。「10　下肢の傷害　⑵機能障害　ア　機能障害」（レジュメ15ページの表）を参考にしてみてください。機能障害として後遺障害等級が認定されるためには、骨折等を原因として、健康なほうの足、すなわち健康のほうの側（健康の側と書いて「健側」といいます）に比べて、怪我をしたほう（患者の側と書いて「患側」といいます）、患側の動きがどれだけ制限されているかということで判断されていきます。」

被：「この診断書を見ますと、左右でだいぶこの数字が違うのですが、これはどのように見ればよいのでしょうか。」

弁：「はい。足関節については、この背屈と底屈とを合わせた可動域を左右で比較して判断することになります。また、基準となるのは、ここ自動と他動の二つがありますが、他動が基準となります。今回はたまたま診断書では同じですので問題ではありませんが、原則として他

Ⅱ　後遺障害等級について

　動が基準となることは覚えておいてください。測り方は、具体的には、資料27ページの下の「足」のところのようになります。」
被：「そうすると、私の場合は、他動のところについて、右側の合計をしますと45度、左側を合計しますと100度となって、右側が左側の約2分の1となっています。インターネットでいろいろと調べたのですが、2分の1に制限されていると10級となっていたのですが、私の場合も10級になるのでしょうか。」
弁：「診断書の数字だけを見ますと、レジュメ15ページの機能障害の10級11号の「関節の可動域が健側の可動域の2分の1以下に制限されているもの」というところに、形式的には当てはまります。しかし、ここで確認なのですが、谷原さんは人より体が柔らかいほうですか。」
被：「学生時代は体操部だったので柔らかかったのですが、今は運動不足で人より固いと思います。それが何か関係あるのでしょうか。」
弁：「先ほどの資料27ページの下の「足」のところを見ていただきたいのですが、「参考可動域角度」というところで、屈曲（底屈）が45度、伸屈（背屈）が20度と書いてあります。これは一般的な人の足関節の可動域を示したものであって、45度、20度というのが曲がる足の角度となります。これに対し、谷原さんの診断書の計測の可動域を見てみますと、背屈は20度でよいのですが、底屈が80度になっていて、普通の方の倍近く曲がることになっています。お医者さんは測るときに分度器などの測定具を使って、資料27ページのようにしっかり測ったのでしょうか。」
被：「このときは、だいぶお年を召した主治医の先生で、目測で「まあ、こんなものだろう」と言いながら、記載していた記憶があります。」
弁：「なるほど。困りますね。そうすると、もう一度お医者さんに行って、測ってもらったほうがよいです。このまま提出すると、自賠責の認定時に問題になるおそれがありますし、仮に認定されたとしても裁判では争われる可能性が非常に高いです。なお、資料27ページの下を見ると、一般的な右足関節の可動域が45度と20度で合計65度なのに対して、谷原さんの右足が45度に制限されているため、この下肢機能障害

> の認定基準の「3/4以下に制限されているもの」には該当しますので、少なくとも12級7号には認定される可能性はあると思います。」
> **被**：「分かりました。それでは、もう一回主治医の先生にお願いしてみたいと思います。」

　次にまた解説です。今ざっと行いましたが、基本的には後遺障害診断書の傷病名を基にして、どういった支障が生じているのかを、診断書を見ながら聴き取って確認していくことになります。可動域制限、すなわち動きが制限されるという後遺障害では、原則として左右の他動の可動域の比較によって判断をしていきます。ただ、このときに診断書の数字を形式的に当てはめるだけではなく、数字が正しいかどうか、参考可動域を確認するとともに、測定方法について、ちゃんと測っていたかどうかを相談者から聴き取って、確認することが大事です。これは冗談のような話ですが、測定方法が違っていたり、測り間違いだったりということはたまにあります。私の体感では、20件に1件はある感じです。

　正しい測定方法や参考可動域の確認については、資料2で載せている図を参考にしていただきたいと思います。これは日本整形外科学会及び日本リハビリテーション医学会が定める測定法、自賠責で用いられる測定方法ですので、この測り方で可動域制限が生じているのかどうかちゃんと測ってもらうことが必要です。

　少し話は外れますが、私が担当した事案でも、実際にその参考可動域から大きくずれていて、裁判で揉めたことが何回かありました。記載している可動域が間違いではなかった、例えば通常の人より体が柔らかい体質であったというように医学的に説明がついた場合には、裁判でその認定された等級のとおり無事に終わったこともありますが、お医者さんが単純な測り間違いであったということが裁判中に判明して、大変な目に遭ったこともあります。あとは、これも話がそれてしまいますが、体が通常より柔らかい場合、等級の認定が問題ないとしても、裁判で喪失率がどのように判断されるのかということについては微妙なところかなと思います。なぜかというと、体が柔らかい人が普通の人と同じくらいにまでしか動かないというところまで可動域が制限さ

Ⅱ 後遺障害等級について

れたとして、それが普通の仕事にどれだけ影響があるのかというところで争われるからです。ここも悩ましいところではあります。では、次に行きます。

> **弁**：「診断書の自覚症状を見ますと、「右肩痛」とありますが、これは右上腕骨近位端骨折による痛みでしょうか。」
> **被**：「はい。医師の先生からはそのように言われています。」
> **弁**：「なにか右肩が動かしづらいということはないですか。」
> **被**：「確かに、痛いし、動かしづらいです。」
> **弁**：「お医者さんにその右肩が動かしづらいということは話されましたか。」
> **被**：「これは、そのうち放っておけば治るかなと思って、特には話していないのですが。」
> **弁**：「それでは、お医者さんに事情を説明して、右肩の可動域についても測定をしてもらったほうがよいと思います。足のときと同じように、左側の健側と比較して制限が認められれば、機能障害として後遺障害等級が認定される可能性があるからです。「9　上肢の障害　⑵機能障害　ア　機能障害」（レジュメ13ページ）の中で例えば12級6号を見ていただくと、「関節の機能に障害を残すもの」ということで、健側の可動域角度の3/4以下に制限されていれば、これに認定される可能性があるということになります。測り方については、資料2のように定められていますので、しっかりと測定具を用いて測ってもらったほうがよいと思います。」
> **被**：「はい。分かりました。」

解説です。ここでも、先ほどと同じように傷病名や自覚症状を基に、どういった主張が生じているのかを確認していくことが必要です。今回のように傷病名や自覚症状を聴き取っていくことによって、お医者さんが見落としていた、あるいはお医者さんに伝えていなかったというような後遺障害の内容が分かるので、聴き取り調査は大事だと思います。また、自覚症状に記載漏れがないかや気になるところの検査が行われているかどうかの確認をします。ちなみに、「上腕骨近位端」という言葉が出てきましたが、これは、腕

の付け根の辺り、肩関節付近の骨です。ここを怪我していると、肩に影響が生じるのではないかというように見立てをしていくことになります。それでは、ロールプレイに戻ります。

> **被**:「先生、ちょっと質問なのですが、右肩に傷が残っているのですが、これは後遺障害になるのでしょうか。(肩を見せようとして)ちょっとお見せしますか。」
>
> **弁**:「結構です。診断書(資料1-②)の「他覚症状および検査結果」のところですが、ここに手術の傷、瘢痕ということで、「15mm×70mm」という記載があります。このように傷が残ってしまうことを醜状障害といいますが、この醜い状態の障害(醜状障害)については「13　醜状障害」(レジュメ17ページ)の基準を基に判断していきます。確認していきますと、この後遺障害診断書によると、醜状のある場所は肩関節以下となりますので、この醜状障害の要件の「上肢の露出面」には該当します。ただ、その痕の大きさは大体てのひらと同じくらいの大きさが必要と言われるのですが、ちょっと谷原さん、てのひらを見せていただいてもよろしいでしょうか。てのひらと比べてみると、15mm×70mmではてのひらの大きさとまではいかないので、認定は難しいのかなという話になるかと思います。」
>
> **被**:「分かりました。」

解説です。今回は患者さんからの質問ということでしたが、後遺障害診断書に記載がありますので、これを見て等級の認定基準を満たすものであるのかということの検討をします。後述しますが、先ほども出てきましたとおり、醜状の範囲が労災と違うところです。

相談を受けるにあたって、事前に醜状障害が問題になると分かっている場合には、その患部、怪我をしたところの写真を撮ってきてもらったほうがよいです。また、その際には、なるべく目立つように、光の調整を明るくしたりなどをして撮ったほうがよいです。なぜかというと、継続相談や後で受任するかどうかを見るときに、後遺障害診断書だけでは、傷の状態が分からな

Ⅱ　後遺障害等級について

いうこともありますし、裁判をするときに、醜状障害の場合には証拠として写真を提出する必要がありますので、事前に撮っておくほうがよいのかなと個人的な感覚として思っています。ロールプレイに戻ります。

> 弁：「整形外科の診断書（資料1-②）右下の見通し欄に、「不変」との記載がありますが、この点についてお医者さんは何か言っておられたでしょうか。」
> 被：「はい。主治医の先生は、「もうこれ以上はよくならないけれど、でも逆をいうと、これ以上悪くもならないから」とおっしゃっていました。」
> 弁：「分かりました。ありがとうございます。」

　解説です。先ほど最初の総論のところで述べましたように、後遺障害は、「もうよくならない」という症状固定が前提となります。たまにありますが、見通し欄に「改善する」というようなことが書いてあると問題になりますので、確認が必要です。「改善する」と書いてあると、仮に自賠責で等級が認定されたとしても、当然裁判の際には喪失率や喪失期間で争われます。したがって、「改善する」と書いてある場合、そしてお医者さんが「改善するに決まっている、間違っていないんだ」と言っている場合には、なぜ改善するのか、理由を聞いておいたほうがよいです。

　また、見通し欄に「悪化のおそれ」と書いてないかについても確認する必要があります。例えば、足関節を骨折した時に変形性足関節症というものを発症することが多いのですが、私が担当した事案でも今回のように足関節を骨折した場合に、関節部分がこすれて変形してしまって、さらに悪化してしまうということがありました。私が担当した事案では、見通し欄に「変形性足関節症の可能性あり、悪化するおそれあり」と書いてあったので、「少し様子をみてみましょうか」ということになったのですが、相手方から債務不存在確認訴訟を起こされてしまいました。ただ、債務不存在確認訴訟の途中でお医者さんに話を聞くことができ、もう一回測定し直したら、変形性足関節症で、悪化したということが判明しましたので、異議申立をして、等級が上がったということがありました。

第2　後遺障害事案相談のポイント

　この見通し欄は、症状固定で考えると、少ししか書いてないこともあるのですが、何かに使えることもあるかもしれないので、最後に目を通すようにしておいてください。以上が整形外科のほうの診断書についてですが、続いて資料1-①の脳外科のほうの診断書を確認したいと思います。

弁：「まず、入院期間のところが書いてないのですが、これは整形外科と同じ病院のため、整形外科で記載された入院期間のとおりで、ここでは省略されているということでよろしいですか。」

被：「ちょっと私では分かりませんが、多分そういうことではないでしょうか。」

弁：「分かりました。この点については、また後で資料を取り寄せてみます。では、脳外科につきましては、症状ごとに見ていきたいと思います。後遺障害診断書の左側の真ん中辺りの他覚症状の欄に高次脳機能障害とありますので、その内容についてお聞きしていきたいと思います。まず、事故直後に意識障害はありましたか。」

被：「意識障害というのは、意識がない状態のことですか。」

弁：「はい。あと、ボーっとしている状態も含まれます。」

被：「分かりました。自分としては、事故に遭った後の記憶が全然なくて、医師に後で聞きましたが、病院に運ばれてしばらくするまで意識がなかったと聞いております。」

弁：「分かりました。そうすると、意識障害があったというように診断書にも記載されていると思います。次に診断書のところに、「MRIにて脳挫傷」と書いてありますが、医師から頭の画像は見せてもらいましたか。」

被：「はい。見せてもらいまして、脳挫傷の痕がくっきり見えていて、もうこの痕は消えないだろうという悲しいことを言われました。」

弁：「分かりました。次に、診断書の左側の真ん中の自覚症状のところを見てみますが、「記憶力　集中力の低下　気分不快」、そして他覚症状欄に「記銘力障害　感情失禁」と記載がありますが、これは就労や日常生活に具体的な支障は生じているのでしょうか。」

被：「日常生活では、買い物に行ってもお店で何を買うつもりだったの

かを忘れてそのまま帰ってしまったり、以前に覚えていたことを全然思い出せなかったりといったようなことがあります。それと、診断書に書いてあるとおりなのですが、いつも不快な感じがしていて、前は全然怒らなかったのですが、今は家族と喧嘩することが増えて大変申し訳なく思っています。それから、仕事について、私は会社員なのですが、新しい作業が覚えられず、また、疲れやすくて仕事中につい居眠りをしてしまうので、上司に怒られてばかりです。」

弁:「なるほど、大変ですね。あとは、知能検査などは受けられましたか。」

被:「知能検査は小学生の時に受けたくらいです。」

弁:「分かりました。まだということですね。あとは、例えば事故に遭ってから、食べ物など色々な匂いや味が分からなくなったり、分かりにくくなったりなどはしていませんか。」

被:「それは大丈夫だと思います。」

弁:「分かりました。それでは、お聞きした内容からしますと、後遺障害診断書に記載がありますように、脳挫傷後に高次脳機能障害の後遺障害が残った可能性が十分あります。ただ、この後遺障害診断書の記載だけでは足りませんので、まずはお医者さんの知能検査を受けてください。また、必要な書類をお渡ししますので、「日常生活状況報告」以外の書面はお医者さんに書いてもらってください。」

被:「「日常生活状況報告」は自分で書くということでしょうか。」

弁:「いいえ、「日常生活状況報告」はご自身が書かれるものではなく、ご家族の方、特に事故前から谷原さんと同居されているなどして、谷原さんのことを最もよく知っている方に書いてもらってください。この「日常生活状況報告」は、事故前と後とで被害者の方にどのような変化が生じたのか説明するものなのですが、お医者さんは通常事故に遭ってから初めて患者さんを見ますので、事故前からこういうふうに悪くなったという比較はできません。そのために、性格が変化するなどの支障が生じているのであれば、身近な方が説明していくしかないのです。ですので、書ききれなければ別紙を付けても構いませんので、できる限り詳しく家族の方に書いてもらってください。」

> **被**:「はい。分かりました。ずっと昔から両親と一緒に暮らしていますので、両親に書いてもらおうと思います。」
> **弁**:「お願いします。」

　ここで解説です。最初に「意識障害はありましたか」という質問や「画像は見ましたか」という質問をしたかと思いますが、高次脳機能障害については基本的にこの意識障害の有無と画像の有無が基準となります。あとは具体的な支障の程度がポイントとなってくるため、一つ一つ確認していきました。

　意識障害の有無や画像の有無は客観的なものですので、資料があれば第三者でも分かるのですが、具体的な支障については、本人や周りの人にしか分からないところもありますので、詳しく聴き取る必要があります。知能検査の結果もある程度客観的なものとして等級の認定の際には重視されますし、裁判においても当然重視されますので、知能検査を受けていない場合には、この検査を受けるようにアドバイスしてください。

　また、先ほど食べ物や味の話をしたかと思いますが、脳を損傷したときには、神経が全部つながっているということもあり、視覚、聴覚、嗅覚、味覚などに併合して一緒に支障が生じるということが多いです。これが生じているということは、逆に考えると、脳が損傷しているのではないかということの裏付けにもなってきますので、この点についても脳の損傷についてだけではなく、その周辺についても確認しておくとよいと思います。特に、裁判のときなどに補強する証拠になってくると思います。ロールプレイの中でもありましたが、「日常生活状況報告」については、身近な方でなければ変化に気付けないこともありますので、どのような変化が生じたのかを丁寧に書いてもらってください。

　会話の中で画像の話をしたときに、脳挫傷の痕が残っているかどうかという話をいたしました。なぜこの話をしたのかというと、この脳挫傷の痕が症状固定時に残っていると、それだけで、ほかに高次脳機能障害などの支障が認められなくても12級13号になりやすいためです。ですから、それを確認しておきました。通常回復の早い方などでは吸収されて治療が進んでいくと見えなくなったりするのですが、痕が残っているということはそれだけで障

Ⅱ　後遺障害等級について

害ですし、さらに残っているということは何かほかに支障が生じることがあるだろうと推測が働きますので、痕が残っているかどうかの確認は大事です。ただし、これは前に裁判でも争ったのですが、脳挫傷の痕が残っているだけで12級と認定されたときに、裁判で労働能力喪失率がどれだけ認められるのかは難しいところです。では、またロールプレイに戻ります。

> 弁：「次に、診断書（資料1-①）を見ていきますと、自覚症状欄に「視野障害」と記載があります。これは具体的にどのような支障が生じているのでしょうか。」
> 被：「なんだか全体が見えにくくて、視力も下がってきてしまいました。視力検査だけ行って、以前は視力が1.2あったのですが、0.6にまで下がってしまいました。」
> 弁：「そうすると、順番に見ていきますが、まず全体がなんだか見えにくいという点については、視野狭窄という障害に該当するかと思います。「1　眼の障害　(3)視野障害」（レジュメ4ページ）の表です。この視野狭窄について、後で説明しますが、その測定については、ゴールドマン型視野計というものを用いますので、一度眼科で測定してもらったほうがよいかと思います。眼科等で測定してもらうときに、なぜ視野狭窄が生じているのか、その原因についても確認するようにしてください。次に視力が低下した点についてですが、0.6の視力ですと、視力障害の可能性があります。これは「1　眼の障害　(1)視力障害」（レジュメ3ページ）の表です。ここでは、視力が0.6以下になったというところが一つの基準になっています。確認なのですが、この0.6以下になってしまったというのは、眼鏡かコンタクトを付けて0.6以下になってしまったということなのでしょうか。」
> 被：「いいえ。0.6というのは裸眼での視力で、眼鏡やコンタクトを付けると1.0です。」
> 弁：「なるほど。それでは、この視力低下の後遺障害については、矯正視力の状態で判断されますので、眼鏡をかけて0.6より上ということであれば、視力障害の後遺障害等級には該当しないのかなと思います。

続けますが、次に、自覚症状欄に「耳鳴」と記載がありますが、具体的にどのような症状なのでしょうか。」
被：「これは、朝起きたときに、時々なのですが、キーンというような感じがして、耳鳴りなのか脳の中で何か鳴っているのかは分からないのですが、そんな感じです。」
弁：「なるほど。時々というと、どの程度の頻度になるのでしょうか。」
被：「大体1週間に2、3回くらいになります。」
弁：「分かりました。耳鳴りについては、後遺障害等級上、その頻度がある程度のものであることが要求されています。「2　耳の障害　(2)耳介の欠損障害等」（レジュメ6ページ）の表のウです。耳鳴りの後遺障害等級に認定されるためには、これが常時でなければならないことが要求されているため、今のお話の程度ですと、後遺障害等級に該当することは少し難しいのかなと思います。それと、脳外科の診断書の最後の見通し欄のところですが、「症状固定と思われるが、今後てんかん発作の可能性あり」と書かれています。この点について確認なのですが、ご相談に来られるまでの間に、てんかん発作を起こされたことはありますか。」
被：「これは、書かれてびっくりしたのですが、今のところはないです。」
弁：「分かりました。てんかんについては、「7　てんかん」（レジュメ12ページ）の表を見てください。今のところ発作はないということなのですが、てんかんの発作を抑制する薬は飲んでいますか。」
被：「薬は全て確認しているのですが、今のところは飲んでいないです。」
弁：「分かりました。では、脳波検査で異常があったということはありますか。」
被：「言われたことがないので、多分正常なのではないかと思うのですが……。ただ、主治医の先生に聞いたら、脳挫傷になった人はてんかんになることがあるから、念のために記載しておくというふうにおっしゃっていました。」
弁：「分かりました。そういうことでしたら、てんかんについてはあくまで見通しだけであって、現状では、後遺障害等級には該当しないと考えられると思います。」

II 後遺障害等級について

　まとめて解説です。まず、目についてです。視野障害や視力低下については、検査方法について説明していきます。視力低下についてはあくまで矯正視力ですので、相談者の方が来て、目が悪くなったという話をしたときには、まず矯正視力でどうなのかの確認をしてください。

　次に耳についてです。今回の耳鳴りの場合には、その頻度が問題になっています。この頻度が問題となるようなときには、まずその程度を確認する必要があります。てんかんについては、高次脳機能障害や脳を損傷したときに一緒に併発して起こりやすいものでもありますので、確認をして、この発作などについての認定基準を満たすものであるのかどうかを確認していくことが必要です。では、ロールプレイに戻ります。

弁：「今までのお話をお聞きしますと、現状で後遺障害としましては、まず資料1-②の右足関節の機能障害です。これについては測り直しが必要になるかとは思いますが、制限されていることはされていますので、12級はつくのではないかと思います。そして、まだ全然測っていませんが、可能性として考えられるのは、右肩関節の機能障害です。ほかにも、資料1-①の診断書に書いてある、高次脳機能障害、視野障害といったものが考えられます。ですので、先ほどご説明したとおり、医師の検査や再検査を受けていただき、必要書類が揃いましたら、等級認定手続を進めていきたいと思います。」

被：「分かりました。ところで、その等級認定手続なのですが、具体的にはどのように進めていけばよいのでしょうか。」

弁：「後遺障害等級の認定方法につきましては、最初の総論でも説明しましたとおり、谷原さんが直接自分で自賠責保険会社に提出して損害調査事務所とやり取りしていく被害者請求と、加害者側、相手方の任意保険会社に手続を任せる事前認定という手続に分かれますので、そのいずれかの手続を取ることになります。」

被：「その被害者請求と事前認定の二つがあるということなのですが、どちらの手続で進めたらよいのでしょうか。」

弁：「事前認定と被害者請求は、ともに先ほどのレジュメでもご説明したと

おり、メリットとデメリットがあります。被害者請求については、ご本人で資料を把握できますが、自身で病院に行くなどして必要な記録を取り寄せなければならないので手間がかかります。一方、事前認定では、保険会社に同意書さえ出しておけば後はやっておいてくれますので楽ですが、どのような書類が出されているのか分からず、向こうのペースで進んでしまうというデメリットがあります。ですので、一概にどちらがよいとは言えません。ただ、本件では後遺障害の中に高次脳機能障害が含まれています。高次脳機能障害については判断が難しいところもありますので、資料を取り寄せたりするお時間が取れるのでしたら、弁護士に依頼して被害者請求で進めていくほうがよいかと思います。」

被：「それでは、今回は被害者請求で、是非前田先生にお願いしたいと思います。受けていただけますでしょうか。」

弁：「はい。喜んで。」

被：「それでは、私のほうで事前に準備するものはありますでしょうか。」

弁：「こちらで後遺障害等級認定手続を代理で進めるためには、谷原さんの実印が押印された所定の委任状と印鑑登録証明書が必要となりますので、実印と印鑑登録証明書を準備していただき、こちらからお送りする委任状に署名押印していただければと思います。また、等級の申請に当たって、診断書や画像等の取寄せをお願いすることもあるかもしれません。その際にはご足労ではありますが、ご協力のほどよろしくお願いいたします。」

被：「分かりました。等級が認定されるまでには、大体どのくらいの時間がかかるのでしょうか。」

弁：「その後遺障害の内容にもよりますが、可動域制限のような通常の等級申請ですと、大体1、2か月くらいあれば結果が出てきます。しかし、高次脳機能障害の場合には、長くて半年くらいかかることもあります。」

被：「そんなにかかるのですね。でも結果が出るまで待ちたいと思います。」

弁：「はい。お願いします。」

被：「よろしくお願いします。」

Ⅱ　後遺障害等級について

　解説です。後遺障害等級の申請の際には、先ほども申し上げましたように、被害者請求と事前認定の違いやメリット・デメリットについて聞かれることが多いです。当然交通事故に遭ったのは初めてで、何をやったらよいのか分からないという被害者の方も多いため、その点について簡単に説明してあげられるとよいと思います。

　あとは、繰り返しになりますが、可動域制限や醜状障害のようにある程度数値化されていて客観的に基準が明らかな後遺障害については、事前認定と被害者請求とでそれほど大差が出てくることはないのかなと思いますが、高次脳機能障害や脊髄損傷のように複雑であったり、認定されるかどうか微妙な事案の場合には、積極的に詳細な事情を説明するためにも被害者請求にしたほうがよいかと思います。

　例えば、14級なのか、非該当なのか、高次脳機能障害が認められるのかどうかといった微妙な事案では、相手方の任意保険会社に任せて、万が一保険会社がそれほど積極的にやらずに結果として認定されなかったということになってしまうと、後でそれを覆していくは最初に認定を得るよりも難しくなるでしょうし、裁判になったときには保険会社側から争われることにもなります。すなわち、最初の認定で非該当となっているのだから後遺障害はないのではないかとか、最初で分からないということはそれほど大きな障害ではないのではないかということになり、労働能力喪失率や喪失期間に影響を与えないという主張にもつながってきます。したがって、後遺障害等級申請の前に相談を受けたときには、しっかりアドバイスして、適切な等級が認定されるようにしてあげられたらよいと思います。

　次に行く前に、先ほどご説明しましたレジュメ3ページの相談の流れのところですが、先ほどはざっと先に行ってしまったので分かりにくかったかもしれませんので、相談を一通りロールプレイで終えてみて、もう一度見ていただければよいかと思います。

　繰り返しますと、まずは診断書や後遺障害診断書の記載、傷病名や自覚症状、他覚症状の内容を見て、聴き取っていきます。そして、気になる症状は全て後遺障害診断書に記載されているのかどうかの確認になります。あとは、可動域制限の有無ということで、先ほども示しました参考可動域から大きな

ズレはないのかどうか、測定方法は正しいのかどうかということになります。測定方法については、昔扱った事案で、脊柱の運動障害を測定するときに、測り方が正しくなかったために非該当となってしまい困ったというふうに被害者から相談を受けたこともあります。普通のお医者さんであればちゃんとした方法に則ってやっているかと思いますが、たまに小さな病院や地方に行ったりすると適当にやってしまうお医者さんもいますので、その点に気を付ける必要があるかと思います。

　そして、後遺障害診断書で大事なのは、症状の見通し欄です。改善の見込みや悪化の可能性があるのかどうかということを確認していきます。また、今回は違いますが、等級が認定されている場合には、認定された等級が適切かどうかを検討します。後遺障害等級認定票の理由と後遺障害診断書等認定資料の記載とを照らし合わせ、また、被害者自身の愁訴も踏まえて検討していくこととなります。

　また、繰り返しになりますが、各後遺障害の認定基準を押さえておく必要があります。認定基準自体は本にも載っていますので全部覚える必要はありませんが、一通り理解した上で相談のときに基準と症状とを照らし合わせながら、どのような等級になるのかということを検討できるようにしておくことが大事です。この点について、先ほど何回か出て来ましたが、参考可動域や測定方法についての資料2は、大変参考になるかと思いますので、是非これを持って相談に入っていただけるとよいかと思います。私もこの資料の元の本を持って相談に入っています。

　あとは、今回のようにこれから後遺障害等級の認定を受ける場合や、聴き取った内容に上位の等級が認定される可能性がある場合には、後遺障害診断書を書き直してもらう、加筆してもらう、又は検査を受けるといった的確な指示を出せるようにしておくのが望ましいと思います。

第3　後遺障害ごとの検討

　ここから先のものにつきましては、各後遺障害の等級の認定基準を一通り表にして載せておきました。ただ、この後遺障害の内容については知識的な問題ですので、言葉の意味やどういった基準なのかについては参考文献等の

Ⅱ　後遺障害等級について

本を参照していただいたほうが早いのかなと思います。したがって、ここからは詳細は割愛し、私が実際に後遺障害事案を担当して問題になったところについてポイントを押さえてお話ししたいと思います。

1　眼の障害
⑴　視力障害

　測定方法については、原則として万国式試視力表（皆さんもよくご存じの○が欠けてCのようになっており、その向きがどちらかというようなもの）を使って測定します。これは、測定法としては特に問題ないかと思いますが、ロールプレイでも説明しましたように、視力の測定については原則として矯正視力であることに注意してください。

⑵　調節機能障害及び運動機能障害

　アの調節機能障害についてですが、これはピントがずれるようなものとイメージしておいていただければよいです。測定については、アコモドポリレコーダーという機械を用いますが、これは頭の片隅にでも置いておいていただければよいかと思います。この調節機能障害については、自賠責でも裁判でも、事故と調節機能障害との因果関係について争われることが多いため、この調節機能障害の方が相談に来られたときには、いつその症状が分かったのか、事故から時間が経ち過ぎていないかといったことも注意して確認していくことが必要かと思います。

　次にイの運動機能障害についてです。この表のうち「複視」という記載がありますが、この複視というのは文字どおり物が二重に見えるという後遺障害です。私が扱った事案の中では、脳を損傷したときや高次脳機能障害のときに、この複視が一緒に出ることが多い感じです。複視については、ヘススクリーンテストという検査方法で行います。この名前だけは覚えておいてください。なぜかといいますと、このヘススクリーンテストによって測定が出されていないので非該当であるとか、測定できないという等級認定票をたまに見かけます。ですから、物が二重に見えるという被害者がいたら、「眼科に行ってヘススクリーンテストで検査してください」とアドバイスをするようにしてください。このヘススクリーンテストについての詳細はインターネットや書籍に載っているかと思います。

(3) 視野障害

先ほどもロールプレイで少し出てきましたが、この視野障害の視野というのは、眼の前の1点を見つめていて同時に見える眼界の広さ、まっすぐ見たときにどこまで見えるかということを指します。この視野が狭くなってしまうというのが視野狭窄という後遺障害です。この測定については、ロールプレイでも出てきましたが、ゴールドマン型視野計という測定方法によりますので、これも押さえておいていただきたいと思います。これについても、ゴールドマン型視野計以外の測定法だったので該当しないということもたまに見受けますので、頭の片隅に置いておいて後で調べておいていただければと思います。

(4) まぶたの障害

これについては、見ておいてください。

(5) その他の障害

言葉の説明だけいたします。まずアの外傷性散瞳です。散瞳というのはどういうことかといえば、普通瞳というのは、光が明るかったり暗かったりすると大きくなったり小さくなったりしますが、これがずっと大きいままになってしまうという後遺障害を外傷性散瞳といいます。この外傷性散瞳のところに「著明な羞明」と書いてありますが、この「羞明」というのは、まぶしいということです。普通であればまぶしくない状態でも常にまぶしいという状態をいいますので、言葉だけ覚えておいていただけばよいと思います。イのところは、流れる涙と書いて流涙といいます。これは文字どおり、涙が流れてしまうことです。

2 耳の障害

(1) 聴力障害

耳については、両耳か片耳かで大きく分かれます。ただ、いずれも認定基準を見ていただければ分かるかと思いますが、純音による聴力レベルと合音による聴力検査結果を基礎にして判断します。純音による聴力レベルとは要するに「ピー」という音で測るものを、合音による聴力検査とは「アイウエオ」という言葉で明瞭度を測るものを指します。

自賠責では基本的にこの純音による聴力レベルの測定結果と合音による聴

力検査、明瞭度の二つによって判断していきます。ただ、自覚症状、すなわち「聞こえましたか」ということだけではなく、音を流して脳波が反応するかを見る聴性脳幹反応検査や、大きな音を出したときに耳の中のアブミ骨筋というものの反射を測定するアブミ骨筋反射というような他覚的な検査方法もあります。疑わしいときには、そういった他覚的な検査を補足して測っていくことになります。基本的には、純音と明瞭度、合音による測定から判断するというふうに考えていただいてよいかと思います。

(2) 耳介の欠損障害等

アの耳介の欠損障害は、要するに耳が欠けたということですが、この耳が欠けたという後遺障害は、別の後遺障害ともリンクしてきます。程度によっては、外貌醜状(顔の醜状)というように判断されることもあります。このときには、外貌醜状として判断した等級とこの欠損障害として判断した等級のいずれか高いほうが認定されるということになります。

イの耳漏は、耳だれが常に起きてしまうというものです。

ウは飛ばして、エの平衡機能障害に移ります。内耳の損傷による平衡機能障害については、後ほども見ますが、神経系統の機能障害として評価されていくということになります。平衡機能障害のみ神経系統と同じということを頭に置いておいていただければと思います。この辺りは知識的なことが多いので、後で見ておいてください。

3 鼻の障害

(1) 欠損障害

文字どおり鼻が欠けてしまったということです。これについても耳と同じようにほかの後遺障害との関係、外貌醜状との関係が問題になることがあります。そして、耳と同じように、その時は高いほうの等級で判断していくことになります。

(2) 嗅覚脱失・減退

検査方法がT&Tオルファクトメータというものですが、この名前は結構出てきます。どのような検査かといいますと、とても原始的な感じで、匂いを嗅がせて感じるかどうか判断していくというものです。

この嗅覚障害というのも結構出てくるところで、等級認定というよりも裁

第3　後遺障害ごとの検討

判になったときには、労働能力喪失率との関係で問題になることの方が多いです。要するに、匂いを嗅ぐ力が減ったり、無くなったりしたからといって、通常仕事に影響があるのかというところです。ただ、私も担当しましたが、家事労働をしていれば当然料理を作るのに支障がありますし、料理人であればなおさら支障は大きいということになります。等級認定の際には職業は関係ありませんが、裁判になる際には、具体的な職業と照らし合わせて考えていくことが必要かと思います。

4　口の障害
(1)　そしゃく及び言語機能障害
これについては、後で見ておいてください。
(2)　歯牙障害及び味覚障害他
　私の担当した事案を踏まえての個人的な感覚としては、アの歯牙障害は結構多いなという印象を受けます。事故などで顔を打ったときに一緒に歯を折ってしまうことも多いからかなと思っています。顔面打撲、頭部挫傷や、顎の骨折のときには、一緒に歯も取れてしまっているということもありますので、確認する必要があると思います。歯牙障害については、何本なくなってしまったか、補綴、治療が必要なのかといったところで判断していきます。歯牙障害用の専用の後遺障害診断書もありますので、歯牙障害のときには専用の後遺障害診断書が必要だということを押さえておいてください。

　次にイの味覚障害です。先ほども申しましたが、頭部を外傷したときや顎を骨折したときなどに一緒に生じることが多いです。検査方法は嗅覚と似ており、濾紙ディスク法といいます。濾紙ディスク法というのは、味の付いた紙を舌の上において検査していくという、これも原始的な嗅覚と同じ感じの検査になります。話は少しずれますが、この味覚障害についても、嗅覚の場合と同様に、裁判のときには労働能力喪失率がよく争われるところなので、職業等との関連を確認しておいてください。

　ウのその他のところですが、舌の異常や嚥下機能障害については先ほどのそしゃく機能障害に準じて相当等級が定められます。そしゃく機能障害に準じるということを覚えておけばよいかと思います。そして、かすれ声は、声帯が麻痺したりして声がかすれてしまう場合を指します。これについては

73

Ⅱ 後遺障害等級について

12級相当が認定されることがありますので、かすれ声については12級になる可能性があると覚えておいていただければと思います。

5 高次脳機能障害

高次脳機能障害は後遺障害の中でもとても複雑な部門の一つであり、脳の機能がまだ医学的にも全て解明されているわけではないということもあり、問題になることが多いところです。

この資料では、自賠責認定基準と労災認定基準の二つの基準を載せました。なぜ二つあるのかといいますと、先ほど自賠責というのは基本的には労災の基準に則って判断されると説明したと思いますが、実は自賠責は平成12年にそれまでの基準に独自に補足的な考えを追加しました。それが表の「補足的な考え方」に書かれています。一方、労災は平成15年に大幅な改正をしました。したがって、平成12年の従来の考え方に補足的な考え方を追加した自賠責の基準と平成15年に大幅に改正した労災の基準とで大きく二つに分かれてしまっているということになります。

ただ、自賠責の平成19年の報告書によりますと、後遺障害の自賠責の等級認定判断において、就労者である成人の被害者に対しては、従前の考え方、すなわち自賠責認定基準を用いて後遺障害等級を一旦仮に認定した後で、労災で使っている基準の高次脳機能障害整理票に当てはめて検証して最終的に結論を出す、要するに両方を組み合わせて判断をしましょうとされています。ですから、高次脳機能障害の判断の際には、自賠責認定基準と労災認定基準との両方を見て、等級がどのくらいなのか判断していくことになります。

この基準を見ていただければ分かるのですが、主観的といいますか、明確に分かれているわけではないので、判断が難しいところです。後遺障害の相談の場合でも、高次脳機能障害の被害者が来た場合に、「私は何級でしょうか」といった質問もありますが、なかなか相談の段階では確定ができないところです。

高次脳機能障害については、話すと長くなってしまいますので、次に移りたいと思います。

6 脊髄障害

脊髄障害では、「麻痺の程度」の表を次の等級表に当てはめて判断していくことになります。この脊髄障害については、私もところどころ例に出して

いるのでお気付きの方もいらっしゃるかと思いますが、高次脳機能障害と並んで医師の診断と自賠責の等級認定とでずれが生じることが多い分野です。具体的には、患者さんに麻痺や痺れがあるということで、お医者さんがこういった麻痺の症状からすると、骨折や脊髄を損傷したという画像はないけれども、脊髄損傷の可能性もあるだろうと判断し、診断書には「脊髄損傷」と書くのですが、自賠責の認定や裁判の場面では客観的な証拠がないから脊髄損傷ではないと否定されてしまうということがあります。

　最近では、脊髄損傷で画像などの客観的な証拠がないときに「中心性頸髄損傷」「中心性脊髄損傷」という言葉が記載された診断書を見かけます。中心性脊髄損傷も脊髄損傷ではあるのですが、果たしてそれが客観的な所見をもってそう判断されているのかというと、微妙なところがあります。したがって、「脊髄損傷」と書かれた診断書を持った相談者が来た場合には、医師が脊髄損傷と診断した客観的な所見があるかどうかということと、頸椎等の骨折の有無、あとはMRIなどの画像で脊髄損傷を示す異常所見があるかということを必ず確認するようにしてください。客観的な根拠などがなくて「脊髄損傷」と診断されたため、裁判で激しく争われるということを、私も何件も経験しました。

　繰り返しになってしまいますが、脊髄損傷の相談が来たときには、画像があるかを確認してください。また、骨折があれば、その骨折をしたことによって神経を圧迫したり、切断したりということで脊髄損傷したと言いやすいのですが、骨折していないのに中の神経だけ損傷しているのではないかということになると、問題になることも多いです。画像で分からない場合は特に問題となることが多いです。

7　てんかん

　てんかんについては、先ほどロールプレイでも少しありましたが、この基準にもあるように発作の程度で判断されます。ですから、発作がどうであるのかということや薬で抑制されているのかどうか、あとは脳波に異常があるのかどうかということを聴き取ってください。細かいことですが、てんかんについては平成15年に基準が変わりましたので、自賠責では平成15年10月1日以降の事故の場合に適用されるのがこの基準です。平成15年より前

の事故の場合はあまりないと思うのでよいとは思いますが、もし平成10年代の事故があった場合には気を付けてください。脳を損傷することなどによって起こりますので、高次脳機能障害などと一緒に起こることが多いです。

8　末梢神経障害

末梢神経障害の定義は、中枢神経である脳や脊髄から出ている神経の損傷です。これについては、認定基準はいたってシンプルなのですが、交通事故事案では一番争われることが多いのかと思います。文言上は、頑固かそうではないかということで、12級と14級に分かれています。

この末梢神経障害の検査方法につきましては、レジュメの神経学的検査方法のところに書きましたように、徒手筋力評価、スパーリングテスト、ジャクソンテスト、サーモグラフィといったものがポイントになってきます。

その下の「非該当、14級、12級の区別」については、簡単にいってしまうと、神経学的な痛みや痺れなどの症状を医学的に説明または証明できる場合には14級か12級がついて、医学的に説明すらできない場合には非該当になるということになります。つまり、医学的な説明の有無で、まずは非該当とそれ以外で分かれます。骨折などをしていて神経を圧迫しているだろうとか、先ほどの検査方法でも挙げたように、例えばスパーリングテストなどでも異常が見られるといったことがありますと、12級がつきやすいです。器質的損傷、すなわち骨折などの原因があって、さらに神経学的な検査でも異常があるということが揃うと、12級というのは固いということになります。

骨折の場合、その場所によっては可動域制限などもよく問題になってきます。

また、細かい話にはなりますが、神経学的検査方法の④サーモグラフィは少し特殊で、裁判レベルではその評価の判断が分かれているところです。RSDなどでは有用なのですが、基本的には①から③までの検査方法を重視していただければと思います。自賠責レベルでは、徒手筋力評価、スパーリングテストやジャクソンテストは、重視されていると思います。

先ほど12級の場合には、骨折などの原因及び神経学的な検査という話をしました。では、骨折などがない場合にはどうなるのかといいますと、骨折などがなくても神経学的な検査で異常な所見があるのであれば、14級は認められやすいです。具体的には、骨折などがなく、CTやMRIなどによる所

見もなく、ただ、神経学的検査の結果は一応異常な所見が認められる、又は受傷時の状況や治療経過などから一貫して症状が認められていると説明できる場合には、14級になることがあります。

　それと裏返しで、非該当になるときはどのようなときかと申しますと、基本的には骨折などがなくて、神経学的検査でも異常がない場合です。例えば極端な例を挙げますと、痛みが発生している場所とその傷、怪我を負った場所との関係が全然ない場合が挙げられます。あとは、これはよく問題にもなるのですが、受傷した時から治療が終了するまでに痛みなどの症状が一貫しているのかどうかという治療経過は結構重要だと思います。例えば、受傷時には生じていなかったのになぜか治療中に痛みが出てきたりだとか、あとは一回治ったのに悪化したりだとか、その症状が変動している場合には、自賠責では非該当になりやすいというような感覚を受けます。この非該当、14級、12級というのは、区別が難しく、特に非該当と14級というのは曖昧なところが多いです。一つの指標としては、神経学的検査と症状が一貫しているかどうか、この二つを重視していただければ、非該当の場合でも異議申立も戦っていくことができるかと思います。

9　上肢の障害

(1)　欠損障害

　これは切断などで失ってしまったものですので、客観的なものであり、等級の認定上問題になることはあまりないかと思いますので、飛ばします。

(2)　機能障害

　この上肢の機能障害は、足のほうにも共通しますが、例えば捻挫で動きが悪くなったというような相談がよくあります。この機能障害が認定されるためには、原則として器質的な損傷、要するに骨折のような明らかな原因が必要になります。ですから、捻挫で動かないから可動域制限ということは基本的には認められません。骨折などの原因があって初めて、可動域制限や機能障害が認定されるということを押さえておいてください。

　関節などを骨折したときに骨折したところがうまくくっつかなかった場合、これを不整癒合、癒合不良といいますが、そうなると動きが制限されたり痛みが生じたりしますので、そういったときには機能障害になりやすいという

Ⅱ　後遺障害等級について

ことになります。あとは、怪我をしたことによって神経を損傷した、関節付近を傷めてずっと動かせなかったことによって固まってしまったというような事情があれば、機能障害は認められやすいということになります。したがって、機能障害においては、診断書の可動域の数字だけを見るのではなく、なぜその機能障害が生じたのかという原因を確認しておくことが重要です。

　もっとも、仮に骨折していたとしても、機能障害が認定されないときもあります。なぜかといいますと、自賠責は機能障害の原因や診断書に記載されている可動域の数字だけでなく、レントゲンやMRIといった画像から骨折した後の骨の状態や治療状況を見て、この骨折した後の治り方からするとこれは動かなくなっても仕方がないなといったように判断しています。

　したがって、骨折があって、また、数字上は可動域制限の基準を満たすとしても、画像上はうまくくっついているからという理由で機能障害が非該当とされることもあります。ですので、「骨折をしていて可動域制限があるからこれは12級で間違いないですね」ということにはすぐにはなりません。骨折をしていれば認定の可能性は高いのですが、念のため、「必ず認定される」ということは言わないほうがよいです。

　続きまして、イの動揺関節です。動揺関節というのは、要するに関節等がぐらぐらするものというようにイメージしていただき、測定方法については後で見ておいていただければと思います。

⑶　変形障害

　変形してしまったという文字どおりのものですので、読んでおいていただければと思いますが、この中でよく「偽関節」と呼ばれるものが基準としてあります。診断書などを見ても偽関節という言葉はたまに聞かれると思います。この偽関節というのは何かといいますと、骨折などをすると骨はどんどんくっついたりして治っていくのですが、何らかの原因で治るのが途中で止まってしまい中途半端な状態になってしまったことを偽関節といいます。

10　下肢の障害

⑴　欠損障害

　アが欠損障害、イは短縮障害、すなわち足が短くなってしまったということになりますが、これも客観的なものですので特に争われることはないかと

思います。ただ、裁判の際の話になってしまいますが、短縮障害については、13級の場合、すなわち1センチ足の長さが短くなったという場合には、それで労働能力はどのくらい喪失したのかということで労働能力喪失率が争われることが多いです。

(2) 機能障害

これについては手の場合と同様ですので、説明は省略します。イの動揺関節も同じですので、省略します。

(3) 変形障害

これも腕と同様ですので、読んでおいてください。

11 手指の障害

これも、手を失ったものということですので、客観的に明らかなものだと思います。どこから失ったのかということがポイントとなります。指を切断したかということだけでは分からないこともありますので、ちゃんとどこの関節からかということを確認しておいてください。どこから失ったのかというところの確認だけで大丈夫だと思います。

12 足指の障害

足指の障害についても手指の障害の場合と同じです。

13 醜状障害

醜状障害については、何回か出てきましたが、ここは詳しく説明したいと思います。醜状障害は、顔（外貌といいます）の醜状障害、つまり外貌醜状とそれ以外とで分けられており、顔が外貌醜状で、それ以外がその部位の醜状となりますので、そこは押さえておいてください。例えば、足に痕が残ったという場合には下肢醜状となり、外貌醜状とはなりません。これは言葉の使い方なのですが、結構間違えることが多いので、気を付けてください。

外貌については、従前は男女で基準が分かれていたのですが、労災の事案でそのように男女で分けるのは憲法14条に反するという判決が出たため、改正されました。これにより、自賠責保険では、平成22年6月10日以降の事故については、改正後の基準が適用となりますので、押さえておいてください。平成22年6月10日より前の事故の場合には、前の基準となります。

先ほど労災と自賠責では基準が違うというお話を何回かさせていただきま

したが、ここでも少しだけ注意が必要です。自賠責では、改正後の14級の中で「上肢／下肢の露出面」と書いてあるかと思いますが、この上肢の露出面というのは肩関節から指先まで、つまり肩から下が、下肢の露出面というのは股関節から下が当たります。これに対し、労災では、上肢については肘の関節より下、下肢については膝より下となっており、労災よりも自賠責のほうが範囲が広いということになります。ですから、労災の適用のある事案では気を付けてください。労災では**醜状障害**が認定されていなくても、自賠責では含まれるということもあります。なお、**醜状障害**は、ご存知の方も多いかと思いますが、裁判では労働能力喪失率が激しく争われるところです。

14　脊柱の障害

(1)　変形障害

　この脊柱の変形障害と(2)の運動障害の二つにおいて問題となるのが、そもそも骨折しているかどうかということが画像から分からない場合です。画像上分からないけれども、お医者さんが多分骨折しているだろうということで書いたりして（骨折疑い等）、問題になることがあります。認定のときにも、本当は骨折しているのに画像上分かりにくくて調査事務所が見落とすということもあります。

　私が前に扱った事案でも、圧迫骨折がないということで非該当になってしまったことがありました。そこで、お医者さんに話を聞いてMRIの写真のコピーを取ってきて、骨折している部分に赤丸で印を付けて、骨折と判断できる理由も説明した上で、異議申立をして11級が認定されたこともあります。ですから、例えば変形障害で非該当となったときにはそれだけで諦めずに、画像上見にくかったりすることも多いので、お医者さんなどに直接お話を聞くなどして、その場所を特定することが大事です。

(2)　運動障害

　骨折については、変形障害と同じです。なお、基本的に可動域制限の場合には、左右で比較して判断するというお話をしたかと思いますが、脊柱については1本しかないので、比較ができません。ですから、このときにどうするのかといいますと、資料2でも付けましたように、一般の人がこれくらい曲がるだろうという参考可動域と比較してどのくらい制限されているかとい

う話になります。

　ただ、少し細かいことにはなりますが、脊柱の運動障害に関しては、圧迫骨折があって、診断書上、例えば普通に動く方の2分の1に制限されていたとしても、運動障害が認められないことがあります。なぜかといいますと、まず一つには、先ほども申しましたとおり、自賠責がレントゲンなどの画像を見て、この骨折の状況からはそんなに可動域制限が発生しないのではないかという場合があります。あるいは、脊柱、脊椎については、場所ごとに、第8腰椎、第1頸椎というようにいろいろ分かれていますが、場所ごとに元々すごく動きやすいところと動きにくいところとの差があります。そのため、元々動かないところを骨折して、「ものすごく動かなくなりました」と主張したとしても、「そこは元々あまり動くところではないから骨折したからといってこんなに動かなくなることはないのではないか」ということで、自賠責との間で揉めることの多いところです。したがって、脊椎の場合には、どこを骨折したのかの確認もするようにしてください。また、脊椎の骨折により、脊髄損傷が生じることもあるため、四肢にしびれや麻痺が生じていないかの確認もするとよいでしょう。

15　その他体幹骨の変形障害

　これについては、変形した場合には、変形障害ということで、12級5号という等級がつくということになります。この変形障害については、レントゲンなどで見れば飛び出ているなどということが分かりますので、結構明らかなところです。

　ただ、一点だけ注意が必要です。「cf.」で書きましたが、「腸骨採取による骨盤骨変形」についてです。骨盤骨を骨折すると、変形したということはよく分かるのですが、この骨盤骨を構成する腸骨というところは移植しやすい骨とされており、移植に用いられた場合が問題となります。移植の場合、この骨を削ってほかのところに移すわけですので、その削ったところは、変形することになります。したがって、程度によって変形障害に当たるということになります。ただ、治療によって採取したものですので、事故による後遺障害に当たらないということでお医者さんが書いていないこともあります。ですから、「腸骨を採取した」という話を聞いたときには、腸骨採取に

Ⅱ　後遺障害等級について

よる骨盤骨変形がないかということも確認してみるとよいかと思います。

　ただ、少し話は変わりますが、腸骨採取をして骨盤骨に変形が生じたときに、労働能力喪失率がどの程度認められるのかというところについては争われるところです。なぜかといいますと、お医者さんが治療行為で行ったのに、その結果就労に支障が生じるということは通常考えにくく、痛みが生じないように配慮して行われるからです。

16　胸腹部臓器、生殖器の障害
　これも見ておいていただければよいかと思います。

〔参考文献〕

　この中で1番目にある『民事交通事故訴訟損害賠償額算定基準』が前回紹介いたしました赤本で、その下の2番目にある『交通事故損害額算定基準』が青本です。3番目の本『後遺障害等級認定と裁判実務』と4番目の本『労災補償障害認定必携』の二つは、後遺障害事案を扱うのであれば側に置いておかないと困るくらいの本ですので、後遺障害事案をたくさん扱おうということであれば、赤本、青本と併せてこれらの本も置いておくようにしてください。次の『民事交通事故訴訟の実務』も今回の後遺障害に限らず、実務に関して必要な知識や手続を網羅して掲載しているよい本ですので、これも参考にしていただければと思います。

　参考文献の一番下の二つに書いたのは、当事務所の本ですが、このうち『交通事故訴訟における典型後遺障害と損害賠償実務』につきましては、先ほど資料2の測定図、可動域制限のところの表を付けている本で、基本的に後遺障害等級のことを一通りまとめてありますので、時間があれば一度読んでいただければよいかと思います。

　最後の方は駆け足となってしまいましたが、私からの説明は以上です。

レジュメ

Ⅱ 後遺障害等級について(後遺障害事案を扱う際のポイントや注意点等)

弁護士　谷原　　誠
弁護士　前田　真樹

第1 後遺障害等級について
1 はじめに
- 後遺障害とは
  →傷害が治つたとき身体に存する障害(自賠法施行令2条1項2号)
  - 労災では、①負傷又は疾病(以下「傷病」)がなおったときに残存する当該傷病と<u>相当因果関係</u>を有し、かつ②<u>将来においても回復が困難と見込まれる</u>精神的又は身体的なき損状態であって、③その存在が医学的に認められ、④労働能力の喪失を伴うもの(「労災補償障害認定必携」)とされている。
  　cf. 後遺症
- 症状固定の意味・役割
  - 症状固定とは、これ以上治療を継続しても、治療効果が上がらなくなった状態
  - 症状固定により、交通事故によって被った損害が確定。

2 等級認定の仕組み
- 損害保険料率算出機構が認定
- 認定資料
  - 診断書、診療報酬明細書、後遺障害診断書、画像等
- 手続

Ⅱ　後遺障害等級について

2　等級認定の仕組み
- 認定基準
   →労災基準
    ただし、労災基準とのズレ
    cf．医師の診断とのズレ
- 複数の障害がある場合
   等級の併合

3　不服申立手続
- 異議申立
  ・認定結果を踏まえて、どの後遺障害部分を何級に上げたいのか（認定されたいのか）という目標を設定することが重要。
    →各後遺障害について等級認定基準を把握しておく必要あり。
  ・異議申立に必要な書類
    診断書、診療報酬明細書、異議申立書、新たに取り寄せた意見書等
- 紛争処理の申請
   自賠責保険・共済紛争処理機構に対する紛争処理申請
  ・書面審理
  ・訴訟前の最終手段

4　後遺障害等級認定と訴訟
- 自賠責の後遺障害等級認定は、裁判所を拘束しない。
   →被害者にとって、有利にも不利にもなるため、訴訟にするかどうかの見極めが大切。
    ・ただし、「後遺障害等級に認定された事実があると、特段の事情のない限り、後遺障害等級に見合った労働能力喪失率と慰謝料の額について一応の立証ができたと考えられる」（別冊判例タイムズ16号・12頁より）

第2　後遺障害事案相談のポイント
相談を受けるにあたって持参してもらいたい資料
1．刑事記録（実況見分調書等）
2．診断書
3．診療報酬明細書
4．後遺障害診断書
5．意見書・日常生活状況報告書等
6．後遺障害等級認定票（認定されている場合）
7．画像
※保険会社に提出済みの資料は、保険会社に言えば写しを送ってくれる

● 相談の流れ
　・診断書、後遺障害診断書等の記載をもとに、被害者の傷害内容、治療経過を把握する。
　・気になる症状は後遺障害診断書に全て記載されているか。自覚症状欄の確認。
　　→相談者自身が後遺障害に気づいていないという場合もある（高次脳機能障害等）
　・可動域制限の有無、参考可動域から大きなズレはないか？　測定方法は正しいか？
　・見通し欄の確認……改善見込み、悪化の可能性等
　・認定された等級が適切か　後遺障害等級認定票の理由と、後遺障害診断書等認定資料の記載を照らし、また被害者自身の愁訴も踏まえて検討する。→等級の認定基準を把握しておく必要がある
　・これから後遺障害の認定を受ける場合や、聴き取り等の結果、上位の等級が認定される可能性がある場合、後遺障害診断書に加筆してもらう、新たな診断書を取り付ける、新たな検査を受けてみてもらう、などの指示をする。

第3　後遺障害ごとの検討
1　眼の障害
　（1）視力障害

等級		後遺障害
第1級	1号	両眼が失明したもの
第2級	1号	1眼が失明し、他眼の視力が0.02以下になったもの
	2号	両眼の視力が0.02以下になったもの
第3級	1号	1眼が失明し、他眼の視力が0.06以下になったもの
第4級	1号	両眼の視力が0.06以下になったもの
第5級	1号	1眼が失明し、他眼の視力が0.1以下になったもの
第6級	1号	両眼の視力が0.1以下になったもの
第7級	1号	1眼が失明し、他眼の視力が0.6以下になったもの
第8級	1号	1眼が失明し、又は1眼の視力が0.02以下になったもの
第9級	1号	両眼の視力が0.6以下になったもの
	2号	1眼の視力が0.06以下になったもの
第10級	1号	1眼の視力が0.1以下になったもの
第13級	1号	1眼の視力が0.6以下になったもの

Ⅱ 後遺障害等級について

(2) 調節機能障害及び運動機能障害

ア 調節機能障害

等級		後遺障害
第11級	1号	両眼の眼球に著しい調節機能障害を残すもの
第12級	1号	1眼の眼球に著しい調節機能障害を残すもの

イ 運動機能障害

等級		後遺障害
第10級	2号	正面を見た場合に複視の症状を残すもの
第11級	1号	両眼の眼球に著しい運動障害を残すもの
第12級	1号	1眼の眼球に著しい運動障害を残すもの
第13級	2号	正面以外を見た場合に複視の症状を残すもの

(3) 視野障害

・視野障害

等級		後遺障害
第9級	3号	両眼に半盲症,視野狭窄又は視野変状を残すもの
第13級	2号	1眼の半盲症,視野狭窄又は視野変状を残すもの

(4) まぶたの障害

ア 欠損障害

等級		後遺障害
第9級	4号	両眼のまぶたに著しい欠損を残すもの
第11級	3号	1眼のまぶたに著しい欠損を残すもの
第13級	4号	両眼のまぶたの一部に欠損を残し又はまつげはげを残すもの
第14級	1号	1眼のまぶたの一部に欠損を残し又はまつげはげを残すもの

イ 運動障害

等級		後遺障害
第11級	2号	両眼のまぶたに著しい運動障害を残すもの
第12級	2号	1眼のまぶたに著しい運動障害を残すもの

(5) その他の障害

ア 外傷性散瞳

等級		後遺障害
第11級	相当	両眼の瞳孔の対光反射が著しく障害され、著明な羞明を訴え労働に著しく支障をきたすもの
第12級	相当	1眼の瞳孔の対光反射が著しく障害され、著明な羞明を訴え労働に著しく支障をきたすもの
第12級	相当	両眼の瞳孔の対光反射はあるが不十分であり、羞明を訴え労働に支障をきたすもの
第14級	相当	1眼の瞳孔の対光反射はあるが不十分であり、羞明を訴え労働に支障をきたすもの

イ 流涙

等級		後遺障害
第12級	相当	両眼に常時流涙を残すもの
第14級	相当	1眼に常時流涙を残すもの

2 耳の障害

(1) 聴力障害

ア 両耳

等級		後遺障害	認定基準
第4級	3号	両耳の聴力をまったく失ったもの	両耳の平均純音聴力レベルが90dB以上のもの又は両耳の平均純音聴力レベルが80dB以上であり、かつ、最高明瞭度が30％以下のもの
第6級	3号	両耳の聴力が耳に接しなければ大声を解することができない程度になったもの	両耳の平均純音聴力レベルが80dB以上のもの又は両耳の平均純音聴力レベルが50dB以上80dB未満であり、かつ、最高明瞭度が30％以下のもの
	4号	1耳の聴力をまったく失い、他耳の聴力が40cm以上の距離では普通の話声を解することができない程度になったもの	1耳の平均純音聴力レベルが90dB以上であり、かつ、他耳の平均純音聴力レベルが70dB以上のもの
第7級	2号	両耳の聴力が40cm以上の距離では、普通の話声を解することができない程度になったもの	両耳の平均純音聴力レベルが70dB以上のもの又は両耳の平均純音聴力レベルが50dB以上であり、かつ、最高明瞭度が50％以下のもの
	3号	1耳の聴力をまったく失い、他耳の聴力が1m以上の距離では普通の話声を解することができない程度になったもの	1耳の平均純音聴力レベルが90dB以上であり、かつ、他耳の平均純音聴力レベルが60dB以上のもの
第9級	7号	両耳の聴力が1m以上の距離では、普通の話声を解することができない程度になったもの	両耳の平均純音聴力レベルが60dB以上のもの又は両耳の平均純音聴力レベルが50dB以上であり、かつ、最高明瞭度が70％以下のもの
	8号	1耳の聴力が耳に接しなければ大声を解することができない程度になり、他耳の聴力が1m以上の距離では普通の話声を解することができない程度になったもの	1耳の平均純音聴力レベルが80dB以上であり、かつ、他耳の平均純音聴力レベルが50dB以上のもの
第10級	5号	両耳の聴力が1m以上の距離では、普通の話声を解することが困難である程度になったもの	両耳の平均純音聴力レベルが50dB以上のもの又は両耳の平均純音聴力レベルが40dB以上であり、かつ、最高明瞭度が70％以下のもの
第11級	5号	両耳の聴力が1m以上の距離では、小声を解することができない程度になったもの	両耳の平均純音聴力レベルが40dB以上のもの

イ 1耳

等級		後遺障害	認定基準
第9級	9号	1耳の聴力をまったく失ったもの	1耳の平均純音聴力レベルが90dB以上のもの
第10級	6号	1耳の聴力が耳に接しなければ大声を解することができない程度になったもの	1耳の平均純音聴力レベルが80dB以上90dB未満のもの
第11級	6号	1耳の聴力が40cm以上の距離では、普通の話声を解することができない程度になったもの	1耳の平均純音聴力レベルが70dB以上80dB未満のもの又は1耳の平均純音聴力レベルが50dB以上であり、かつ、最高明瞭度が50％以下のもの
第14級	3号	1耳の聴力が1m以上の距離では、小声を解することができない程度になったもの	1耳の平均純音聴力レベルが40dB以上70dB未満のもの

II 後遺障害等級について

(2) 耳介の欠損障害等
　ア 耳介の欠損障害

等級		後遺障害
第12級	4号	1耳の耳殻の大部分を欠損したもの

　イ 耳漏

等級		後遺障害
第12級	相当	鼓膜の外傷性穿孔による耳漏が常時あるもの
第14級	相当	鼓膜の外傷性穿孔による耳漏があるもの
第14級	相当	外傷による外耳道の高度の狭窄で耳漏を伴わないもの

　ウ 耳鳴り

等級		後遺障害
第12級	相当	耳鳴に係る検査によって難聴に伴い著しい耳鳴が常時あると評価できるもの
第14級	相当	難聴に伴い常時耳鳴があることが合理的に説明できるもの

　エ 平衡機能障害

3 鼻の障害
(1) 欠損障害

等級		後遺障害	認定基準
第9級	5号	鼻を欠損し、その機能に著しい障害を残すもの	「鼻の欠損」とは、鼻軟骨部の全部又は大部分の欠損をいい、「機能に著しい障害を残すもの」とは、鼻呼吸困難又は嗅覚脱失をいう。

(2) 欠損を伴わない機能障害（嗅覚脱失・減退）

等級		後遺障害	認定基準
第12級	相当	嗅覚脱失	Ｔ＆Ｔオルファクトメータによる基準嗅力検査の認定域値の平均嗅力損失値が5．6以上の場合
第12級	相当	鼻呼吸困難	鼻の欠損を伴わない場合であっても、鼻呼吸困難の障害を残す場合
第14級	相当	嗅覚の減退	Ｔ＆Ｔオルファクトメータによる基準嗅力検査の認定域値の平均嗅力損失値が2．6以上5．5以下の場合

4 口の障害

(1) そしゃく及び言語機能障害

等級	後遺障害	認定基準
第1級	2号	咀嚼及び言語の機能を廃したもの	・「そしゃく機能を廃したもの」とは、流動食以外を摂取できないものをいう。
・「言語の機能を廃したもの」とは、4種の語音(口唇音、歯舌音、口蓋音、喉頭音)のうち、3種以上の発音不能のものをいう。
第3級	2号	咀嚼又は言語の機能を廃したもの	
第4級	2号	咀嚼及び言語の機能に著しい障害を残すもの	・「そしゃく機能に著しい障害を残すもの」とは、粥食又はこれに準ずる程度の飲食物以外は摂取できないものをいう。
第6級	2号	咀嚼又は言語の機能に著しい障害を残すもの	・「言語の機能に著しい障害を残すもの」とは、4種の語音のうち2種の発音不能のもの又は綴音機能に障害があるため、言語のみを用いては意思を疎通することができないものをいう。
第9級	6号	咀嚼及び言語の機能に障害を残すもの	・「そしゃく機能に著しい障害を残すもの」とは、固形食物の中にそしゃくができないものがあること又はそしゃくが十分にできないものがあり、そのことが医学的に確認できる場合をいう。
・「医学的に確認できる場合」とは、不正咬合、そしゃく関与筋群の異常、顎関節の障害、開口障害、歯牙損傷(補てつができない場合)等、そしゃくができないものがあること又はそしゃくに相当時間を要することが医学的に確認できることをいう。
「固形植物の中にそしゃくできないものがあること又はそしゃくが十分にできないものがあり」の例としては、ごはん、煮魚、ハム等はそしゃくできるが、たくあん、らっきょう、ピーナッツ等の一定の固さの食物中にそしゃくできないものがあること又はそしゃくが十分にできないものがあるなどの場合をいう。
「言語の機能に障害を残すもの」とは、4種の語音のうち、1種の発音不能のものをいう。
第10級	3号	咀嚼又は言語の機能に障害を残すもの	
第12級	相当	開口障害等を原因として咀嚼に相当時間を要するもの	「開口障害等を原因として」とは、開口障害、不正咬合、そしゃく関与筋群の脆弱化等を原因として、そしゃくに相当時間を要することが医学的に確認できることをいう。
「日常の食事に相当時間を要する」とは、日常の食事において食物のそしゃくはできるものの、食物によってはそしゃくに相当時間を要することがあることをいう。
開口障害等の原因から、そしゃくに相当時間を要する売ることが合理的に推測できれば、「相当時間を要する」に該当するものとして取り扱って差し支えないとされる。

(2) 歯牙障害及び味覚障害他

ア 歯牙障害

等級		後遺障害
第10級	4号	14歯以上に対し歯科補綴を加えたもの
第11級	4号	10歯以上に対し歯科補綴を加えたもの
第12級	3号	7歯以上に対し歯科補綴を加えたもの
第13級	5号	5歯以上に対し歯科補綴を加えたもの
第14級	2号	3歯以上に対し歯科補綴を加えたもの

イ 味覚障害

等級		後遺障害	認定基準
第12級	相当	味覚脱失	味覚脱失は、濾紙ディスク法における最高濃度液による検査により、基本4味質(甘味,塩味,酸味,苦味)すべてが認知できないものをいう。
第14級	相当	味覚減退	味覚減退は、濾紙ディスク法における最高濃度液による検査により、基本4味質(甘味,塩味,酸味,苦味)のうち1味質以上が認知できないものをいう。

ウ その他
・舌の異常・嚥下機能障害
・かすれ声

Ⅱ 後遺障害等級について

5 高次脳機能障害
(1) 自賠責認定基準

	障害認定基準	補足的な考え方
別表第1 1級1号	「神経系統の機能又は精神に著しい障害を残し、常に介護を要するもの」	「身体機能は残存しているが高度の痴呆があるために、生活維持に必要な身の回り動作に全面的介護を要するもの」
別表第1 2級1号	「神経系統の機能又は精神に著しい障害を残し、随時介護を要するもの」	「著しい判断力の低下や情動の不安定などがあって、1人で外出することができず、日常の生活範囲は自宅内に限定されている。身体動作的には排泄、食事などの活動を行うことができても、生命維持に必要な身辺動作に、家族からの声掛けや看視を欠かすことができないもの」
別表第2 3級3号	「神経系統の機能又は精神に著しい障害を残し、終身労務に服することができないもの」	「自宅周辺を一人で外出できるなど、日常の生活範囲は自宅に限定されていない。また声掛けや、介助なしでも日常の動作を行える。しかし記憶や注意力、新しいことを学習する能力、障害の自己認識、円滑な対人関係維持能力などに著しい障害があって、一般就労が全くできないか、困難なもの」
別表第2 5級2号	「神経系統の機能又は精神に著しい障害を残し、特に軽易な労務以外の労務に服することができないもの」	「単純くり返し作業などに限定すれば、一般就労も可能。ただし新しい作業を学習できなかったり、環境が変わると作業を継続できなくなるなどの問題がある。このため一般人に比較して作業能力が著しく制限されており、就労の維持には、職場の理解と援助を欠かすことができないもの」
別表第2 7級4号	「神経系統の機能又は精神に障害を残し、軽易な労務以外に労務に服することができないもの」	「一般就労を維持できるが、作業の手順が悪い、約束を忘れる、ミスが多いなどのことから一般人と同等の作業を行うことができないもの」
別表第2 9級10号	「神経系統の機能又は精神に障害を残し、服することができる労務が相当な程度に制限されるもの」	「一般就労を維持できるが、問題解決能力などに障害が残り、作業効率や作業持続力などに問題があるもの」

(2) 労災認定基準
・高次脳機能障害整理票

障害の区分 そう失の程度	高次脳機能障害			
	意思疎通能力 (記銘・記憶力、認知力、言語力等)	問題解決能力 (理解力、判断力等)	作業負荷に対する 持続力・持久力	社会行動能力 (協調性等)
A 多少の困難はあるが概ね自力でできる	(1) 特に配慮してもらわなくても、職場で他の人と意思疎通をほぼ図ることができる。 (2) 必要に応じ、こちらから電話をかけることができ、かかってきた電話の内容をほぼ正確に伝えることができる。	(1) 複雑でない手順であれば、理解して実行できる。 (2) 抽象的でない作業であれば、1人で判断することができ、実行できる。	概ね8時間支障なく働ける。	障害に起因する不適切な行動はほとんど認められない。
B 困難はあるが概ね自力でできる	(1) 職場で他の人と意思疎通を図ることに困難を生じることがあり、ゆっくり話してもらう必要が時々ある。 (2) 普段の会話はできるが、文法的な間違いをしたり、適切な言葉を使えないことがある。	AとCの中間	AとCの中間	AとCの中間
C 困難はあるが多少の援助があればできる	(1) 職場で他の人と意思疎通を図ることに困難を生じることがあり、意味を理解するためにはたまには繰り返してもらう必要がある。 (2) かかってきた電話の内容を伝えることはできるが、時々困難を生じる。	(1) 手順を理解することに困難を生じることがあり、たまには助言を要する。 (2) 1人で判断することに困難を生じることがあり、たまには助言を必要とする。	障害のために予定外の休憩あるいは注意を喚起するための監督がたまには必要であり、そのなしには概ね8時間働けない。	障害に起因する不適切な行動がたまには認められる。
D 困難はあるがかなりの援助があればできる	(1) 職場で他の人と意思疎通を図ることに困難を生じることがあり、意味を理解するためには時々繰り返してもらう必要がある。 (2) かかってきた電話の内容を伝えることに困難を生じることが多い。 (3) 単語を羅列することによって、自分の考え方を伝えることができる。	CとEの中間	CとEの中間	CとEの中間
E 困難が著しく大きい	(1) 実物を見せる、やってみせる、ジェスチャーで示す、などのいろいろな手段と共に話しかければ、短い文や単語くらいは理解できる。 (2) ごく限られた単語を使ったり、誤りの多い話し方をしながらも、何とか自分の欲求や望みだけは伝えられるが、聞き手が繰り返して尋ねたり、いろいろと推測する必要がある。	(1) 手順を理解することは著しく困難であり、頻繁な助言がなければ対処できない。 (2) 1人で判断することは著しく困難であり、頻繁な指示がなければ対処できない。	障害により予定外の休憩あるいは注意を喚起するための監督を頻繁に行っても半日程度しか働けない。	頻繁に認められる。
F できない	職場で他の人と意思疎通を図ることができない。	課題を与えられてもできない。	持続力に欠け働くことができない。	社会性に欠け働くことができない。

II 後遺障害等級について

・高次脳機能障害等級の区分

等級	4つの能力の喪失の程度	
	1つ以上の能力の	2つ以上の能力の
第1級	常時介護を要するもの(※1)	
第2級	随時介護を要するもの(※1)	
第3級	全部喪失	大部分喪失
第5級	大部分喪失	半分程度喪失
第7級	半分程度喪失	相当程度喪失
第9級	相当程度喪失	
第12級	多少喪失	
第14級	わずかな能力喪失(※2)	

※1 第3級以上に該当する重篤な高次脳機能障害のため、介護が必要なものに限る。
※2 MRI、CT等による他覚的所見は認められないものの、脳損傷のあることが医学的に見て合理的に推測できるものが該当する。

6 脊髄障害

・麻痺の程度

程度	内容	具体例
高度	障害のある上肢又は下肢の運動性・支持性がほとんど失われ,障害のある上肢又は下肢の基本動作(下肢においては歩行や立位、上肢においては物を持ち上げて移動させること)ができない	(ⅰ) 完全硬直又はこれに近いもの (ⅱ) 上肢においては三大関節及び5つの手指のいずれの関節も自動運動によっては可動させることができないもの又はこれに近い状態 (ⅲ) 下肢においては,三大関節のいずれも自動運動によっては可動させることはできないもの又はこれに近い状態 (ⅳ) 上肢においては、随意運動の顕著な障害により、障害を残した一上肢では物を持ち上げて移動させることができないもの (ⅴ) 下肢においては,随意運動の顕著な障害により一下肢の支持性及び随意的な運動性をほとんど失ったもの
中等度	障害のある上肢又は下肢の運動性・支持性が相当程度失われ,障害のある上肢又は下肢の基本動作にかなりの制限があるもの	(ⅰ) 上肢においては、障害を残した一上肢では仕事に必要な軽量の物(概ね500g)を持ち上げることができないもの又は障害を残した一上肢では文字を書くことができないもの (ⅱ) 下肢においては、障害を残した一下肢を有するため杖もしくは硬性装具なしには階段を上ることができないもの又は障害を残した両下肢を有するため杖若しくは硬性装具なしには歩行が困難であること
軽度	障害のある上肢又は下肢の運動性・支持性が多少失われており、障害のある上肢又は下肢の基本動作を行う際の巧緻性及び速度が相当程度損なわれているもの	(ⅰ) 上肢においては、障害を残した一上肢では文字を書くことに困難を伴うもの (ⅱ) 下肢においては、日常生活は概ね独歩であるが、障害を残した一下肢を有するため不安定で転倒しやすく,速度も遅いもの又は障害を残した両下肢を有するため杖若しくは硬性装具なしには階段を上ることができないもの

・等級表

等級	該当症状
別表第1 第1級1号	「せき髄症状のため、生命維持に必要な身のまわり処理の動作について、常に他人の介護を要するもの」であり、以下のものが該当する。 ① 高度の四肢麻痺が認められるもの ② 高度の対麻痺が認められるもの ③ 中等度の四肢麻痺であって、食事・入浴・用便・更衣等について常時介護を要するもの ④ 中等度の対麻痺であって、食事・入浴・用便・更衣等について常時介護を要するもの
別表第1 第2級1号	「せき髄症状のため、生命維持に必要な身のまわり処理の動作について、随時介護を要するもの」であり、以下のものが該当する。 ① 中等度の四肢麻痺が認められるもの ② 軽度の四肢麻痺であって、食事・入浴・用便・更衣等について随時介護を要するもの ③ 中等度の対麻痺であって、食事・入浴・用便・更衣等について随時介護を要するもの
別表第2 第3級3号	「生命維持に必要な身のまわり処理の動作は可能であるが、せき髄症状のために労務に服することができないもの」であり、以下のものが該当する。 ① 軽度の四肢麻痺が認められるもの（上記「第2級1号」の②に該当するものを除く） ② 中等度の対麻痺が認められるもの（上記「第1級1号」の④又は「第2級1号」の③に該当するものを除く）
別表第2 第5級2号	「せき髄症状のため、きわめて軽易な労務のほかに服することができないもの」であり、以下のものが該当する。 ① 軽度の対麻痺が認められるもの ② 一下肢の高度の単麻痺が認められるもの
別表第2 第7級4号	「せき髄症状のため、軽易な労務以外には服することができないもの」であり、一下肢の中等度の単麻痺が認められるものが該当する。
別表第2 第9級10号	「通常の労務に服することはできるが、せき髄症状のため、就労可能な職種の範囲が相当な程度に制限されるもの」をいい、一下肢の軽度の単麻痺が認められるものが該当する。
別表第2 第12級13号	運動性、支持性、巧緻性及び速度についての支障がほとんど認められない程度の軽微な麻痺を残すものが該当する。また、運動障害は認められないものの、広範囲にわたる感覚障害が認められるものも該当する。
その他	脊髄損傷により障害を生じた場合であって、当該障害について、障害等級表上、該当する等級（準用等級含む）があり、かつ、生じた障害が単一であるときは、その等級により認定される。

Ⅱ 後遺障害等級について

7 てんかん

等級	後遺障害
5級2号（労災第5級1の2）	1ヶ月に1回以上の発作があり，かつ，その発作が『意識障害の有無を問わず転倒する発作』又は『意識障害を呈し，状況にそぐわない行為を示す動作』（以下，『転倒する発作等』という。）であるもの ※「転倒する発作」 　「意識消失が起こり，その後ただちに四肢等が強くつっぱる強直性のけいれんが続き，次第に短時間の収縮と弛緩をくりかえす間代性のけいれんに移行する」強直性代発作や脱力発作のうち「意識は通常あるものの，筋緊張が消失して倒れてしまうもの」が該当する。 ※「意識障害を呈し，状況にそぐわない行為を示す発作」 　意識混濁を呈するとともにうろうろ歩き回るなど目的性を欠く行動が自動的に出現し，発作中は周囲の状況に正しく反応できないものが該当する。
7級4号（労災第7級の3）	転倒する発作等が数ヵ月に1回以上あるもの又は転倒する発作等以外の発作が1ヵ月に1回以上あるもの
9級10号（労災第9級の7の2）	数ヵ月に1回以上の発作が転倒する発作等以外の発作であるもの又は服薬継続によりてんかん発作がほぼ完全に抑制されているもの
12級13号（労災第12級の12）	発作の発現はないが，脳波上に明らかにてんかん性棘波を認めるもの

8 末梢神経障害

● 末梢神経とは
● 後遺障害等級認定基準

等級	後遺障害
第12級	13号 局部に頑固な神経症状を残すもの
第14級	9号 局部に神経症状を残すもの

● 神経学的検査方法
　① 徒手筋力評価
　② スパーリングテスト
　③ ジャクソンテスト
　④ サーモグラフィ
● 非該当、14級、12級の区別

9 上肢の障害

(1) 欠損障害
　　・欠損障害

等級	後遺障害	
1級3号	両上肢をひじ関節以上で失ったもの	「上肢をひじ関節以上で失ったもの」とは次のいずれかに該当するものをいう。 （ア）肩関節において，肩甲骨と上腕骨を離断したもの （イ）肩関節とひじ関節との間において上肢を切断したもの （ウ）ひじ関節において，上腕骨と橈骨及び尺骨とを離断したもの

レジュメ

等級	後遺障害	
2級3号	両上肢を手関節以上で失ったもの	「上肢を手関節以上で失ったもの」とは，次のいずれかに該当するものをいう。 （ア）ひじ関節と手関節の間において上肢を切断したもの （イ）手関節において，橈骨及び尺骨と手根骨とを離断したもの
4級4号	1上肢をひじ関節以上で失ったもの	「上肢をひじ関節以上で失ったもの」については1級3号と同様
5級4号	1上肢を手関節以上で失ったもの	「上肢を手関節以上で失ったもの」については2級3号と同様

(2) 機能障害
　ア　機能障害

等級	後遺障害	
1級4号	両上肢の用を全廃したもの	「上肢の用を廃したもの」とは，3大関節（肩関節，ひじ関節及び手関節）のすべてが強直し，かつ，手指の全部の用を廃したものをいう。 上腕神経叢の完全麻痺もこれに含まれる。
5級6号	1上肢の用を全廃したもの	同上
6級6号	1上肢の3大関節中の2関節の用を廃したもの	「関節の用を廃したもの」とは，次のいずれかに該当するものをいう。 （ア）関節が強直したもの ただし，肩関節にあっては，肩甲上腕関節がゆ合し骨性強直していることがエックス線写真により確認できるものを含む。 （イ）関節の完全弛緩性麻痺又はこれに近い状態にあるもの 「これに近い状態」とは，他動では可動するものの，自動運動では関節の可動域が健側の可動域角度の10％程度以下となったものをいう。この場合の「10％程度以下」とは「関節の強直」の場合と同様に判断すること。 （ウ）人工関節・人工骨頭をそう入置換した関節のうち，その可動域が健側の可動域角度の1／2以下に制限されているもの
8級6号	1上肢の3大関節中の1関節の用を廃したもの	同上
10級10号	1上肢の3大関節中の1関節の機能に著しい障害を残すもの	「関節の機能に著しい障害を残すもの」とは，次のいずれかに該当するものをいう。 （ア）関節の可動域が健側の可動域角度の1／2以下に制限されているもの （イ）人工関節・人工骨頭をそう入置換した関節のうち，上記「関節の用を廃したもの」の（ウ）以外のもの
12級6号	1上肢の3大関節中の1関節の機能に障害を残すもの	「関節の機能に障害を残すもの」とは，関節の可動域が健側の可動域角度の3／4以下に制限されているものをいう。

(2) 機能障害
　イ　動揺関節

等級	認定基準
10級（準ずる）	常に硬性補装具を必要とするもの
12級（準ずる）	時々硬性補装具を必要とするもの
12級（準ずる）	習慣性脱臼

—13—

II　後遺障害等級について

(3)　変形障害

等級	後遺障害	
7級9号	1上肢に偽関節を残し、著しい運動障害を残すもの	「偽関節を残し、著しい運動障害を残すもの」とは、次のいずれかに該当し、常に硬性補装具を必要とするものをいう。 （ア）上腕骨の骨幹部又は骨幹端部（以下「骨幹部等」という。）にゆ合不全を残すもの （イ）橈骨及び尺骨の両方の骨幹部等にゆ合不全を残すもの
8級8号	1上肢に偽関節を残すもの	「偽関節を残すもの」とは、次のいずれかに該当するものをいう。 （ア）上腕骨の骨幹部等にゆ合不全を残すもので、上記7級9号の（ア）以外のもの （イ）橈骨及び尺骨の両方の骨幹部等にゆ合不全を残すもので、上記7級9号の（イ）以外のもの （ウ）　橈骨又は尺骨のいずれか一方の骨幹部等にゆ合不全を残すもので、時々硬性補装具を必要とするもの
12級8号	長管骨に変形を残すもの	上肢の「長管骨に変形を残すもの」とは、次のいずれかに該当するものをいう。 なお、同一の長管骨に以下の（ア）から（カ）の障害を複数残す場合でも、12級8号と認定する （ア）次のいずれかに該当する場合であって、外部から想見できる程度（15度以上屈曲して不正ゆ合したもの）以上のもの 　a　上腕骨に変形を残すもの 　b　橈骨及び尺骨の両方に変形を残すもの（ただし、橈骨又は尺骨のいずれか一方のみの変形であっても、その程度が著しいものはこれに該当する。） （イ）上腕骨、橈骨又は尺骨の骨端部にゆ合不全を残すもの （ウ）橈骨又は尺骨の骨幹部等にゆ合不全を残すもので、硬性補装具を必要としないもの （エ）上腕骨、橈骨又は尺骨の骨端部のほとんどを欠損したもの （オ）上腕骨（骨端部を除く）の直径が2／3以下に、又は橈骨若しくは尺骨（それぞれの骨端部を除く）の直径が1／2以下に減少したもの （カ）上腕骨が50度以上外旋又は内旋変形ゆ合しているもの この場合、50度以上回旋変形ゆ合していることは、次のいずれにも該当することを確認することによって判定すること。 　a　外旋変形ゆ合にあっては肩関節の内旋が50度を超えて可動できないこと、また、内旋変形ゆ合にあっては肩関節の外旋が10度を超えて可動できないこと 　b　エックス線写真等により、上腕骨幹部の骨折部に回旋変形ゆ合が明らかに認められること なお、長管骨の骨折部が良方向に短縮なくゆ着している場合は、たとえ、その部位に肥厚が生じていても長管骨に変形としては取り扱わないこと。

10　下肢の障害

(1)　欠損障害

ア　欠損障害

1級5号	両下肢をひざ関節以上で失ったもの	ひざ関節以上で失ったものとは、次のいずれかに該当するものをいう。 a.　股関節において寛骨と大腿骨を離断したもの b.　股関節とひざ関節との間において切断したもの c.　ひざ関節において、大腿骨と脛骨及び腓骨とを離断したもの。
2級4号	両下肢を足関節以上で失ったもの	足関節以上で失ったものとは、次のいずれかに該当するものをいう。 a.　ひざ関節と足関節との間において切断したもの b.　足関節において、脛骨及び腓骨と距骨とを離断したもの。
4級5号	1下肢をひざ関節以上で失ったもの	
4級7号	両足をリスフラン関節以上で失ったもの	リスフラン関節以上で失ったものとは、次のいずれかに該当する場合をいう。 a.　足根骨（踵骨、距骨、舟状骨、立方骨及び3個の楔状骨からなる。）において切断したもの。 b.　リスフラン関節において中足骨と足根骨とを離断したもの。
5級5号	1下肢を足関節以上で失ったもの	
7級8号	1足をリスフラン関節以上で失ったもの	

イ　短縮障害

８級５号	１下肢を５ｃｍ以上短縮したもの
８級相当	１下肢が５ｃｍ以上長くなったもの
１０級８号	１下肢を３ｃｍ以上短縮したもの
１０級相当	１下肢が３ｃｍ以上長くなったもの
１３級８号	１下肢を１ｃｍ以上短縮したもの
１３級相当	１下肢が１ｃｍ以上長くなったもの

(2) 機能障害

ア　機能障害

１級６号	両下肢の用を全廃したもの	「下肢の用を全廃したもの」とは，下肢の３大関節の全てが強直したもの。３関節が強直したことに加え，足指全部が強直したものもこれに含まれる。
５級７号	１下肢の用を全廃したもの	同上
６級７号	１下肢の３大関節中の２関節の用を廃したもの	「関節の用を廃したもの」とは，次のいずれかに該当する場合をいう a. 関節が強直したもの b. 関節の完全弛緩性麻痺又はこれに近い状態にあるもの c. 人工関節・人工骨頭をそう入置換した関節のうち，その可動域が健側の可動域角度の1/2以下に制限されているもの
８級７号	１下肢の３大関節中の１関節の用を廃したもの	同上
10級11号	１下肢の３大関節中の１関節の機能に著しい障害を残すもの	「著しい障害を残すもの」とは次のいずれかに該当するものをいう。 a. 関節の可動域が健側の可動域の1/2以下に制限されているもの b. 人工関節・人工骨頭をそう入置換した関節（可動域制限不要）
12級７号	１下肢の３大関節中の１関節の機能に障害を残すもの	関節の可動域が健側の可動域角度の3/4以下に制限されているもの

イ　動揺関節

８級	常に硬性補装具を必要とするもの	８級（「関節の用を廃したもの」）に準じる
１０級	時々硬性補装具を必要とするもの	１０級（「関節の機能に著しい障害を残すもの」）に準じる
１２級	重激な労働等の際以外には硬性補装具を必要としないもの	１２級（「関節の機能に障害を残すもの」）に準じる
１２級	習慣性脱臼，爆弾膝	１２級（「関節の機能に障害を残すもの」）に準じる

Ⅱ 後遺障害等級について

(3) 変形障害

7級10号	1下肢に偽関節を残し，著しい運動障害を残すもの	次のいずれかに該当し，常に硬性補装具を必要とするものをいう。 a. 大腿骨の骨幹部等にゆ合不全を残すもの b. 脛骨及び腓骨の両方に骨幹部等にゆ合不全を残すもの c. 脛骨の骨幹部等にゆ合不全を残すもの
8級9号	1下肢に偽関節を残すもの	次のいずれかに該当するものをいう。 a. 大腿骨の骨幹部等にゆ合不全を残すもので，常に硬性補装具を必要としないもの b. 脛骨及び腓骨の両方の骨幹部等にゆ合不全を残すもので，常に硬性補装具を必要としないもの c. 脛骨の骨幹部等にゆ合不全を残すもので，常に硬性補装具を必要としないもの
12級8号	長管骨に変形を残すもの	次のいずれかに該当するものをいう。これらの変形が同一の長管骨に複数存在する場合もこれに含まれる。 なお，長管骨の骨折部が良方向に短縮なくゆ着している場合は，たとえ，その部位に肥厚が生じていても長管骨の変形とは取り扱われない。 a. 次のいずれかに該当する場合であって，外部から想見できる程度（15度以上屈曲して不整ゆ合したもの）以上のもの。 　(a)大腿骨に変形を残すもの 　(b)脛骨に変形を残すもの 　なお，腓骨のみの変形であっても，その程度が著しい場合にはこれに該当する。 b. 大腿骨もしくは脛骨の骨端部にゆ合不全を残すもの又は腓骨の骨幹部等にゆ合不全を残すもの c. 大腿骨又は脛骨の骨端部のほとんどを欠損したもの d. 大腿骨又は脛骨（骨端部を除く）の直径が2/3以下に減少したもの e. 大腿骨が外旋45度以上又は内旋30度以上回旋変形ゆ合しているもの 　この場合，外旋45度以上又は内旋30度以上回旋変形していることは，次のいずれにも該当することを確認することによって判定する。 　(a)外旋変形ゆ合にあっては股関節の内旋が0度を超えて可動できないこと，内旋変形ゆ合にあっては，股関節の外旋が15度を超えて可動できないこと 　(b)エックス線写真等により，明らかに大腿骨の回旋変形ゆ合が認められること

11 手指の障害

(1) 欠損障害

等級	後遺障害
3級5号	両手の手指の全部を失ったもの
6級8号	1手の5の手指又はおや指を含み4の手指を失ったもの
7級6号	1手のおや指を含み3の手指を失ったもの又はおや指以外の4の手指を失ったもの
8級3号	1手のおや指を含み2の手指を失ったもの又はおや指以外の3つの手指を失ったもの
9級12号	1手のおや指又はおや指以外の2の手指を失ったもの
11級8号	1手のひとさし指，なか指又はくすり指を失ったもの
12級9号	1手のこ指を失ったもの
13級7号	1手のおや指の指骨の一部を失ったもの
14級6号	1手のおや指以外の手指の指骨の一部を失ったもの

(2) 機能障害

等級	後遺障害
4級6号	両手の手指の全部の用を廃したもの
7級7号	1手の5の手指又はおや指を含み4の手指の用を廃したもの
8級4号	1手のおや指を含み3の手指の用を廃したもの又はおや指以外の4の手指の用を廃したもの
9級13号	1手のおや指を含み2の手指の用を廃したもの又はおや指以外の3の手指の用を廃したもの
10級7号	1手のおや指又はおや指以外の2の手指の用を廃したもの
12級10号	1手のひとさし指，なか指又はくすり指の用を廃したもの
13級6号	1手のこ指の用を廃したもの
14級7号	1手のおや指以外の手指の遠位指節間関節(DIP)を屈伸することができなくなったもの

12　足指の障害
(1) 欠損障害

等級	内容
5級8号	両足の足指の全部を失ったもの
8級10号	1足の足指の全部を失ったもの
9級14号	1足の第1の足指を含み2以上の足指を失ったもの
10級9号	1足の第1の足指または他の4の足指を失ったもの
12級11号	1足の第2の足指を失ったもの，第2の足指を含み2の足指を失ったもの又は第3の足指以下の3の指を失ったもの
13級9号	1足の第3の足指以下の1又は2の足指を失ったもの

(2) 機能障害

等級	内容
7級11号	両足の足指の全部の用を廃したもの
9級15号	1足の足指の全部の用を廃したもの
11級9号	1足の第1の足指を含み2以上の足指の用を廃したもの
12級12号	1足の第1の足指又は他の4の足指の用を廃したもの
13級10号	1足の第2の足指の用を廃したもの，第2の足指を含み2の足指の用を廃したもの又は第3の足指以下の3の足指の用を廃したもの
14級8号	1足の第3の足指以下の1又は2の足指の用を廃したもの

13　醜状障害
・改正後

区分	等級	程度
外貌	7級12号	外貌に著しい醜状を残すもの
外貌	9級16号	外貌に相当程度の醜状を残すもの
外貌	12級14号	外貌に醜状を残すもの
上・下肢	14級4号	上肢の露出面にてのひらの大きさの醜いあとを残すもの
上・下肢	14級5号	下肢の露出面にてのひらの大きさの醜いあとを残すもの

・改正前
・（外貌に関するもの。上・下肢は、上記改正後の表と共通）

障害の程度	男性の等級	女性の等級
外貌に著しい醜状を残すもの	12級14号	7級12号
外貌に醜状を残すもの	14級10号	12級15号

レジュメ

Ⅱ 後遺障害等級について

14 脊柱の障害

(1) 変形障害

・等級

等級	号数	内容（変形の程度）
第6級	5号	脊柱に著しい変形を残すもの
第8級	相当	脊柱に中程度の変形を残すもの
第11級	7号	脊柱に変形を残すもの

・変形障害の表

等級	後彎の程度			コブ法によって測定された側彎度
	椎体高減少椎体個数	後彎の発生	前方椎体高の減少の程度	
6級5号	2個以上	必要	著しい減少が必要。著しい減少とは、減少したすべての椎体の後方椎体高の合計との差が、減少した椎体の後方椎体高の1個当たりの高さ以上を示す	
	1個以上	必要	減少したすべての椎体の後方椎体高の合計との差が、減少した椎体の後方椎体高の1個当たりの高さの50%以上	50°以上
8級相当	1個以上	必要	減少したすべての椎体の後方椎体高の合計との差が、減少した椎体の後方椎体高の1個当たりの高さの50%以上	
	なし	不要	程度は問わず	50°以上
	環椎又は軸椎の変形・固定（環椎と軸椎との固定術が行われた場合を含む。）により、次のいずれかに該当するもの。このうち、(a)及び(b)については、軸椎以下のせき柱を可動させずに（当該被災者にとっての自然な肢位で）、回旋位又は屈曲・伸展位の角度を測定する。 (a) 60度以上の回旋位となっているもの (b) 50度以上の屈曲位又は60度以上の伸展位となっているもの (c) 側屈位となっており、エックス線写真等により、矯正位の頭蓋底部の両端を結んだ線と軸椎下面との平行線が交わる角度が30度以上の斜位となっていることが確認できるもの			
11級7号	せき椎圧迫骨折等を残しており、そのことがエックス線写真等により確認できるもの			
	せき椎固定術が行われたもの（移植した骨がいずれかのせき椎に吸収されたものを除く。）			
	3個以上のせき椎について、椎弓切除術等の椎弓形成術を受けたもの			

(2) 運動障害

・等級

等級	号数	内容（運動制限の程度）
第6級	5号	脊柱に著しい運動障害を残すもの
第8級	2号	脊柱に運動障害を残すもの

・運動障害の表

等級	認定要件		
6級5号	頸部と胸腰部	両方の硬直	頸椎及び胸腰椎のそれぞれにせき椎圧迫骨折等が存しており、そのことがエックス線写真等により確認できるもの
			頸椎及び胸腰椎のそれぞれにせき椎固定術が行われたもの
			項背腰部軟部組織に明らかな器質的変化が認められるもの
8級2号		いずれかの可動域が参考可動域角度の1/2以下	頸椎又は胸腰椎にせき椎圧迫骨折等が残しており、そのことがエックス線写真等により確認できるもの
			頸椎及び胸腰椎にせき椎固定術が行われたもの
			項背腰部軟部組織に明らかな器質的変化が認められるもの
	頭蓋・上位頸椎間に著しい異常可動性が生じたもの		

・荷重機能障害

等級	認定要件	
6級相当	障害の原因が明らかに認められる常に硬性補正具が必要	頸部及び腰部の両方の保持に困難
8級相当		頸部及び腰部のいずれかの保持に困難

15 その他体幹骨の変形障害

● 鎖骨、胸骨、肋骨、肩甲骨、骨盤骨に著しい変形を残した場合
　→12級5号
　cf. 腸骨採取による骨盤骨変形

16 胸腹部臓器、生殖器の障害

等級	生殖器以外の臓器	生殖器
1級2号（別表第1）	胸腹部臓器の機能に著しい障害を残し、常に介護を要するもの	
2級2号（別表第1）	胸腹部臓器の機能に著しい障害を残し、随時介護を要するもの	
3級4号（以下別表第2）	胸腹部臓器の機能に著しい障害を残し、終身労務に服することができないもの	
5級3号	胸腹部臓器の機能に著しい障害を残し、特に軽易な労務以外の労務に服することができないもの	
7級	胸腹部臓器の機能に障害を残し、軽易な労務以外の労務に服することができないもの（5号）	両側の睾丸を失ったもの（13号）
9級	胸腹部臓器の機能に障害を残し、服することができる労務が相当な程度に制限されるもの（11号）	生殖器に著しい障害を残すもの（17号）
11級10号	胸腹部臓器の機能に障害を残し、労務の遂行に相当な程度の支障があるもの	
13級	胸腹部臓器の機能に障害を残すもの	

〔参考文献〕

・『民事交通事故訴訟損害賠償額算定基準』（公益財団法人日弁連交通事故相談センター東京支部）
・『交通事故損害額算定基準』（公益財団法人日弁連交通事故相談センター）
・高野真人編『後遺障害等級認定と裁判実務』（新日本法規、平成20年）
・『労災補償障害認定必携』（財団法人労災サポートセンター、平成23年）
・東京弁護士会弁護士研修センター運営委員会編『民事交通事故訴訟の実務』（ぎょうせい、2010年）
・みらい総合法律事務所編『交通事故訴訟における典型後遺障害と損害賠償実務』（ぎょうせい、2012年）
・谷原誠ほか『交通事故被害者のための損害賠償交渉術』（同文舘、平成18年）

II 後遺障害等級について

資料

資料1-①

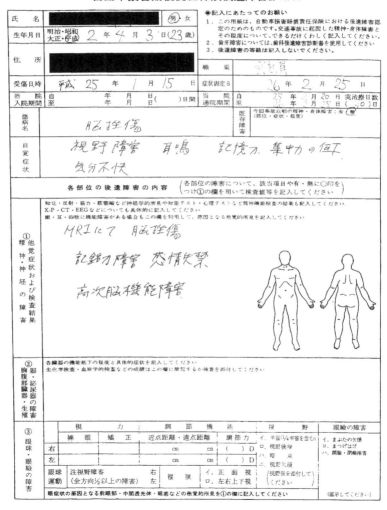

自動車損害賠償責任保険後遺障害診断書

資料

④聴力と耳介の障害	オージオグラムを添付してください				耳介の損	⑤鼻の障害	⑦醜状障害(採皮痕を含む)
	イ.感音性難聴(右・左) ロ.伝音性難聴(右・左) ハ.混合性難聴(右・左)		聴力表示 イ.聴力レベル ロ.聴力損失		イ.耳介の½以上 ロ.耳介の½末満 (右⑦欄に図示してください)	イ.鼻軟骨部の欠損 (右⑦欄に図示してください) ロ.鼻呼吸困難 ハ.嗅覚脱失 ニ.嗅覚減退	1.外ぼう イ.頭部 2.上肢 ロ.顔面部 3.下肢 ハ.頚部 4.その他
	検査日	6分平均		最高明瞭度			
	第1回 年月日	右 dB 左 dB	dB dB	% %	耳鳴	⑥そしゃく・言語の障害	
	第2回 年月日	右 dB 左 dB	dB dB	% %		原因と程度(摂食可能な食物、発音不能な語音など)を左面①欄に記入してください	
	第3回 年月日	右 dB 左 dB	dB dB	% %	右・左		(大きさ、形態等を図示してください)

⑧脊柱の障害	圧迫骨折・脱臼(椎弓切除・固定術を含む)の部位 X-Pを添付してください		運動障害	イ.頚椎部		ロ.胸腰椎部		荷重機能障害	常時コルセット装用の必要性 有・無	⑨体幹骨の変形 イ.鎖骨 ニ.肩甲骨 ロ.胸骨 ホ.骨盤骨 ハ.肋骨 (瘢痕は一見してわかる程度) X-Pを添付してください
				前屈 度 右屈 度 右回旋 度	後屈 度 左屈 度 左回旋 度					
	短縮	右下肢長 cm 左下肢長 cm		(部位と原因)		長管骨の変形 (部位)	イ.仮関節 ロ.変形癒合 X-Pを添付してください			

⑩上肢・下肢および手指・足指の障害		上 肢		下 肢		手 指		足 指	
		(右)	(左)	(右)	(左)	(右)	(左)	(右)	(左)
	欠損障害 してください (離断部位を図示)								
	関節機能障害 (日整会方式により自動他動および健側患側とも記入してください)	関節名	運動の種類	他動 右 左	自動 右 左	関節名	運動の種類	他動 右 左	自動 右 左
				度 度	度 度			度 度	度 度

障害内容の増悪・緩解の見通しなどについて記入してください

症状固定と思われるが、今後てんかん発作の可能性あり。

上記のとおり診断いたします。

診 断 日　平成 26 年 2 月 25 日
診断書発行日　平成 26 年 2 月 25 日

所在地
名　称
診療科
医師氏名

II 後遺障害等級について

資料1-②

自動車損害賠償責任保険後遺障害診断書

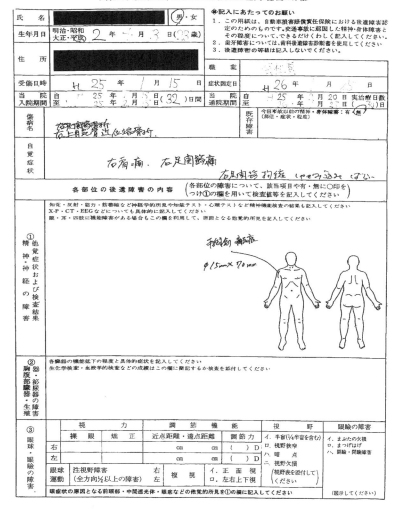

④聴力と耳介の障害

オージオグラムを添付してください

イ．感音性難聴（右・左）
ロ．伝音性難聴（右・左）
ハ．混合性難聴（右・左）

聴力表示
イ．聴力レベル
ロ．聴力損失

検査日		6分平均		最高明瞭度	
第1回	年　月　日	右	dB	dB	%
		左	dB	dB	%
第2回	年　月　日	右	dB	dB	%
		左	dB	dB	%
第3回	年　月　日	右	dB	dB	%
		左	dB	dB	%

耳介の損
イ．耳介の½以上
ロ．耳介の½未満
（右⑦欄に図示してください）

耳　鳴
右・左

⑤鼻の障害
イ．鼻軟骨部の欠損
（右⑦欄に図示してください）
ロ．鼻呼吸困難
ハ．嗅覚脱失
ニ．嗅覚減退

⑥そしゃく・言語の障害
原因と程度（摂食可能な食物、発音不能な語音など）を左面①欄に記入してください

⑦醜状障害（採皮痕を含む）
1．外ぼう　イ．頭　部　ロ．顔面部　ハ．頸　部
2．上　肢　3．下　肢　4．その他
（大きさ、形態等を図示してください）

⑧脊柱の障害
圧迫骨折・脱臼（椎弓切除・固定術を含む）の部位
X－Pを添付してください

運動障害

イ．頸椎部		ロ．胸腰椎部	
前　屈	度	後　屈	度
右　屈	度	左　屈	度
右回旋	度	左回旋	度

荷重機能障害
常時コルセット装用の必要性
有・無

⑨体幹骨の変形
イ．鎖骨　ニ．肩甲骨
ロ．胸骨　ホ．骨盤骨
ハ．肋骨
（裸体になってわかる程度）
X－Pを添付してください

⑩上肢・下肢および手指・足指の障害

短縮	
右下肢長	cm
左下肢長	cm

（部位と原因）

長管骨の変形
イ．仮関節　ロ．変形癒合
（部位）
X－Pを添付してください

欠損障害（離断部位を図示してください）

上肢（右）（左）　下肢（右）（左）　手指（右）（左）　足指（右）（左）

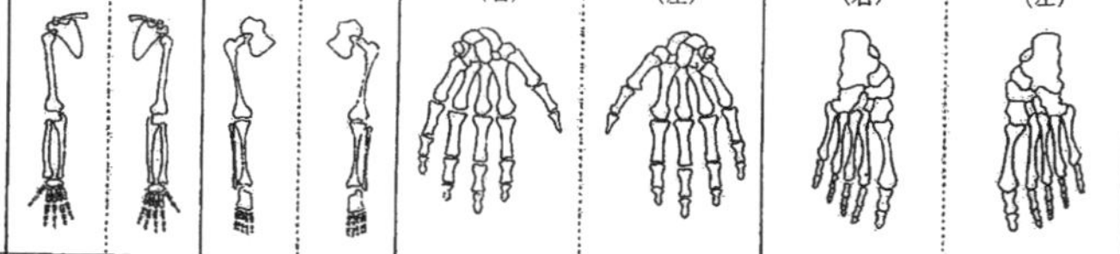

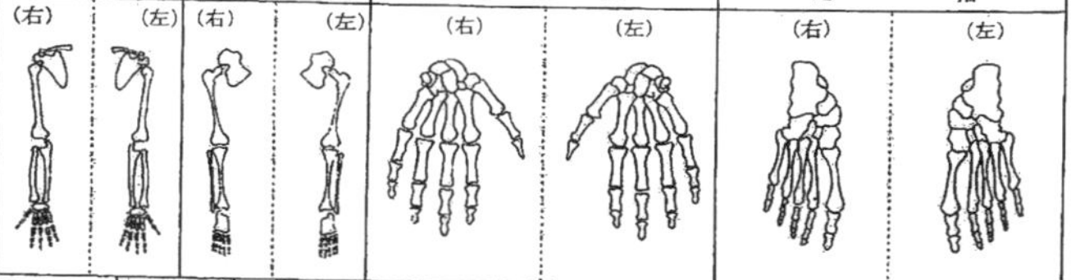

関節機能障害（健側患側とも記入してください。日整会方式により自動他動および）

関節名	運動の種類	他動 右	他動 左	自動 右	自動 左	関節名	運動の種類	他動 右	他動 左	自動 右	自動 左
足関節	背屈	5 度	20 度	5 度	20 度			度	度	度	度
	底屈	40	80	40	80						

障害内容の増悪・緩解の見通しなどについて記入してください

不変

上記のとおり診断いたします。

診　断　日　平成26年1月25日
診断書発行日　平成26年1月25日

所在地
名　称
診療科
医師氏名
[illegible]

A04-80140(4)09.08 修増(1×30(綴)×冊)

Ⅱ 後遺障害等級について

資料2

せき柱

部位名	主要運動参考運動の区別	運動方向		参考可動域角度	基本軸	移動軸	測定肢位および注意点	参考図
頸部	主要運動	屈曲（前屈）		60	肩峰を通る床への垂直線	外耳孔と頭頂を結ぶ線	頭部体幹の側面で行う。原則として腰かけ座位とする。	
		伸展（後屈）		50				
		回旋	左回旋	60	両側の肩峰を結ぶ線への垂直線	鼻梁と後頭部節を結ぶ線	腰かけ座位で行う。	
			右回旋	80				
	参考運動	側屈	左側屈	50	第7頸椎棘突起と第1仙椎の棘突起を結ぶ線	頭頂と第7頸椎棘突起を結ぶ線	体幹の背面で行う。腰かけ座位とする。	
			右側屈	50				
胸腰部	主要運動	屈曲（前屈）		45	仙骨後面	第1胸椎棘突起と第5腰椎棘突起を結ぶ線	体幹側面より行う。立位、腰かけ座位または側臥位で行う。股関節の運動が入らないように行う。	
		伸展（後屈）		30				
		回旋	左回旋	40	両側の後上腸骨棘を結ぶ線	両側の肩峰を結ぶ線	座位で骨盤を固定して行う。	
			右回旋	40				
	参考運動	側屈	左側屈	50	ヤコビー（Jacoby）線の中心にたてた垂直線	第1胸椎棘突起と第5腰椎棘突起を結ぶ線	体幹の背面で行う。腰かけ座位または立位で行う。	
			右側屈	50				

資　料

上肢

部位名	主要運動参考運動の区別	運動方向	参考可動域角度	基本軸	移動軸	測定肢位および注意点	参考図
肩（肩甲帯の動きを含む）	主要運動	屈曲（前方挙上）	180	肩峰を通る床へ垂直線（立位または座位）	上腕骨	前腕は中間位とする。体幹が動かないように固定する。脊柱が前後屈しないように注意する。	
	参考運動	伸展（後方挙上）	50				
	主要運動	外転（側方挙上）	180	肩峰を通る床へ垂直線（立位または座位）	上腕骨	体幹の側屈が起こらないように90°以上になったら前腕を回外することを原則とする。	
		内転	0				
	参考運動	外旋	60	肘を通る前額面への垂直線	尺骨	上腕を体幹に接して、肘関節を前方90°に屈曲した肢位で行う。前腕は中間位とする。	
		内旋	80				
肘	主要運動	屈曲	145	上腕骨	橈骨	前腕は回外位とする。	
		伸展	5				
前腕	主要運動	回内	90	上腕骨	手指を伸展した手掌面	肩の回旋が入らないように肘を90°に屈曲する。	
		回外	90				
手	主要運動	屈曲（掌屈）	90	橈骨	第2中手骨	前腕は中間位とする。	
		伸展（背屈）	70				
	参考運動	橈屈	25	前腕の中心線	第3中手骨	前腕を回内位で行う。	
		尺屈	55				

II 後遺障害等級について

手指

部位名	主要運動参考運動の区別	運動方向	参考可動域角度	基本軸	移動軸	測定肢位および注意点	参考図
母指		橈側外転	60	示指（橈骨の延長上）	母指	運動は手掌面とする。以下の手指の運動は、原則として手指の背側に角度計を当てる。	
		掌側外転	90			運動は手掌面に直角な面とする。	
		屈曲（MCP）	60	第1中手骨	第1基節骨		
		伸展（MCP）	10				
		屈曲（IP）	80	第1基節骨	第1末節骨		
		伸展（IP）	10				
指		屈曲（MCP）	90	第2-5中手骨	第2-5基節骨		
		伸展（MCP）	45				
		屈曲（PIP）	100	第2-5基節骨	第2-5中節骨		
		伸展（PIP）	0				
		屈曲（DIP）	80	第2-5中節骨	第2-5末節骨	DIPは10°の過伸展をとりうる。	
		伸展（DIP）	0				

下肢

部位名	主要運動参考運動の区別	運動方向	参考可動域角度	基本軸	移動軸	測定肢位および注意点	参考図
股	主要運動	屈曲	125	体幹と平行な線	大腿骨（大転子と大腿骨外顆の中心を結ぶ線）	骨盤と脊柱を十分に固定する。屈曲は背臥位、膝屈曲位で行う。伸展は腹臥位、膝伸展位で行う。	
		伸展	15				
		外転	45	両側の上前腸骨棘を結ぶ線への垂直線	大腿中央線（上前腸骨棘より膝蓋骨中心を結ぶ線）	背臥位で骨盤を固定する。下肢は外旋しないようにする。内転の場合は、反対側の下肢を屈曲挙上してその下を通して内転させる。	
		内転	20				
	参考運動	外旋	45	膝蓋骨より下ろした垂直線	下腿中央線（膝蓋骨中心より足関節内外果中央を結ぶ線）	背臥位で、股関節と膝関節を90°屈曲位にして行う。骨盤の代償を少なくする。	
		内旋	45				
膝	主要運動	屈曲	130	大腿骨	腓骨（腓骨頭と外果を結ぶ線）	屈曲は股関節を屈曲位で行う。	
		伸展	0				
足	主要運動	屈曲（底屈）	45	腓骨への垂直線	第5中足骨	膝関節を屈曲位で行う。	
		伸展（背屈）	20				

―27―

109

Ⅱ　後遺障害等級について

足指

部位名	主要運動参考運動の区別	運動方向	参考可動域角度	基本軸	移動軸	測定肢位および注意点	参考図
母指		屈曲（MTP）	35	第1中足骨	第1基節骨		
		伸展（MTP）	60				
		屈曲（IP）	60	第1基節骨	第1末節骨		
		伸展（IP）	0				
足指		屈曲（MTP）	35	第2-5中足骨	第2-5基節骨		
		伸展（MTP）	40				
		屈曲（PIP）	35	第2-5基節骨	第2-5中足骨		
		伸展（PIP）	0				
		屈曲（DIP）	50	第2-5中足骨	第2-5末節骨		
		伸展（DIP）	0				

（出典：みらい総合法律事務所編『交通事故訴訟における典型後遺障害と損害賠償実務』（ぎょうせい、2012年、p.400～404）

Ⅲ　交通事故に関する保険制度

弁護士　小堀　優

Ⅲ　交通事故に関する保険制度

　みなさん、こんにちは。ただいまご紹介いただきました、弁護士の小堀と申します。

　今回は、主に交通事故に関する保険制度についてお話ししたいと思います。私は交通事故をメインに扱っているというわけではなく、会社や不動産関係の仕事の方が多いです。そのため、皆様と交通事故という分野でお会いすることは、第1回、第2回の講義を担当しました先生方に比べて少ないかと思います。

　私は、かつて損害保険代理店の資格を有しており、保険関係の仕事をしておりました。ですから、今回の講義では弁護士としてのお話はもちろん全力でさせていただきますが、どちらかといいますと保険制度についてのアンテナを提供できればと思っております。

　今回の保険の分野については私が担当するということになったのは、こうした理由からです。

　今回の講座を担当させていただくにあたり、できる限りの知識をご提供できればと思っております。

はじめに

　まず、レジュメ1ページを開けて下さい。「ひとり暮らしをしている大学生の娘（18歳）が歩いて横断歩道を横断中、自動車にはねられて脳に大怪我を負ってしまった。なお、加害者は逃げてしまい、現在警察で捜査中だが、見つかっていない。」という事案です。

1　検討すべき保険制度

　このような法律相談があったことを前提に考えていただきたいと思います。今から20秒ほどご用意いたしますので、対象になる・ならないは別として、この保険制度は使えそうだというものをメモしてください。仮に法律相談の場でお客様からこのような相談を受けたときに、保険制度についてどのような話をしようかということでいくつか考えてみていただければと思います。

　では、一つ思いついた人、二つ思いついた人もいるかと思います。三つ以上思いついた人はさすがですね。私がぱっと思いついた制度は三つありまし

た。順にご説明します。

　対象になるかならないかは別として、まず最初に検討するのは、人身傷害補償が使えるかどうかです。二つ目、今回はひき逃げですので、無保険車傷害補償が対象とならないかを検討します。最後に三つ目、人身傷害補償もだめ、無保険車傷害補償もだめである場合には、政府保障事業というものが使えないかということを考えます。

　なぜこのような問題をいきなり挙げたかといいますと、実はこれは私が修習中に経験した印象的な事件だったからです。具体的なことは当然守秘義務がありますので言えませんが、簡略化すると「加害者が見つからないです」という相談でした。当時、担当検察官は、最終的には政府保障事業を調べ上げて、「この制度が使えるかもしれないから」と、被害者のご家族の方にアドバイスしていた記憶があります。

　さて、皆様も、法律相談の場で交通事故の案件は多々来るかと思います。「加害者が見つからない以上、どうすることもできない」というのではなく、やはり保険制度を縦横無尽に使ってアドバイスできた方が望ましいと思います。そのため、本日の講義につきましては、弁護士として皆様が日々研鑽している民法、民事訴訟法あるいは自賠法などの知識についても触れて参りますが、一旦そこは頭から外していただいて、「保険の制度」としてどのような商品があるか、どのような武器が使えるかといったところを学んでいただければと思います。

　また、今申し上げた商品の三つともについて、既に分かっているという方もひょっとしたらいらっしゃるかもしれません。その先生方につきましては、ここから先、細かな要件等についてお話ししますので、このような場合には対象となる、あるいはならないといったところまで踏み込んで理解していただくと、きっとこの講義は役に立つと思います。では、そのような視点で講義を聞いていただければ嬉しいです。

2　交通事故における保険制度とは

　私は、保険の制度は、時間と労力をショートカットすることができる「魔法の杖」であると思っています。

　できることならば、弁護士にお願いせず、また、裁判を行うことなく一定

のお金が入るということが、依頼者にとっては望ましい結論ということになるかと思います。私達弁護士は、「事件を解決する」という任務を担っている以上、訴訟手続を講じることなく、保険を使って処理することができるというアドバイスをするスキルは、やはり持っておくに越したことはない武器であると思います。

3 有無責の判断にあたり検討すべき事項

「有無責」というのは、保険が対象になるか、ならないかという意味です。

レジュメにいくつか書きましたが、有無責を検討するにあたっては、五つの視点で検討することが多いです。まず一つ目は、①対象となる人物、つまり被保険者に該当するかどうかです。二つ目が②対象車両か否かです。三つ目が③適用となる細々とした要件です。四つ目が④免責となる事由です。そして最後に五つ目が、⑤その制度が使えない場合に他の制度が使えないか、ということになります。この五つの視点で必ずチェックするようにお考えいただければと思います。

ここで注意ですが、自動車保険は、平成9年に自由化されました。

振り返ってみますと、自動車保険は、1914年、つまり今から100年前に初めて日本で販売されました。この100年間で様々な成長を続けてきましたが、平成9年以降は、各保険会社は自由に商品設計をして構わないということに制度が変わりました。

そのため、この後いろいろと説明させていただく各項目については、保険会社によって微妙に免責事由が違っていたり、適用要件が異なっていたりということはあります。したがって、相談に当たったときには必ず、お客様に対して「保険証券と約款を見せてくれませんか」と尋ね、直接確認することをお勧めします。下手に自動車保険の過去の知識を利用して、これは対象となるというような案内をしてしまうと、思わぬ免責事由にひっかかったりする可能性があります。「これは大丈夫だろう」ということが、保険会社によっては必ずしも妥当しない場合がありますので、ご注意ください。

第1　自動車保険の概要

1　自賠責保険と任意保険～対人賠償保険は上積み保険～

　では、レジュメ2ページの「自動車保険の概要」についてお話ししたいと思います。ぱっと見ますと、当たり前ではないかと思われるかもしれませんが、最初に見る地図としてご理解いただければと思います。

　まず、自賠責保険と任意保険の関係についてですが、任意保険が上積み保険と考えられています。すなわち、自賠責保険は、車を持っている以上、必ず付保しなければなりません。自賠責保険をかけていないと車検は通りませんし、また、刑事罰も科せられます。

　このように、自賠責保険は必ず付いているのですが、これに上乗せする形で任意保険を付けるというのが基本的な自動車保険の制度となります。

　後でお話ししますが、任意保険の対人賠償というのは、他人を怪我させた場合の保険になります。自分の怪我に対する補償や対物賠償あるいは自分の車に関する修理代については自賠責の対象とはなりませんので、それを皆さんが選んでそれぞれ保険商品を組み立てていくといった流れになります。

2　任意保険の概要

　次に、任意保険というのはどのような構造になっているのかについて簡単に触れます。

　主に四つに分けました。一つ目は、賠償責任条項です。つまり対人賠償や対物賠償などです。

　二つ目が、ご自身の車の損害に関する条項（車両保険）です。

　三つ目が、自分（運転者）又は搭乗者の怪我に関する条項として、最初に申し上げた人身傷害補償や無保険車傷害補償、搭乗者傷害補償、自損事故損害補償といった条項があります。

　そして四つ目に、各種の特約があります。

　このような形でイメージして、今地図のどこで議論しているのかというところを振り返りながら、対象商品の検討をしていただければと思います。

　ここまでが基本的な流れとなります。

第2　自賠責保険・対人賠償

　続いて、具体的なお話に進んでいこうと思います。レジュメ2ページをご覧ください。
　「息子（20歳）がドライブにでかけた際、運転中に歩行者をはねてしまい、歩行者が死亡した。なお、息子は免許停止中であった。」という事案です。

1　検討すべき保険

　まず、この場合に検討すべき保険については、一つ目は自賠責、二つ目が対人賠償という二本立てになるかと思います。そして、自賠責と対人賠償の構造については、先ほど申し上げた上積み保険だということでご理解ください。さて、免停の時に対人賠償が適用になるかどうかというところについては、おそらく皆さんご存知と思いますが、結論としては免責にはなりません。これは、対人賠償保険が損害を受けた被害者を救済するためのものだからです。
　レジュメの二つ目の「・」について、上記事案において、加害者が負担する損害賠償債務が1億円であった場合、自賠責からは3000万円、対人賠償からは7000万円が出るということは基本的な知識として知っておいてください。つまり、死亡事故の自賠責の上限額は3000万円となります。
　そして、三つ目の「・」について、自賠責保険に加入していない場合、これは後で詳しくご案内しますが、その場合には政府保障事業というものを適用させることを検討することとなります。
　続いて、自賠責保険が対象にならないという場合もごく稀にあります。ただし、その場合でも対人賠償が対象となる場合が、稀ですがあります。その場合には対人賠償から全額支払われるということは、知識として知っておいて損はないと思います。では、何が違うのかというところです。
　自賠責保険の適用要件については、これから具体的にご説明しますが、この適用要件は「運行」に伴う責任となっています。これに対し、対人賠償は、「所有・使用・管理」に伴って生じた事故で、損害賠償責任を負った場合に適用させるということになります。こうしたことから、対人賠償の「所有・使用・管理」の方が広いということになります。例えば、坂道に車を駐車していてサイドブレーキのかけ方が甘く、誰も乗っていない車が動き出してしまい、

たまたま近くを通りかかった子供が壁と車との間に挟まれて死亡してしまったといった場合には、「運行」に当たるのかということが論点になってきます。ただし、対人賠償の「所有・使用・管理」に伴う責任に当たること自体は明らかですので、対人賠償の方が適用範囲が広いということは知っておかれて損はないかと思います。

2　自賠責保険

(1)　自賠責保険とは

では、続きまして、自賠責保険の具体的な中身に入っていこうと思います。まず、自賠責保険とは、「自動車による人身事故の被害者を救済するため、被保険者が被害者に自賠法3条の損害賠償責任を負担することによって被る損害につき、一定額を限度として塡補する保険」というのが定義であるとされています。

(2)　根拠法

その下に根拠法を記載しておきました。自動車損害賠償保障法（自賠法）の3条について書いてあります。その次のページに移っていただくと、4条、5条についても書いてあります。自賠法3条では立証責任が転換されているということは、基本的な知識としてご存知だと思います。

民法の不法行為ですと、不法行為者の故意過失によって相手方に損害が生じ、かつ、因果関係がある場合に損害賠償責任が生じるものであり、原則としては被害者側に立証責任があります。これに対し、自賠法のときには、立証責任が転換されています。自賠法第3条の2行目のただし書には、「自己及び運転者が自動車の運行に関し注意を怠らなかったこと、被害者又は運転者以外の第三者に故意又は過失があったこと並びに自動車に構造上の欠陥又は機能の障害がなかったこと」を証明しなければならないということになっています。ですから、車の事故の場合は、基本的には運転者は責任を負うということになろうかと思われます。

(3)　要　件

まず、定義としては、保有者に自賠法第3条の責任が生じることというのが簡単な要件になります。では、保有者とは何なのかという話になりますと、自賠法の定義条項があり、「自動車の所有者その他自動車を使用する権利を

有する者で、自己のために自動車を運行の用に供するもの」です。「その他自動車を使用する権利を有する者」ということになります。ここではあまり詳しく触れませんが、勝手に盗んで運転してしまった、すなわち盗難自動車を運転していたという場合には、自賠法は適用にならないというリスクにさらされるということになります。

続いて運行供用者責任の要件についてですが、まず「運行」というのは何なのかについても定義条項があります。「人又は物を運送するとしないとにかかわらず、自動車を当該装置の用い方に従い用いること」というものです。②の「自己のために自動車の運行の用に供する者」というのは何なのかと申しますと、これは先ほど保有者の定義のところでもご説明したとおりとなります。そのため、盗難車の場合には、自賠責は適用にはならないという可能性が高まってくるということになります。もちろん、保有者、例えば自動車の所有者が車を盗まれたにもかかわらず、警察に届け出ず放置したといったようなことがあれば、そのことをもって所有者が過失責任を問われるという可能性はありますが、一般的には車を盗んだ人が誤って事故を起こした場合には、自賠責が適用にならないリスクが高いということになります。

そして、③の「被害者が他人であること」です。レジュメには「⇔」の横に、同居の家族が怪我をした場合にはどうなのかと書いてありますが、後で詳しい説明をします。結論的には、自賠責は家族間の事故でも対象となりますが、対人賠償は同居親族間の事故は対象になりません。例えば、車庫入れをしているときに後ろにいた子供をはねてしまって子供が亡くなったというニュースを耳にしますが、残念ながら対人賠償では対象外ということになります。

最後の④は、「生命又は身体を害したこと」ということです。あくまで怪我をさせてしまったという場合あるいは死亡させてしまった場合にのみ、自賠責は対象になるということになります。ここは基本的な知識かと思います。

⑷ 支払限度額

次に支払限度額についてです。知識として知っておかないと恥をかく可能性がありますので、相談に乗るときには覚えておいた方がよいと思いま

す。まず、傷害に関する損害は120万円が上限になります。逆にいいますと、120万円を超えてくると、対人賠償の領域に入ってくるということになります。

イの後遺障害に関する損害は、等級に応じて、75万円から4000万円と分類されます。ちなみに、いわゆる赤本の上巻の基準編の後ろの方にこの後遺障害に関する損害の等級に応じた自賠責の支払限度額についての一覧表がありますので、適宜参照していただければと思います。

ウの死亡に関する損害については、3000万円が上限となります。

ここで、ちょっとした知識をお話しします。120万円を超えてきた場合には対人賠償の領域になるとお話ししましたが、ここで法律相談のときに相談としてよく出てくるのが、「医療費について健康保険は使えるのですか」という質問です。これに対し、私は「使えますし、むしろ使ってください」とアドバイスしています。「交通事故の場合では健康保険は使えないのではないですか」とよく問われるかと思いますが、健康保険は使えますし、使わないとかえって損をする可能性があります。

その理由ですが、お医者さんの世界では、健康保険を使うときには、注射1本何点という点数が決まっており、それに伴って医療費も決まります。ところが、健康保険を使わずに自由診療で処理をした場合には、医療機関の裁量で値段を設定することが可能です。そうしますと、レントゲンを1回撮るにあたっても、健康保険を使っていればせいぜい2、3万円で済むところを、下手をすると自由診療では5万円、10万円かかってしまう可能性が出てきます。入院などをした場合には、軽く120万円を超えてしまうということもあるかと思います。その場合、対人賠償の領域に入りますと、ドライに過失割合による減額がされますので、そのことを考えると、なるべくならば自賠責の範囲で終わるのであれば、紛争解決が早まるということになります。損害はなるべく小さくして、自賠責の範囲で終わらせてしまうという発想に立つならば、「健康保険は使っておく方がお勧めです」とアドバイスされるとよいかと思います。

(5) 免責事由

「保険契約者又は被保険者が悪意で事故を発生させた場合」ということが、

自賠法第14条で定められています。つまり、故意で事故を起こした場合には、自賠責の適用にはなりません。ただし、被害者請求権は使える（16条4項）ということは知っておかれて損はないかと思います。

実際に私が相談に乗った案件としては、ある商店街で車を暴走させ、多数の人をはね飛ばして死傷者が出てしまうという案件がありました。自賠責では被害者請求権は使えますので、自賠責は何とか対象になるということになります。これに対し、対人賠償は、適用にならなくなります。この場合には、後で出てくる無保険車傷害補償というものが使えるかという論点に入ってくるかと思います。

(6) 支払方法

大きく分けると一括払いと非一括払いとがあります。実務上は、アの一括払いが圧倒的に多いです。一括払いとは何かといいますと、任意保険が付いている場合に、任意保険の会社が自賠責で本来支払われる治療費などの損害額を一緒に、一括して支払ってしまうという制度です。その後、任意保険会社は自賠責に清算してもらうことになります。ちなみに、これは昭和48年から始まった制度です。現在はほとんどの場合、任意保険の担当者から連絡があって、任意保険から病院にお金を払ってもらい、後で自賠責の清算は任意保険の会社と自賠責の会社とで手続をとるというのが一般的な流れです。

(7) 重過失減額

民法の世界では、過失割合が論点になってきます。5：5になることもありますし、例えば歩行者が飛び出したということであれば、歩行者の過失が7割だということもあろうかと思います。ところが、自賠責の場合には、被害者の救済を目的にした制度、すなわちよほどのことがない限り、減額はされないという制度設計になっています。レジュメ4ページに一覧表がありますが、被害者側の過失が7割未満の場合は減額されないという制度になっています。7割以上10割未満の場合には、この一覧表にあるような減額割合となっています。ただ、書いていませんが、完全に、100：0で自分が全面的に悪いという場合には、相手の自賠責保険から払ってもらうことはできませんので、当たり前ですがそこは知っておいてください。

第2　自賠責保険・対人賠償

3　対人賠償保険とは
(1)　定　義
次に、任意保険の対人賠償の項目に移ります。

定義については、レジュメ5ページにありますように、「被保険自動車の所有・使用・管理に起因して、他人の生命又は身体を害した結果、被保険者が法律上の損害賠償責任を負担することによって被る損害を塡補する保険」となります。

(2)　適用要件
適用要件については、まずアに被保険者というものがあります。①、②、③につきましては、基本的に車を運転している人と思っていただければよいかと思います。

ここで知っておいていただきたいのは、①の記名被保険者です。これは別名「主たる被保険者」ともいいますが、後で人身傷害や無保険車傷害、ファミリーバイク特約といったところで鍵になってきます。この記名被保険者から見て誰が運転していたのかというところを後でチェックしなければなりませんので、ここは重要な要件であるということを、まずこの場では知っておいてください。

また、細かい話になりますが、②の記名被保険者の配偶者については、内縁の夫又は妻も含まれます。

続いて、記名被保険者又は配偶者の同居の親族については、一時的な出稼ぎなどの別居などの場合は、別居ではなく同居扱いとしてよいというのが実務的な運用です。

また、親族とは何かということですが、これは民法の知識となります。記名被保険者から見て6親等内の血族又は3親等内の姻族となります。

続いて③の許諾被保険者に移ります。分かりやすくいいますと、記名被保険者から車を借りて運転していた人となります。法律相談で陥りやすいミスのポイントをレジュメ5ページ中段に※印で書いておきました。自動車を取り扱う業者が車を使っていた場合は、当該自動車に付保されている自動車保険を使うことはできません。これは知っておいてください。例えば運転代行業者や工場のスタッフが車を動かしている時に事故を起こしてしまった場合

121

には、その車の保険は使えないということになります。これは知っておかないと思わぬ嘘をついてしまう可能性があります。

二つ目の※印について、いわゆる又貸し、転借人は、原則として許諾被保険者には該当しないということになります。例えば、私が自分の車を友人に貸して、その友人がドライブに行って、助手席の人が途中で運転を代わっていたときに事故を起こした、そして私はその人を知らなかったということになりますと、形式的には許諾被保険者には該当しないということになります。もちろん実際に事故が起きたときには、これは何とかしなければなりませんので、運転を黙示に許諾していたとすることもあろうかと思いますが、原則として「又貸しはアウト」ということは知っておいてください。

続いて④の記名被保険者の使用者です。例えば、サラリーマンの方であれば会社が被保険者の使用者に該当するかと思います。後ほど業務に使っていた場合免責という条項がたくさん出てきますので、そのことについてはアンテナを立てておいてください。

(3) 免責事由

ア、イというように書きましたが、一般的なものについてピックアップをしています。もちろん、ここに書いていない免責事由も多々ありますが、最低限弁護士として知っておいてほしい事項についてまとめました。

まず知っておいていただきたいのは、ア①②の故意で事故を起こした場合です。この場合には、対象にはなりません。

「故意」に未必の故意は含まれるのかという論点になりますが、これは裁判上多々争いがあります。関心のある方はメモをしてください。加害者が傷害の未必の故意をもって事故を起こし、被害者が死亡した場合、すなわち加害者が怪我をさせてやろうと人をはねて、被害者が死亡してしまった場合に免責となるのかという論点があります。これは最高裁平成5年3月30日（判例タイムズ842号153頁）があります。最高裁は、いわゆる故意免責を否定して、対象になるという判断を下しました。

次に、これも類似の事例ですが、車を発進させれば車体を人に衝突させて傷害を負わせる可能性が高いことを認識しながら、それもやむを得ないと考え、その場を逃れたい気持ちからあえて車両を発進させたところ、被害者が

転倒して重い怪我が生じたという場合に、故意免責が適用されるのかどうかという事案がありました。これについても最高裁の判例があります。最高裁平成4年12月18日（判例タイムズ808号165頁）です。これは怪我をさせようという故意はあったということで、故意免責を認めたといった判例もあります。このように、故意をめぐる争いは結構あります。

　続いてア③〜⑧は、特殊な状況における事故の場合には対象外であるということを知っておいていただければと思います。特殊な状況、例えば戦争や地震、洪水あるいは核燃料物質などを運送していることなどに起因する事故の場合には、対人賠償の対象にはならないと定められています。このような事象が免責事由に定められている理由は、これを対象としてしまうと、保険会社としては莫大な保険金の支払義務を負わされる可能性が出てきてしまいますので、これは免責であると一般的に定められています。

　次に⑨、⑩についてです。⑨は、球技、曲技若しくは試験のために使用することとありますが、つまりスピードレースやラリーなどをしている場合には対象外ということが定められています。

　⑩は、危険な物質を業務として積載している場合には、特別な保険に入ってくださいということで対象にならないことが定められています。

　ちなみにこの後で免責事由が多々出て来ますが、基本的にはこれらとオーバーラップします。ですから、オーバーラップするところについては繰り返しの解説を省き、この後の免責事由についてはこれらと被らないところを中心に見ていこうかと思います。

　次に、イの被害者との人的関係に関わる免責事由に移ります。①記名被保険者本人あるいは②被保険自動車を運転中の者又はその父母、配偶者若しくは子、③被保険者の父母、配偶者又は子は対象外となっています。要するに、簡単にいいますと、運転者及び運転者の家族は対人賠償の対象外ということになります。

　また、特殊ですが、④の被保険者の業務に従事中の使用人、⑤の被保険者の使用者の業務に従事中の他の使用人（一言でいうと同僚）についても対人賠償の対象外とされています。例えば、仕事に行っているときに同僚と一緒に車に乗っていて、車が事故を起こしてしまった場合で、壁にぶつかって隣

に座っていた同僚が亡くなったという場合には、これは対人賠償の対象外となってしまいます。なぜそのようなことが定められているかといいますと、このような仕事中の同僚間の事故は労災で対処するということが基本的な発想となります。⑤のただし書「ただし、被保険者が被保険自動車をその使用者の業務に使用している場合に限る」と限定がかかっているのは、そういった理由です。例えば、同僚とスキーに行ったときに事故に遭ったという場合には、これは対象となってくるというわけです。なぜならば、それは労災の対象ではないからです。

⑷ 示談代行制度

今となっては当たり前ではありますが、かつてこうだったというところを見ていただければと思い、記載しました。ちなみに、対人賠償保険については、昭和49年から示談代行制度ができました。ところで、よく考えてみますと、保険会社の担当者が交通事故の示談交渉をすることは弁護士法第72条にひっかかるのではないかと考えたことはないでしょうか。私は保険関係の仕事をしていたときに、弁護士ではないのにどうしてこのような交渉をしているのだろうという疑問を持ちました。おそらく30期台の先生方では、この時点で激しい交渉があったということはご存知かもしれませんが、この示談代行制度を保険会社が導入するにあたっては、弁護士会においても様々な意見がありました。弁護士法72条の観点から反対意見も多く出されたと聞いています。

結局、車社会が広まっていく中で保険会社の担当者が交渉することは社会的に必要であるということで、現行の運用がなされることになりました。

4 自賠責・対人賠償の相談時に確認すべき事項

相談を受ける際に、まず忘れてはいけないのは、①「そもそも保険に入っているのかどうか」について確認するということです。保険証券を入手して契約期間や対象車両をチェックしなければ、間違ったアドバイスをしてしまう可能性があります。

続いて②の「当事者の確認」、すなわち誰が運転していたのかの確認です。先ほど申し上げましたが、又貸しは対象外ということになっていますので、誰が運転していたのかということを記名被保険者との関係から確認すること

が必要となります。

　また、※印に書きましたが、家族限定や年齢条件についても確認しないと、誤ったアドバイスをしてしまう結果となります。そして、被害者・相手方のところですが、怪我をしたのが誰なのかによって、対人賠償が使える場合と使えない場合に分かれます。繰り返しとなりますが、運転者の親族や仕事中の事故における同僚については、対人賠償の対象外とされていますので、思わぬ判断ミスをしてしまう可能性があります。

　次に、③の「事故態様の確認」についてです。先ほどレースなどは対象外というお話をしましたので、当然どのような事故だったのかを確認しなければなりませんし、過失割合などもアドバイスしなければなりませんので、この辺のことも確認する必要があります。この辺りのことについては、第1回目、第2回目の講義の際にお話があったかと思います。

　さらに、④⑤保険が使えなかった場合に何を考えなければならないのかといったところを書きました。まず、④の「自賠責が使えない場合」です。先ほど運行の要件に当たらなかった場合や、そもそも自賠責に加入していなかった場合には、政府保障事業を検討する必要があります。場合によっては対人賠償が使えないかということも検討していきます。当事務所においても、自賠責が切れた車ではねられて、後遺症が残ってしまったというお客様がいらっしゃいました。その場合には、政府保障事業の申請をしつつ、対人賠償も使って処理をしたという経験があります。

　⑤の「対人賠償が使えない場合」については、後で説明する人身傷害補償や無保険車傷害補償の項目を使えないか、他の特約で救済できないか検討することになります。

　また、⑥「搭乗中の事故」、つまり同乗者が怪我をしたという場合には、後で説明する搭乗者傷害や人身傷害についても併せて検討する必要があろうかと思います。

　それから⑦の「運転者に関する限定特約がないか」についても当然チェックしておかなければなりません。

　ここまでが法律相談のときに最低限チェックしなければならないポイントとなります。

Ⅲ 交通事故に関する保険制度

第3 対物賠償

では、レジュメ7ページをご覧ください。

ここでは、「別居の祖父に契約車両を貸したところ、祖父がコンビニの駐車場から出庫する際にギアを誤り、コンビニに突っ込んでしまった。コンビニの入口（ガラス扉）や雑誌棚、店の車が大破し、1週間程度営業ができない状況になった。」という事案を挙げました。

1 対物賠償保険とは

ここで検討しなければならないのが対物賠償となります。対物賠償とは、「自動車事故で他人の財物に、破損、汚損、滅失などの損害を与え、法律上の賠償責任を負った場合に支払われる保険金」です。

当たり前ですが、店の修理費等の直接損害はもちろんのこと、休業損害やほかの車を壊してしまったことによる代車費用などの間接損害についても対物賠償の対象となり得ることは、基本的な知識として押さえておいていただければと思います。

2 適用要件

適用要件については、対人賠償とほぼ一緒です（違うのは、対人事故ではなく、対物事故であるという点です）。

②に「被保険者が法律上の損害賠償責任を負担することによって損害を被ること」と書きました。

なお、細かい話となりますが、対人賠償と自賠責のときには、自賠法第3条との絡みがありました。ところが、対物賠償については、自賠法は関係ありませんので、訴状を書く際に、対人賠償のときには自賠法第3条で請求するというロジックで書いてもよいのですが、対物賠償のときには民法709条でやることになります。したがって、要件としては相手方の故意、過失についてきっちり書かないと後で揉めてしまう可能性があるということは一応訴状を書くときは押さえておきましょう。

3 免責事由

アの「事故原因における免責事由」については、対人賠償とほぼ一緒です。

①②の故意、わざと事故を起こした場合には、対物賠償は対象外であると

いうことは知っておいてください。

　先日ニュースを見ていますと、閉店後のスーパーに車が突っ込んで、店内を200メートルくらい走り回ったということで捕まった人がいました。このようなわざと店に突っ込んで事故を起こしたような場合は、対物賠償は適用になりません。ですから、スーパー側としては、大変厳しい損害を被ってしまうということになります。

　続いて、イの「被害物件に関する免責事由」ですが、次のいずれかに該当する者の所有、使用又は管理する財物が滅失、破損又は汚損された場合は免責であるということになります。①、②、③についてですが、一言でいいますと、記名被保険者、運転者とその家族の所有物（例えば自宅のカーポート）が壊れた場合は対象にはなりません。

　覚えておいていただきたいのは、対人賠償では同僚は対象外となっておりますが、対物賠償では同僚が所有している物を滅失、破損又は汚損した場合も対象となります。その理由は、先ほど申し上げたとおり、対人の場合には、同僚間の事故の場合には労災保険が使えるのでそちらでやってくださいということになりますが、対物の場合には労災保険は関係ありません。ですから、対物事故の場合には、同僚の所有物でも対象になるということになります。

　また、※印に「記名被保険者以外の者が運転中に、上記免責事由に該当する対象者の財物を破損した場合には、個別の判断を要する」と書きました。その意味ですが、例えば、私が友達に車を貸し、友達がドライブに行って帰ってきて、私の家の駐車場に車を入れようとしたところ、誤って私の家にぶつかったとします。対物賠償は、記名被保険者、つまり自分自身の財物を壊した場合には免責ということを先ほど申し上げました。他方、記名被保険者以外の運転者も被保険者となりますので、友達が運転して私の物を壊した場合には、その友達も被保険者になります。

　このように、記名被保険者やその家族の物を壊してしまった場合、原則としては対物賠償の対象外ではありますが、他人に貸していた場合には、その他人に損害賠償責任が生まれて他人の責任を塡補しなければならないということですので、他人に貸していた場合には微妙な判断を要することになります（ここは約款を仔細に確認することが必要となるでしょう）。

Ⅲ　交通事故に関する保険制度

4　示談代行制度

　対人賠償と同じような話になりますが、対物賠償の示談代行制度は、昭和57年から開始されました。対人賠償は昭和47年から始まっています。制度導入にあたっては、対物賠償の示談代行制度に対する弁護士の反発は大きかったと聞いています。その理由としては、対物賠償では、保険会社が直接雇用しているスタッフではなく、アジャスターという、保険会社とは別の法人に雇用される調査主任が示談交渉を行うことが多いという実情がありました。そのため、保険会社のスタッフでもない人が示談交渉をするということは、より弁護士法第72条との関係から問題なのではないかという論点があったからです。

　ただ、いずれにしても車社会の進展により車の事故が増えてくるという中で、全ての案件を弁護士が処理をするということは無理な話ではありましたので、ここも認められる結果になった次第です。

5　対物賠償の相談時に確認すべき事項

　①、②、③については、対人賠償と同じです。それぞれ確認をしてください。ただし、対人賠償の免責事由と対物賠償の免責事由は若干違っていますので、その点については注意を要するかと思います。

　次に④の家族限定や年齢条件などの条件が付いていないかを確認した上で、もし他人から借りた車で家族限定が付いていた、年齢条件にかかっていたという場合には、それを救済する特約に入っていないかを弁護士としては検討する必要があるということになります。後で他車運転特約や年齢条件不適用特約などの特殊な特約についてご説明いたしますので、もし対象外となったという相談者が来たときも、何らかの形で救済できないかという形でアンテナを立てておく必要があろうかと思います。

第4　人身傷害補償

　人身傷害補償といいますのは、平成10年に生まれた商品であり、それまでは対人、対物、無保険車傷害と、搭乗者傷害、自損事故傷害という5点セットでした。ところが平成10年に東京海上という保険会社がTAPという商品を売り出しました。それが大ヒットし、平成22年には人身傷害補償の附帯

率は85パーセントにまで伸びています。

　ですから、元々は人身傷害補償という商品はなかったので、ほかの保険制度（無保険車傷害や自損事故傷害）と適用範囲がオーバーラップすることになります。そのため、無保険車傷害が適用になるのか、人身傷害が適用になるのかといった論点ができてしまい、理解することが難しくなるという次第です。

　では、人身傷害補償について詳しく説明していこうと思います。まず、レジュメ9ページをご覧ください。事案1は講義の初めにご紹介した事案です。事案2については、次のとおりです。

　「同居の息子（高校3年生）が自転車で交差点に差し掛かったところ、自動車にはねられて脳に大怪我を負ってしまった。相手方は、息子が信号無視をしたと主張しているが、目撃者も見つからず、信号の色は明らかではない。」

　事案2は、たまたま私が地方の裁判所に出張して、法廷の傍聴席で待機していたところ、よく似た事案がありましたので書きました（若干、事案を変えています）。この事案は、信号の色次第では、原告側は敗訴判決を受けてしまう可能性があります。私がたまたま見ていた事案は、後遺障害の確か1級で、請求金額は1億円を超えていたかと思います。それで信号の色が立証できなかったために敗訴ということになってしまうと、被害者側にとっては極めてつらい状態に陥ることとなってしまいます。

　ふと、私はそのときに思ったのですが、「人身傷害補償の検討をされているのだろうか」ということが気にかかりました。人身傷害補償は、被保険自動車に搭乗中のみならず、自転車運転中や歩行中も対象となる項目です。

　つまり、人身傷害補償を先に適用させておけば、信号の色にかかわらず、取り急ぎ、人身傷害補償から保険金を受け取ることができます。万が一、「自転車での事故」という理由で、同居家族が持っている自動車の保険（人身傷害補償）についての検討を見落としていたということになりますと、これは弁護士としてかなり重大なミスということになりますので、人身傷害補償の使い方については精通しておいて損はないかと思います。

1　人身傷害補償とは

　まず、人身傷害補償とは、「自動車事故で被保険者が被った怪我による損害を、被保険者の過失にかかわらず保険金額の範囲内で補償する制度」とい

Ⅲ　交通事故に関する保険制度

うことになります。

　従前の自動車保険は加害者になったときの保険ですが、人身傷害補償は被害者となった場合も頼れる保険と言えます。

　車両保険は昔からあり、自分の車が壊れた場合、過失割合にかかわらず自分の過失部分については自分の車両保険から支払われるというのが基本的な考え方です。この車両保険の考え方を人の怪我に応用したのが、人身傷害補償です。

　保険会社のあるスタッフが「車両保険と同じように、自分の怪我についても過失割合にかかわらず保険会社から先にお金を払い、後で相手方に求償すれば被害者にとって楽ではないか」と考えたのが、人身傷害補償が誕生したきっかけであると耳にしたことがあります。私もこの講義に先立ちまして、東京海上日動のホームページなどを調べてみたところ、やはり契約者の被った損害を全て補償するというコンセプトのもとでこの人身傷害補償という商品を生み出したということが書いてありました。

　次に、人身傷害補償のメリットですが、大きく分けて二つです。一つ目は、被保険者側（被害者側）の過失分もカバーされるということになります。つまり、自分の過失分も保険から払ってもらえるということになります。二つ目は、契約している保険会社からスピーディに、直接保険金の支払を受けることができるということがあります。

　つまり、裁判をしなくても、保険会社から払ってもらって、それで終わらせるということができるようになります。こういった点から大きなメリットのある商品であり、大ヒットをしたということになります。

2　保険事故

　次に、保険事故についてです。「急激かつ偶然な外来の事故により身体の傷害を被ること」ということが書いてありますが、一言でいえば、自動車に乗っているときの事故のみならず自転車運転中や歩行中に車にはねられたという事故も対象になります。ただし、「自動車又は原動機付自転車の運行に起因する事故」ですので、交通事故に限られます（歩行中や自転車運転中に誤って転倒したケースなどは対象となりません）。ここは知っておいてください。

3 適用要件

(1) 被保険者

適用要件の被保険者については、記名被保険者のほか、配偶者、同居親族、別居未婚の子も含まれるということは押さえておきましょう（事例2で示した高校生の自転車事故のケースにおいて、同居家族の自動車保険が使える可能性があるとお話ししたのはこの理由です）。ここでメモしていただきたいポイントですが、先ほど、家族間の事故や同僚間の事故は対象外というお話を対人賠償のところでしたかと思います。その際には人身傷害補償が適用となる可能性がありますので、チェックする必要があるかと思います。対人賠償が適用とならなかったとしても、人身傷害補償で救済される可能性があるということは、アンテナとして持っておかれた方がよいアドバイスができるかと思います。

(2) 「他の自動車」に搭乗中の場合の確認事項

「他の自動車」に搭乗中に事故が起きて、怪我をした場合は、人身傷害補償が適用となる可能性がありますが、これから申し上げる場合には、対象外となる場合がありますので注意してください。一つ目が、契約車両が四輪の自動車で、二輪や原付に搭乗中の事故の場合です。これは、人身傷害が適用とならない約款が付いている場合がありますので、要チェックになります。

次に、他の自動車に乗っている場合において、車検証に「事業用」と記載されている自動車である場合には、適用外となる可能性があります。分かりやすくいいますと、「緑ナンバーや黒ナンバーの車に乗っているときに事故が起き、その自動車には人身傷害補償が付いていないけれども、私が持っている自家用の自動車の人身傷害補償が使えるかもしれない」という相談があった場合には、しっかり約款を確認する必要があります。

ほかには、被保険者（つまり怪我をした人）の使用者が所有する自動車で事故が起きた場合には、対象外となる条項が含まれている可能性がありますので、ここも約款を仔細に見る必要があります。

最後に、記名被保険者若しくはその家族が所有する自動車又はこれらの者が常時使用する「自動車」です。これも保険会社によって異なりますが、ご自宅に2台車を持っていて、1台については人身傷害補償が付いているが、

III 交通事故に関する保険制度

もう1台の人身傷害が付いていない方の自動車で事故が起きたという場合には、他方の車の人身傷害補償が使えるかというところは保険会社によって異なりますので、細かく確認する必要があります。

4 免責事由

被保険者（怪我をした人）側の行為に係る免責事由については、先ほども少し説明しましたが、ほぼ同じ内容になります。違うところや、あるいは特徴的なところについてポイントを説明しようと思います。

まず、①の故意又は重大な過失によって生じた傷害は免責になります。

次に、②の被保険者の闘争行為、自殺行為又は犯罪行為によって生じた損害については、判例検索のデータベース等で調べてみますと、故意又は自殺行為ということで対象外ということが争われた事案はちらほらあります。

それから、③の酒気帯び、無免許、麻薬、覚醒剤、シンナー等の影響によって正常な運転ができないおそれのある状態で運転中に事故が起きた場合は、その傷害については、人身傷害補償の対象にはなりません。

④は、いわゆる又貸し、盗難車の場合、すなわち被保険者が被保険自動車の使用について、正当な権利を有する者の承諾を得ないで運転中、搭乗中に事故に遭った場合は対象外ということになります。

⑤は小ネタとなりますが、一応知っておかれるとよいかもしれません。平常の生活又は平常の業務に支障のない程度の小さな傷、微傷に起因する感染症は、人身傷害補償の対象にはなりません。具体的にいいますと、車の事故が起きて小さな怪我をしたが、その後に敗血症や破傷風になった結果治療期間が延びてしまったというような場合には、残念ながら人身傷害補償の対象にはならないという約款があります。⑥⑦については、これは当たり前かと思います。

続いて、イの異常危険としての免責事由に行きます。先ほど戦争や噴火、地震などは対象とならないというお話をしましたが、それは人身傷害補償のときも免責事由として規定されています。

5 人身傷害補償と損害賠償請求権との関係

(1) 問題の所在

今日一番お話ししたかったポイントに差し掛かっていきます。法律上の論

第4　人身傷害補償

点となりますので、詳しく説明をしたいと思います。レジュメ11ページの人身傷害補償と損害賠償請求権との関係という論点です。

　問題の所在ですが、「怪我をした人がおり、過失をめぐって争いになっているので先に人身傷害補償からお金をもらっておきたい」という相談を受けることは、交通事故の相談ではしばしばあります。また、怪我の重さやその人の生活状況からすると、裁判に打って出るよりも、先に自分の保険会社からお金をもらって一定の生活レベルを維持しなければならないという問題に直面することは、おそらく弁護士で業務をしている以上出てくるかと思います。さて、請求の順序としては、人身傷害を先に適用させるのか、あるいは損害賠償請求を先に行うのかという2パターンがあるかと思います。

　そうしますと、イのところになりますが、①被害者に過失がある場合は、被害者は、人身傷害保険金と相手からもらえる損害賠償金を合わせていくらもらえるのかという問題があります。次に、これは保険会社側からの視点となりますが、②人身傷害を先に使用して保険金を受領した場合には、その人身傷害保険金を支払った保険会社は加害者に対し求償しますが、その求償できる範囲はどのくらいかという論点があります。

　レジュメ12ページ上の一覧表は、青本から引用させていただきました。一覧表のうち、薄いアミがかかっている部分が法律上の論点です。いくらの範囲で保険会社が代位できるのか、先に損害賠償請求をした場合、人傷保険金との関係でどれだけ控除されるのかという大きな論点があります。その背景事情について少しお話をしようかと思います。

　まず、人身傷害補償といいますのは、約款で払える基準が細かく決まっています。例えば、後遺障害を生じてしまった場合、裁判に出てくれば赤本の基準で一定の慰謝料や逸失利益が算定されることが一般的かと思いますが、裁判基準と人身傷害補償基準とでは、人身傷害補償基準の方が低く設定されているということが一般的です。

　そうなりますと、人身傷害補償の方が総額としてはもらえる金額が少なくなることになります。そのため、①人身傷害補償を先に使ってしまった場合、どれだけ相手から回収することができるか、②先に相手方から損害賠償金をもらった後に、自己の過失分について人身傷害補償を適用させた場合、いく

ら保険金が支払われるのか、という論点に当たることになります。

(2) 学　説

そこでそれを具体的に示したのが、青本の209ページから引用した資料（別紙2）です。

まず、前提条件として、損害の総額を1億円として検討します（あくまで仮の数字です）。そして、人身傷害補償の保険金として5000万円が上限金額として契約していたと仮定します。

過去、様々な説が乱立していましたが、今はこの中の③と④が主要な考え方になっています。①の絶対説と②の比例説は、今の損害賠償の実務では出てきませんので、あまりここを勉強するのは得策ではないかと思います。

③は、訴訟基準差額説又は裁判基準差額説といいますが、ここからまず説明していこうかと思います。損害額の総額が1億円で、過失割合が7：3で相手が7ということを前提として計算します。そうなりますと、加害者に請求できる金額は、1億円の7割ですので7000万円となります。そのうち人身傷害から先に5000万円をもらうという場合にはどうなるのでしょうか。一言でいいますと、1億円のうち先に人身傷害から5000万円をもらっていますから、5000万円を相手に対して請求できるということになります。過失相殺部分はどうなるかといいますと、これは加害者に対しては請求できませんので、人身傷害から填補されるということになります（そこが表の「代位しない部分」になります）。この後お話ししますが、人身傷害を先に使った場合には最高裁の判例で結論が決まっており、訴訟基準差額説を採用することとなっています。

次に、④として人身基準差額説というものがあります。ここまで来ると難しくなってきます。先ほどの、損害額の総額が1億円で、過失割合が7：3で相手が7ということを前提として計算します。

先ほど、人身傷害補償については、裁判基準と人身傷害補償基準とでは、人身傷害補償基準の方が低く設定されているというお話をしました。仮の数字ではありますが、約款上、人身傷害基準で認められる損害額が8000万円であるという前提で考えてみます。

そうしますと、先に人傷から5000万円をもらっていたという前提に立つ

とどうなるのかというポイントと、先に損害賠償請求訴訟をして7000万円確保し、後で人傷として自分の過失分である3000万円を保険会社に請求するとどうなるか、という問題があります。

(3) 保険法25条……差額説を採用（片面的強行規定）

では、その前提に立った上で、レジュメ12ページに移ります。まず知識としては、保険法25条を知っておいてください。保険法25条では、差額説というものを採用しています。また、その横に「片面的強行規定」と書いてあります。これは、この保険法25条に反する特約のうち保険加入者、つまり被保険者にとって不利なものは無効になるということになります。そのため、①絶対説と②比例説は、これで消えたということになります。

(4) 判　例

次に、人身傷害を先に使った場合には最高裁の判例で結論が決まっており、訴訟基準差額説を採用することとなっています。その理由は、「(4)判例」にアンダーラインを引きました。人身傷害補償は、被害者が被る実損をその過失の有無や割合にかかわらず塡補する趣旨・目的の下で支払われます。そうなりますと、上記保険金が支払われる趣旨・目的に照らすと本件代位条項にいう「保険金請求権者の権利を害さない範囲」との文言は、保険金請求権者が、被保険者である被害者の過失の有無、割合にかかわらず、上記保険金の支払によって民法上認められるべき過失相殺前の損害額（以下「裁判基準損害額」という）を確保することができるように解することが合理的であるということになります。いずれにしても、裁判上損害総額が1億円と認定された場合には、被害者の方は人傷を先に使って処理したとしても1億円はもらえるようにしましょうということが裁判所の基本的な発想ということになります。ですから、人傷を先に使った場合には訴訟基準差額説が適用となるということをまず知識として押さえておいてください。

続いてイでは、これに対して先に損害賠償請求をした場合にはどうなるのかということです。この場合には考え方の対立があり、まだまとまっていません。まず、第1審の京都地裁平成23年6月3日ですが、これは先ほどご紹介いたしました訴訟基準差額説又は裁判基準差額説を採用していると解されています。ところが、この事案が控訴され、大阪高裁平成24年6月7日の

判決では、このようなことを述べております。「本件では、損害賠償金の支払が先行しているが、人身傷害補償保険の請求であるから、人身傷害補償基準による保険金を算出するべきである」ということです。

さて、ここでもう一度別紙2に戻っていただき、④の人傷基準差額説をご覧ください。損害額が1億円のうち、相手の過失分7割の7000万円は先に回収しました。残り3000万円を保険会社に払ってもらおうかと思い、請求したという前提で検討しましょう。

ここで、大阪高裁の考え方に立つと、「人身傷害補償保険の請求であるから、人身傷害補償基準による保険金を算出するべき」ということですので、人身傷害で認定される8000万円のうち、相手から回収できなかった分、つまり1000万円しか対象にならないという結論になると思います。これを訴訟基準差額説で考えてみれば、1億円の損害が出ている以上、相手から7000万円回収して、自分の過失分の3000万円は人傷から払ってもらうという結論になろうかと思われます。ここが今大きな争いとなっています。

ちなみに、この大阪高裁の判例ですが、現在最高裁に上告、上告受理申立がなされています。大阪高裁の判決から既に2年弱が経っていますので、そろそろ結論が出てもおかしくないかと思われる事案です。私がこの講義に先立ちまして、ウェストローなどを調べてみたところ、まだ最高裁の結論が出たという話には接しておりませんでしたので、今後結論が決まるのではないかと思います。

なお、レジュメ13ページの注に少しだけ書きましたが、東京高裁の平成20年3月13日の判決や最高裁の宮川裁判官の補足意見は、どちらかといいますと京都地裁の判例に近い考え方を持っていると言われています。今まで申し上げた話によりますと、人身傷害補償を先に使った場合は、少なくとも被害者は損をしないという結論になります。ところが、先に損害賠償請求をして後で回収しようということになると、得られる金額が少なくなる可能性があることは一応知っておいてください。

ここで、弁護士の実務の観点からお話をします。人傷から先に回収をした場合には、この点に注意してください。弁護士費用特約を使って処理していると、加害者から回収できた金額に応じて報酬が決まりますので、人傷から

先に回収してしまうと弁護士費用特約で認められる弁護士費用が少なくなることは、実務上の知識として知っておかれるとよいかと思います。ただ、私としては、弁護士費用特約が付いていようが付いていまいが、被害者の方が先に人傷から回収したいという希望があった場合にはそれに応じようと考えている次第です。あと、先生によっては、委任契約書の書き方によって人身傷害補償から回収した分も経済的利益の範囲に含めるという条項にされている方もいらっしゃると聞いています。ですから、交通事故の委任契約書を作るときには、人傷を先に回収するか、あるいは損害賠償請求訴訟に打って出るかについて意識した条項にされておかれると、ひょっとしたら実務的には役に立つかもしれません。

また、これも実務上のお話ですが、人傷から先に請求した場合、先ほど申し上げたとおり人傷が認定した金額が思いのほか少ないケースがあります。その場合には、稀ではありますが、加害者に対する損害賠償請求訴訟と人傷の保険会社に対する保険金請求を併合して両方訴えるというケースもあります。

第5　無保険車傷害補償（無共済車傷害補償）

レジュメの14ページをご覧ください。

「ひとり暮らしをしている大学生の娘（18歳）が歩いて横断歩道を横断中、自動車にはねられて脳に大けがを負ってしまいました。加害者は逃げてしまい、現在警察で捜査中だが、見つかっていない。」という、最初に申し上げたものと同じ事案です。

この事案でも、無保険車傷害補償を検討することになります。

1　無保険車傷害補償とは

まず、無保険車傷害補償とは何かといいますと、一言でいえば、任意保険に加入していない車にひかれたり、ひき逃げに遭って死亡又は後遺障害を被った場合に適用となる保険ということを知っておいてください。ここでのポイントですが、無保険車傷害補償は、「死亡又は後遺障害の場合のみ」ですので、通常の怪我については適用になりません。先ほど、ある町の商店街で故意に人をはね飛ばしたという事案がありましたが、私が相談を受けた時点では、事故直後の段階にとどまっていました。ですから、後遺障害が出た

場合には、無保険車傷害が適用になる可能性があるという話をした記憶があります。

2　保険事故

では、無保険車傷害補償が適用となる保険事故とは何なのでしょうか。これは、「無保険自動車の所有、使用又は管理に起因して、被保険者が死亡したこと、又は後遺障害が生じたこと」となっています。この点でのポイントについて、☆印でも書きましたが、記名被保険者（先ほど主たる被保険者とも説明しましたが）の本人又はその親族については、車に搭乗中のみならず、ほかの自動車に搭乗していた場合や自転車に乗っていた場合、歩行中の自動車事故の場合にも対象となります。特に自転車や歩行中でも無保険車傷害は適用となるということは是非知っておいてください。

では、無保険自動車とは何であるのかということについて、点線内に書きました。まず、①対人賠償保険等が付いていない場合、②対人賠償保険等が付いていても、免責事由、例えば年齢条件に引っかかって対人賠償が使えない場合あるいは故意の事故のために対人賠償が受けられない場合には無保険自動車に当たります。また、③対人賠償保険等が付いているが、その保険金が無保険車傷害補償の金額よりも低い場合です。これについては、昔はありました。現在では、ほとんど対人賠償は無制限かと思いますが、一昔前には対人賠償は3000万円までといった商品を付けていた方もいらっしゃるかと思います。年配の先生方は、ご自身が乗っていた車について無制限というのは高いという話をされていたこともひょっとしたら記憶にあるかもしれません。

最後に、④相手方自動車の運転者が不明の場合、つまりひき逃げの場合です。ひき逃げも対象になります。

3　被保険者（無保険車傷害の対象になる人）

では、どのような人が怪我をした場合に対象となるのかいうことです。①から④までは、一言でいいますと、記名被保険者本人又はその家族です。④の記名被保険者又はその配偶者の「別居未婚の子」も対象になるというところは、人身傷害補償と同様です。

さて、事案に戻りますが、あえて「ひとり暮らしをしている大学生の娘」と書いていたのは、そうした理由からです。法律相談の際には、別居の親の

保険が使える可能性があるということは、一つのアンテナとして持っておかれるとよいかと思います。法律相談の場において、「加害者が逃げてしまった以上どうしようもない」といった話をしてしまうのは危ないということになります。親御さんの保険が使えないかということは検討に値すると思います。

⑤について、「被保険自動車の正規の乗車装置又はその装置のある室内に搭乗中の者」と書いてありますが、一言でいえば、ちゃんと車の中の椅子に座っている人（運転者・同乗者）ということで覚えておいていただければと思います。免責事由のところで出てきますが、トラックの荷台や、車の窓枠に足を跨がせて乗っていたような場合（これを「箱乗り」といいます。）にはさすがに対象外になります。

次に※印で無保険車傷害補償においては、胎児に関する特則があり、妊娠中（懐胎中）に事故に遭って、生まれた後に後遺障害を負った場合には、これは生まれたものとして扱われるということになっています。今はそうした特則が定められていることが多いのですが、昔はそこまで決まっておらず、裁判で争いになりました。「cf.」として書きましたが、最高裁の平成18年3月28日の判決で、胎児も無保険車傷害の対象となるということを認定した判例があります。

4　保険金の性質～実損てん補方式～

保険金の性質ですが、これは一言でいいますと、実際の損害が塡補されると知っておいてください（ただし、約款による上限あり）。対人賠償と同じような考え方で損害を計算することになります。また、弁護士としての小ネタとなりますが、無保険車傷害補償を請求して裁判をした場合、遅延損害の利率は何パーセントかということが過去争われていました。結論としては、年6パーセントとなります。

交通事故ですので5パーセントではないのかと疑問を持たれた方もいらっしゃるかもしれませんが、最判平成24年4月27日（判例時報2151号112頁）があり、無保険車傷害はあくまで保険商品を適用させることによって生まれる請求権ですので、商行為によって生じた債権ということになります。不法行為に基づく債権ではないという理解です。したがって、無保険車傷害を請求する場合には、年6パーセントでカウントしないともったいないというこ

5　免責事由

　まず、アの被保険者の行為に係る免責事由です。当たり前ですが、故意又は重大な過失によって本人に生じた損害や、運転者が酒気帯び、無免許、麻薬、覚醒剤、シンナーなどを使っていた場合には対象外となります。あとは、③被保険者が被保険自動車の使用について、正当な権利を有する者、つまり所有者の承諾を得ないで運転中に生じた傷害は対象外となります。また、④の闘争行為、自殺行為又は犯罪行為によって本人に生じた傷害についても対象外ということになります。

　次のイの異常危険としての免責事由については、先ほどご説明したものとほぼ同じ考え方になりますので、割愛したいと思います。

　その次のウのその他の免責事由ですが、加害者が被保険者の父母、配偶者又は子であった場合は対象外ということになります。また、加害者が被保険者、つまり怪我をした人の使用者、同僚である場合は対象外となります。これにつきましても、ただし書に「業務中の事故に限る」と書いてありますが、対人賠償でお話をした労災で処理をするという趣旨の同じ考え方になります。③と④についてですが、③は当たり前ですよね。対人賠償などで保険金を受領して損害が塡補された場合には、無保険車傷害補償の対象とはなりません。また、④も先ほど少し言いましたが、自動車取扱業者、例えば運転代行業者や自動車修理の人が業務として他人様から預かった車を運転していたときにひき逃げなどに遭ったという場合には、業務用の保険がありますので、そちらを適用させるということになります。

6　人身傷害補償との関係

　無保険車傷害を使うべきなのか、人身傷害補償を使うべきなのかというのは、約款をチェックしなければなりません。大きく分けると以下の２パターンに分かれるかと思います。まず、①の支払われる保険金額の多い方を適用させる条項が付いているパターンと、②の人身傷害補償の契約がある場合には無保険車傷害条項は外すという条項が付いているパターンです。ここは、約款をチェックして、それを相談者に説明してあげるとよいでしょう。

第6 車両保険

では、車両保険の説明に入ります。事案1は、次のとおりです。

「私が契約車両を運転中、横から出てきた相手車両と出会い頭で衝突した。過失割合に自車7：相手車3のようである。」

事案2は今年の2月にあったケースですが、次のとおりです。

「都心に降った大雪で、借家のカーポートが崩れ、駐車中の契約車両の屋根が損傷した。」

ちなみに事案2については、2月の大雪で都内200か所以上のカーポートが崩れたという報道に接したということがあります。私の事務所でも、このとき10件以上の相談がありました。そのため、先生方も相談を受けることの多い事案かと思います。

1 車両保険とは

では、まず車両保険について、一言でいいますと、自分の車の損害をカバーするための保険であることは皆様ご存知かと思います。では、どの範囲でカバーするのかというところになりますが、ご自身の過失分に関する損害や、火災や水害、落下物による損害、あるいは落書きなどのいたずらも塡補されるといった商品設計になっています。

2 主な対象事故（例）

車両保険には2パターンあります。一つ目がいわゆるオールリスクというものです。これは、車同士の事故のみならず、火災、盗難、台風、落書き、飛来物や自転車との接触というものがほぼ全て網羅されているという商品です。

また、車対車事故＋危険限定というタイプの商品もあります。このタイプは、物との接触や当て逃げは対象外とする代わりに、保険料を少し安くしているというものになっています。一昔前は、車同士の事故しか対象にならないという車両保険もありましたが、今ではオールリスクが一般的なものであると思います。

3 免責事由

一言でいいますと、故意で車をぶつけた場合には対象外となります。また、重大な過失も対象外と規定されている条項はありますが、会社によって重大な

過失は書いていない場合もありますので、チェックをしなければなりません。

車両保険については故意で事故が起きたのかどうかが争われるケースが多々あります。あとは、買った直後に盗難に遭った事案で、保険会社が争ってくるということもあります。

様々な判例があり、チェックしておいていただければ勉強になるかと思いますが、一つ役立ちそうな論文がありますので、よければチェックしておいてください。判例タイムズ1161号17頁に大阪の民事実務研究会の『保険金請求訴訟の研究』という論文があります。そこには、故意に関してどのような主張立証活動をしているのかというポイントについて解説されています。この論文では、どのような場合が故意で、どのような場合が故意ではないのかという間接事実の主張立証の戦い方が書かれていますので、もしよかったら押さえておいてください。

第7　その他の補償

1　搭乗者傷害保険

(1)　搭乗者傷害保険とは

まず、搭乗者傷害保険とは何かというところになりますが、簡単にいえば、被保険自動車を運転中又は同乗中に事故で怪我をした場合あるいは亡くなられた場合に支払われるお見舞い金と理解するとよいでしょう。何が言いたいかと申しますと、先ほど対人賠償、人身傷害補償、無保険車傷害補償等の説明をしましたが、それとは別にお見舞い金として定額が支払われる商品が搭乗者傷害保険となります。

(2)　被保険者（搭乗者傷害の支払対象となる者）

では、どのような事故の場合に適用になるのかについて、一言でいいますと、被保険自動車を運転していた者及び同乗していた者が交通事故で死亡又は怪我をした場合には、搭乗者傷害保険が出ます。ただし、車のトランクや屋根に乗っかっていたような場合には対象外となります。

(3)　保険金の性質

それでは、搭乗者傷害保険のお見舞い金はどのように出るのかということをお話ししようと思います。一般的には、定額給付方式とされています。具

体的な例としては、通院1日当たり5000円、入院1日当たり7500円という決め方をする会社もありますし、あるいは怪我の部位又は症状によって事細かに金額を決めている会社もあります。骨折をしたら35万円などというように決まっている会社もあります。

また、弁護士としての知識ですが、搭乗者傷害保険金は損益相殺の対象にはなりません。ですから、損害賠償請求訴訟をする際に搭乗者傷害からもらった金額を差し引いて加害者に請求してしまうと、これは弁護過誤になります。これは知っておいてください。ただし、慰謝料算定の際の斟酌事由にはなり得ます。

⑷ 免責事由

免責事由についてです。これは、これまで出てきた故意や無免許、薬物、酒気帯びあるいは正当な権利者の承諾を得ずに運転していたような場合などが対象にならないという点は同じです。

2 自損事故傷害保険

⑴ 自損事故傷害保険とは

自損事故傷害保険とは、人身傷害補償が生まれる前からあった商品です。具体的にどのような商品かといいますと、被保険自動車を運転中に自損事故を起こしてしまい、怪我をしたり、亡くなってしまったりした場合のお見舞い金です。

レジュメ18ページでは、自損事故傷害保険について、「被保険自動車の運行中の事故により死傷した場合、自賠法第3条によって給付を受けることができない場合に支払われる保険」となっています。例えば単独事故（例えばガードレールに衝突した場合）、自分が一方的に悪い事故（例えば停車中の車に追突した場合）、あるいは飛来物や落下中の他物にぶつかった、崖から石が落ちてきて怪我をしたといった場合には、誰からも賠償を受けられませんので、それは可哀想だということで、自損事故傷害で保険金をお支払いしましょうという制度です。

あと、これはメモをしておいていただきたいのですが、人身傷害補償が付いている契約には、一般的には自損事故傷害は外されています。なぜかといいますと、人身傷害補償は過失にかかわらず損害額の全額を支払うという商

品です。そうなりますと、自損事故を起こした場合も人身傷害補償で全てカバーされるということになります。ですから、人身傷害補償と自損事故傷害を両方付けるということは矛盾してしまいますので、一般的にはどちらか一方を付けるということになります。

(2) 被保険者（自損事故傷害の支払対象となる者）

自損事故傷害の被保険者は、搭乗者傷害と同様に被保険自動車の運転者と同乗者となります。

(3) 保険金の性質（死亡保険金、後遺障害保険金、介護保険金、医療保険金）

これも定額給付方式となります。亡くなった場合は1500万円であるとか、通院の場合は1日当たり4000円というような決め方をしていることが多いです。

また、自損事故傷害と搭乗者傷害の双方を付保していた場合には、双方から保険金が支払われることが一般的です。

(4) 免責事由

免責事由は、搭乗者傷害と同様です。

第8 各種特約

1 他車運転特約

(1) 他車運転特約とは

他車運転特約とは何かといいますと、他人の車を借りて運転しているときに事故を起こした場合に、本来はその車の保険を使うべきですが、貸主の車の保険を使って処理することは貸主との関係でなかなか難しいので、その場合に例外的に自分の車の保険を使って処理をしましょうというのが他車運転特約です。

分かりやすくいいますと、私が友達の車を借りて運転していた時に事故が起きました。本来であれば、事故車両の保険（要は友達の保険）で処理をするはずですが、保険を使うと等級が下がってしまい、保険料が上がります。そうすると友達に恨まれてしまいます。それではまずいので、私が持っている車の保険をそちらの事故に適用させようというのが他車運転特約です。

第8　各種特約

(2) 適用される補償項目

①、②、③とありますが、一般的には①の賠償責任条項を使います。しかし、約款によっては、②の人身傷害、搭乗者傷害、自損事故傷害なども適用になりますし、場合によっては③の車両保険も適用になります。つまり、私が友達の車を運転中に事故を起こし、そして友達の車が壊れた場合に、私が持っている車の車両保険を適用させて友達の車を直しましょうということも、契約内容によっては可能です。

(3) 適用要件

先ほど申し上げた内容とオーバーラップしますが、他車運転特約の適用となる運転者は、記名被保険者、配偶者、同居親族、別居未婚の子があります。なお、実務上よくある相談としては、別居の親が運転していた場合にはどうなるかという質問があります。これは対象外となります。また、別居の孫が運転していた場合も対象外となります。あくまで「記名被保険者からみて」「別居未婚の子」というのがキーワードです。

イの契約車両は一般的ですので割愛しますが、ウの事故を起こした車、つまり借りていた車についてお話ししようと思います。まず、借りていた車が「自家用8車種」であるということとなります。では、「自家用8車種」とは何かということになりますが、下の注に書きましたとおり、いわゆる自家用車です。何が言いたいかと申しますと、例えば営業用の軽貨物自動車で事故が起きたという場合には、他車運転特約は使えません。運送業者の顧問をされている先生はご存知のとおり、委託事業主といって個人事業主に荷物の搬送を委託して運んでもらうというビジネスモデルをとっている運送業者も結構あります。そのような場合には、営業用の車で事故を起こした場合に、自分で持っている個人の車の他車運転特約を使うことはできないということになっています。

過去にあった相談としては、重量税を節税するために自家用車ではなくて放送宣伝車という車種で登録していた人がいました。その車を借りていたときに事故が起きたので、自分が持っている自家用車で他車運転特約を使いたいという話がありましたが、放送宣伝車は、レジュメ20ページの注の「⑧特殊用途自動車」に該当するものの、その中の「キャンピング車」には当た

Ⅲ　交通事故に関する保険制度

らないということになります。そのため他車運転特約の対象とはならなかったという事案がありました。

　それから、借りていた車が記名被保険者や配偶者、同居親族が所有する車の場合には、対象とはなりません。なぜかといいますと、これも対象としてしまうと、自分が5台持っていようと10台持っていようと、1台にだけ保険をかけておけば、ほかの車で事故が起きても他車運転特約が使えるという結論になってしまいます。それは保険制度としては明らかに反してしまいますので、自分が複数の車を持っている場合には、他車運転特約はそれには使えないという制度設計になっています。

　③の「常時使用」という意味ですが、これは、自分が所有者ではないけれどもずっと借りっぱなしの車がある場合に、それで事故が起きたときには、自分が持っている車の他車運転特約は使えるのかという問題です。結論としましては、それもだめだという約款になっています。

　また、エの「運転中」の事故であることが要件となっています。

(4)　免責事由

　細かいことにはなりますが、使用者の業務で使用者の持っている車を使っていた場合には対象になりません。自動車の修理、保管、給油、洗車など、つまり自動車を扱っている業者さんがお客さんから自動車を借りていたときに事故が起きてしまった場合には、自分の他車運転特約を使うことはできないということになります。また、勝手に車に乗っていた場合も対象外となっています。

2　ファミリーバイク特約

(1)　ファミリーバイク特約とは

　ファミリーバイク特約とは、125cc以下のいわゆる原付をカバーするという商品です。

　一般的には車は四輪車そのものを補償するということになっていますが、年間数千円位追加で払えば、原付自転車で事故が起きた場合にも対象となるという商品です。

(2)　適用される補償項目

　対人・対物賠償はスタンダードで付帯されています。また、人身傷害や自

損事故傷害は、約款によって選択制をとっている会社もあります。

(3) 適用要件

先ほどまでと同じとなりますが、記名被保険者、配偶者、同居親族、別居未婚の子までが運転している原動機付自転車が対象となります。

エの免責事由も先ほどまでとよく似たものとなります。

3 家族限定特約

(1) 家族限定特約

これもよく聞いていらっしゃるかと思います。家族限定特約は、補償対象となる運転者を家族のみに限定するという半面、保険料を割り引くという特約です。では、家族とは何かというところですが、配偶者、同居親族、別居未婚の子までとされています。

(2) 同種の特約

最近は本人限定特約や本人・配偶者限定特約といった形で、より細かく限定している商品もあります。

(3) 相談時の注意条項

家族限定特約がかかっている車を他人に貸して、他人が事故を起こした場合には、対象外となります。その場合には、運転していた他人が持っている車の保険の他車運転特約を使えるかというところを検討するということになります。

4 年齢条件に関する特約

(1) 年齢条件に関する特約とは

年齢条件については、皆さんご存知かと思います。例えば21歳以上や、26歳以上といった条件を付けていることもありますし、最近は35歳以上もあります。

(2) 特殊な特約の例

また、これは意外かもしれませんが、特殊な特約もあります。年齢条件を付けていたとしても、子供だけは年齢条件の対象とはしない、あるいは1回だけは年齢条件をミスして事故を起こした場合に対象とするという、年齢条件不適用に関する特約があります。また、新たに子供が18歳になったので免許を取得したが、年齢条件の変更手続をする前に事故を起こしてしまった

場合には1回だけ対象とするという特約もあります。これは、各社ごとに異なりますので、それぞれ保険証券を見ていただいて、対象となるかをチェックするということになります。

5　弁護士費用特約

弁護士費用特約については、皆さんご存知かと思います。一般的には300万円まで保険会社が弁護士費用を負担するという商品設計です。最近は自動車事故のみならず犯罪などの被害に遭った場合も弁護士費用を負担するような商品も生まれつつあります。

6　個人賠償責任特約

個人賠償責任特約については、後で自転車の事故のところでも出てきますが、車の事故のみならず日常生活で損害賠償責任を被った場合に適用させるという特約であり、最近販売されています。

7　フリート契約・ノンフリート契約

フリート契約とノンフリート契約の違いについてご説明いたします。保険に詳しい人は、よく「ノンフリート等級」といった単語を使って説明しますので、念のため説明します。一言でいいますと、フリート契約は10台以上の契約に適用させるものであり、割引制度もあります。また、車両の入替えの方法が簡易になっています。一般人で10台も持っているような人はまずいないでしょうから、フリート契約は運送業者やタクシーなどの業者の方々が使う業務用の契約というように理解していただければよいかと思います。そのため、一般的にはノンフリート契約を使うかと思います。

なお、中小企業の方々にはノンフリート、すなわち9台以下の契約であってもフリート契約を適用させるような特約（「ミニフリート」といいます）もあります。あまり法律相談の場では出てこないのですが、知識としては知っておいてください。

第9　時　効

時効は知っておかないと弁護過誤になってしまうかと思います。時効は3年です。一昔前は2年でしたが、保険法が改正された後は3年になります。

第10 政府保障事業

1 政府保障事業とは

事案は冒頭のものと同じです。それでは、政府保障事業とは何かといいますと、自賠責保険の対象とならないひき逃げ事故や自賠責に入っていない車でひかれてしまった場合に、被害者に対して健康保険や労災保険でもカバーされない部分について最終的な救済措置として政府が損害を塡補する制度です。

ちなみに自賠責切れということはあるのかといいますと、実はよくあります。自賠責保険を付けていない車ということになりますと、車検も通っていないということになろうかと思います。ちなみに、自賠責切れ、車検切れの車を運転していた場合には、道路運送車両法において罰則が定められています。

2 損害の塡補請求から支払までの流れ

まず、どのような形で手続をすればよいかといったところです。一言でいいますと、まず各保険会社又は共済（JA共済や全労済）といったところに手続を依頼します。実務的にはその保険会社に連絡をしていただいて、「政府保障事業の請求をしたいので書類をください」として書類を申請します。そして各申請書類を書いていただいて、保険会社に提出すると、保険会社が国交省に連絡し、損害保険料率算出機構が調査をして、最終的には国交省で決定をするというフローになります。

請求権者については、傷害の場合は被害者、亡くなられた場合は法定相続人も対象となります。また、遺族慰謝料請求権者も書いておりますが、これは民法711条の慰謝料の請求権者ということになります。いわゆる近親者です。

請求から支払までに要する平均的な期間として、ひき逃げの場合は3か月、無保険事故の場合には7か月というのが実務上の傾向としてあります。

3 自賠責保険との主な相違点

主な点は三つあります。①請求できるのは被害者のみであり、加害者請求はありません。次に、②健康保険や労災保険などでお金が支払われた場合は、政府保障事業からは控除されます。どこからも受けられない分だけフォローするということになっています。また、③政府は最終的には加害者に求償をします。

III　交通事故に関する保険制度

4　政府保障事業の対象とならない主なケース

続いて政府保障事業の対象とならないケースについてです。①加害者との間で示談が成立してお金が払われたという場合には、これは最終的に国からフォローをする必要がありませんので、政府保障事業の対象とはなりません。また、②自損事故や100パーセントご自身が悪い事故である場合には、これも政府保障事業の対象とはなりません。それから、③のように、同乗者の怪我について自賠責保険に請求できるケースがあります。その場合も政府保障事業の対象とはなりません。最後に、④健康保険や労災保険などで支払われた結果、政府保障事業の上限額を超えてしまった場合には、それ以上支払われないということになります。

第11　自転車保険

1　自転車事故の傾向

レジュメ25ページをご覧ください。

東京都内の自転車事故は、平成24年が18,220件、平成25年が15,550件ということで、若干減少傾向にあります。ただし、例えば平成25年の全国の負傷者数は約78万人で、自転車で負傷した数が約11万9000人ですので約15パーセントなのですが、都内に限っていえば自転車事故で怪我をした人の割合は約28パーセントであり、割合が高いということになります。

次に、レジュメ25ページ下段の表は死亡事故です。一般的に全国で自転車の事故による死亡の割合は約13.7パーセントですが、都内に限っていいますと18.5パーセントが自転車事故による死亡者の割合となっていますので、都内に限っていえば、自転車による事故率は高まっているということになります。

2　自転車事故で高額の損害賠償が命じられた事案

自転車事故で高額の損害賠償が命じられた事案が最近話題になっています。

近時、新聞にも載りましたが、神戸地裁で約9521万円という損害賠償額が認められた事案がありました。ほかにも、4746万円、6146万円や9266万円の損害賠償が命じられた事案もあります。

このように高額の損害賠償債務を負ってしまうということがよくあるということから、最近は自転車保険が増えています。

3　自転車保険の概要

(1)　現　状

自転車保険の現状ですが、大きく分けると個人賠償責任保険、あるいは既存の自動車保険等に特約を付ける形式が多いです。余談ですが、最近はコンビニでも自転車保険が販売されているそうです。

別紙3は、一つの例ではありますが、傷害保険に個人賠償責任特約を付保した形式の自転車保険の例です。特約等を見てください。個人賠償責任補償特約として国内無制限（国外1億円）と規定されています。つまり、自転車で事故が起きた場合も相手に対して無制限で補償するといった内容の商品です。約16000円（年払い）ということですが、これは4人の家族を被保険者とした結果、約16000円／年という額でした。

(2)　主な商品内容

補償額については1000万円程度から無制限まで様々な商品があります。あと、選ぶ際には示談代行サービスが付いている商品、付いていない商品がありますので、そこはチェックされた方がよいかと思います。また、場合によっては弁護士費用特約が付いていたり、年齢制限がかかっていたりする商品もありますので、自転車保険に入る場合にはその辺をチェックされた上で加入されるとよいかと思います。

参考情報

最後に参考情報として、交通事故に関する法律相談のときに知っておくと役に立つかもしれないと思い、ホームページを載せました。

まず、一番上の国交省のホームページは、自賠責の制度や政府保障事業あるいは交通遺児、交通事故で親を亡くしてしまった子供の支援制度などの説明が書いてあります。

二番目は、交通事故で生活や学業のための資金が必要な方に対して緊急時見舞金あるいは育成資金を交付してくれる制度があり、そのホームページです。三番目のホームページは、交通事故で後遺障害1級、2級になった場合

Ⅲ　交通事故に関する保険制度

の介護料というものを支給してくれるところです。また、この自動車事故対策機構には交通遺児友の会というものがあり、その案内などもしてくれていますので、もし何かあれば調べてみるとよいかと思います。

　最後は交通遺児育英会です。これは、交通事故で親を亡くしてしまった子供などに対する奨学金制度などについて書かれているホームページですので、もし相談があったときには個別にこういったホームページを見ていただいて、このような支援制度があるといったことを案内できれば、役に立つのかなと思います。

　それでは、私の講義は以上となります。最後になりますが、保険制度は、商品内容を知れば知るほど、相談者に対してより早い解決をもたらせる武器になります。また、保険会社各社によって約款に差異がありますので、その都度約款をチェックしていただいて、よりよいアドバイスができればと考えている次第です。

　以上、駆け足になりましたが、ご清聴いただき、ありがとうございました。

レジュメ

Ⅲ 交通事故に関する保険制度

弁護士　小堀　優

はじめに
〈事案〉

> ひとり暮らしをしている大学生の娘（18歳）が歩いて横断歩道を横断中、自動車にはねられて脳に大怪我を負ってしまった。
> なお、加害者は逃げてしまい、現在警察で捜査中だが、見つかっていない。

1　検討すべき保険制度
【MEMO】

2　交通事故における保険制度とは
【MEMO】

3　有無責の判断にあたり検討すべき事項[1]
① 被保険者に該当するか
② 対象車両か否か
③ 適用要件
  ・記名被保険者（被共済者）が誰か
  ・事故を起こした車両
  ・運転者の年齢、属性
  ・業務中か否か。
④ 免責事由
⑤ 他の保険制度との関係　ex．人身傷害補償と対人賠償（⇔損害賠償請求）

---

[1] 〈注意〉自動車保険は平成9年に自由化されており、約款の内容及び適用対象については、その都度保険証券や自動車保険（共済）約款を確認することが必要。

Ⅲ　交通事故に関する保険制度

第1　自動車保険の概要
1　自賠責保険と任意保険〜対人賠償保険は上積み保険〜

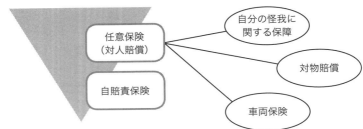

2　任意保険の概要

```
┌─────────────────────────────────┐
│ 賠償責任条項                    │
│ ・対人賠償                      │
│ ・対物賠償                      │
└─────────────────────────────────┘

┌─────────────────────────────────┐
│ 自車の損害に関する条項          │
│ ・車両保険                      │
└─────────────────────────────────┘

┌─────────────────────────────────┐
│ 自分（及自車搭乗者）の怪我に関する条項 │
│ ・人身傷害補償                  │
│ ・無保険車傷害補償（無共済車傷害補償） │
│ ・搭乗者傷害補償                │
│ ・自損事故傷害補償              │
└─────────────────────────────────┘
```

〈各種特約〉
- 他車運転特約
- ファミリーバイク特約
- 年齢条件・家族限定特約
- 弁護士費用特約
- 自転車に関する特約…etc

第2　自賠責保険・対人賠償
〈事案〉

> 息子（20歳）がドライブにでかけた際、運転中に歩行者をはねてしまい、歩行者が死亡した。なお、息子は免許停止中であった。

—2—

154

1 検討すべき保険
　① 自賠責保険
　② 対人賠償保険
【自賠責保険と対人賠償の構造】～対人賠償保険は上積み保険～
・対人賠償保険は、被保険者（加害者）が負担する損害賠償債務のうち、自賠責保険（共済）により支払われる金額を超過した場合に、その超過額を支払うもの
・上記事案において、加害者が負担する損害賠償債務が1億円であった場合
　自賠責：3000万円
　任意保険（対人賠償）：7000万円
・自賠責保険に加入していない場合
　→政府保障事業（後述）
・自賠責保険が対象にならない場合でも、対人賠償が対象となる場合
　→対人賠償から全額支払われる。
※自賠責保険の「運行」より、対人賠償の「所有・使用・管理」の方が広い

2 自賠責保険
(1) 自賠責保険とは
　自動車による人身事故の被害者を救済するため、被保険者が被害者に自賠法3条の損害賠償責任を負担することによって被る損害につき、一定額を限度として填補する保険
(2) 根拠法

自動車損害賠償保障法（自賠法）
第3条（自動車損害賠償責任）
　自己のために自動車を運行の用に供する者は、その運行によって他人の生命又は身体を害したときは、これによって生じた損害を賠償する責に任ずる。ただし、自己及び運転者が自動車の運行に関し注意を怠らなかつたこと、被害者又は運転者以外の第三者に故意又は過失があつたこと並びに自動車に構造上の欠陥又は機能の障害がなかつたことを証明したときは、この限りでない。
第4条（民法の適用）
　自己のために自動車を運行の用に供する者の損害賠償の責任については、前条の規定によるほか、民法（明治29年法律第89号）の規定による。
第5条（責任保険又は責任共済の契約の締結強制）
　自動車は、これについてこの法律で定める自動車損害賠償責任保険（以下「責任保険」

Ⅲ　交通事故に関する保険制度

という。）又は自動車損害賠償責任共済（以下「責任共済」という。）の契約が締結されているものでなければ、運行の用に供してはならない[2]。

(3) 要　件
保有者に自賠法第3条の責任（運行供用者責任）があること
ア 「保有者」（自賠法第2条第3項）
自動車の所有者その他自動車を使用する権利を有する者で、自己のために自動車を運行の用に供するもの
イ 運行供用者責任の要件
① 「運行」（自賠法第2条第2項）
人又は物を運送するとしないとにかかわらず、自動車を当該装置の用い方に従い用いること
② 自己のために自動車の運行の用に供する者であること（⇔盗難車の場合は？）
③ 被害者が他人であること（⇔同居の家族が怪我をした場合は？）
④ 生命又は身体を害したこと（⇔物損は？）

(4) 支払限度額
ア 傷害に関する損害　　　　　120万円
イ 後遺障害に関する損害　　　等級に応じて、75万円から4000万円[3]
ウ 死亡に関する損害　　　　　3000万円

(5) 免責事由
保険契約者又は被保険者が悪意で事故を発生させた場合（自賠法第14条）
※ただし、被害者請求権の行使は認められる。

(6) 支払方法
ア 一括払い
イ 非一括払い　加害者請求（15条請求）、被害者請求（16条請求）

(7) 重過失減額

被害者の過失割合	減額される割合	
	傷害	後遺障害又は死亡
7割未満	減額なし	
7割以上8割未満	2割減額	2割減額
8割以上9割未満		3割減額
9割以上10割未満		5割減額

cf. 対人賠償保険の場合、過失割合に応じて支払われる。

---

[2] 第5条に違反した場合、1年以下の懲役又は50万円以下の罰金（自賠法第86条の3第1項）
[3] 『民事交通事故訴訟損害賠償額算定基準』（赤い本）上巻（基準編）p.354～、p.361～

3 対人賠償保険とは
(1) 定　義
　被保険自動車の<u>所有・使用・管理に起因して</u>、他人の生命又は身体を害した結果、<u>被保険者が法律上の損害賠償責任</u>を負担することによって被る損害を塡補する保険
(2) 適用要件
　ア　被保険者
　　① 記名被保険者（主たる被保険者）
　　② 被保険自動車を使用又は管理中の次のいずれかの者
　　　・記名被保険者の配偶者
　　　・記名被保険者又は配偶者の同居の親族
　　　・記名被保険者又は配偶者の別居未婚の子
　　③ 許諾被保険者
　　　記名被保険者から承諾を得て被保険自動車を使用中の者
　　　※ただし、自動車取扱業者が業務として受託し、被保険自動車を使用又は管理していた場合を除く
　　　※転借人→原則として許諾被保険者には該当しない
　　　　（最判昭和58年2月18日、裁判集民138号141頁、判タ494号72頁）
　　　※「承諾」は明示のものに限られず黙示のものであっても差し支えないが、実際に承諾がされなければならない。
　　　　（大阪地裁堺支部判平成21年9月30日、判タ1316号238頁）
　　④ 記名被保険者の使用者
　　　※ただし、記名被保険者が被保険自動車を、その使用者の業務に使用している場合に限る。
(3) 免責事由
　ア　事故原因における免責事由
　　① 保険契約者、記名被保険者又はこれらの者の法定代理人[4]の故意
　　② 記名被保険者以外の被保険者の故意
　　③ 戦争、外国の武力行使、革命、政権奪取、内乱、武装反乱その他これらに類似の事変又は暴動
　　④ 地震、噴火又はこれらによる津波
　　⑤ 台風、洪水又は高潮

---

[4] 保険契約者又は記名被保険者が法人である場合には、その理事、取締役又は法人の業務を遂行するその他の機関をいう。

Ⅲ 交通事故に関する保険制度

⑥ 核燃料物質[5]若しくは核燃料物質によって汚染された物[6]の放射性、爆発性その他有害な特性の作用又はこれらの特性に起因する事故
⑦ ⑥に規定した以外の放射線照射又は放射能汚染
⑧ ③から⑦までの事由に随伴して生じた事故又はこれらに伴う秩序の混乱に基づいて生じた事故
⑨ 被保険自動車を競技、曲技[7]若しくは試験のために使用すること、又は被保険自動車を競技、曲技若しくは試験を行うことを目的とする場所において使用すること
⑩ 被保険自動車に危険物を業務として積載すること、又は被保険自動車が、危険物を業務として積載した被牽引自動車を牽引すること

イ 被害者との人的関係に関わる免責事由
以下に該当する者の生命又は身体が害された場合は免責。
① 記名被保険者
② 被保険自動車を運転中の者又はその父母、配偶者若しくは子
③ 被保険者の父母、配偶者又は子
④ 被保険者の業務に従事中の使用人
⑤ 被保険者の使用者の業務に従事中の他の使用人（＝同僚）。ただし、被保険者が被保険自動車をその使用者の業務に使用している場合に限る。

(4) 示談代行制度
対人賠償保険の被保険者が事故の加害者となった場合に、被保険者である加害者に代わって、当該保険会社が被害者と示談交渉をする制度
※1974（昭和49）年3月に発売された家庭用自動車保険（FAP）で初導入。
※制度導入にあたっては、日弁連の反対もあった（弁護士法72条との関係）。
※示談代行制度を認める過程において、被害者の保険会社に対する直接請求制度を設けた。

4 自賠責・対人賠償の相談時に確認すべき事項
① 自賠責保険・任意保険加入の有無
※保険期間の確認を忘れない。
② 当事者の確認
・運転者（記名被保険者との関係）

---

[5] 使用済み核燃料を含む。
[6] 原子核分裂生成物を含む。
[7] 競技：スピードレース、モトクロス、ラリー、タイムトライアル、ジムカーナ
曲技：サーカス、スタントカー（競技、曲技のための練習を含む。）
試験：車体の性能テスト

※家族限定や年齢条件の確認（後述）
・被害者・相手方
※同乗者の場合は要注意
※運転者や記名被保険者の関係者ではないか
③ 事故態様の確認
事故の場所、走行態様、事故原因等
※免責事由に該当しないか。
④ 自賠責が使えない場合
→政府保障事業の検討（場合によっては対人賠償）
⑤ 対人賠償が使えない場合
→人身傷害、無保険車傷害等の検討
⑥ 搭乗中の事故の場合
→搭乗者傷害、人身傷害（過失割合による）の検討
⑦ 運転者に関する限定特約（家族限定・年齢条件）に抵触する場合
→他車運転特約、年齢条件不適用特約等の検討

第3 対物賠償

〈事案〉

> 別居の祖父に契約車両を貸したところ、祖父がコンビニの駐車場から出庫する際にギアを誤り、コンビニに突っ込んでしまった。
> コンビニの入口（ガラス扉）や雑誌棚、店の車が大破し、1週間程度営業ができない状況になった。

1 対物賠償保険とは
自動車事故で他人の財物に、破損、汚損、滅失などの損害を与え、法律上の賠償責任を負った場合に保険金が支払われる制度
店の修理費等の直接損害に加え、休業損害や代車費用等の間接損害も対象となる。
2 適用要件
① 対物事故（被保険自動車の所有、使用又は管理に起因して他人の財物を滅失、破損又は汚損すること）が生じたこと
② 上記①に起因して、被保険者が法律上の損害賠償責任を負担することによって損害を被ること
3 免責事由
ア 事故原因における免責事由

Ⅲ　交通事故に関する保険制度

①　保険契約者、記名被保険者又はこれらの者の法定代理人の故意
②　記名被保険者以外の被保険者の故意
③　戦争、外国の武力行使、革命、政権奪取、内乱、武装反乱その他これらに類似の事変又は暴動
④　地震、噴火又はこれらによる津波
⑤　台風、洪水又は高潮
⑥　核燃料物質若しくは核燃料物質によって汚染された物の放射性、爆発性その他有害な特性の作用又はこれらの特性に起因する事故
⑦　⑥に規定した以外の放射線照射又は放射能汚染
⑧　③から⑦までの事由に随伴して生じた事故又はこれらに伴う秩序の混乱に基づいて生じた事故
⑨　被保険自動車を競技、曲技若しくは試験のために使用すること、又は被保険自動車を競技、曲技若しくは試験を行うことを目的とする場所において使用すること
⑩　被保険自動車に危険物を業務として積載すること、又は被保険自動車が、危険物を業務として積載した被牽引自動車を牽引すること

イ　被害物件に関する免責事由
　次のいずれかに該当する者の所有、使用又は管理する財物が滅失、破損又は汚損された場合は免責
①　記名被保険者
②　被保険自動車を運転中の者又はその父母、配偶者若しくは子
③　被保険者又はその父母、配偶者又は子
※記名被保険者以外の者が運転中に、上記免責事由に該当する対象者の財物を破損した場合には、個別の判断を要する。

4　示談代行制度
　対物賠償保険の被保険者が事故の加害者となった場合に、被保険者である加害者に代わって、当該保険会社が被害者と示談交渉をする制度
※「自家用自動車総合保険（SAP）」の本格的な導入時（昭和57年）から開始
※制度導入にあたっては、日弁連の反対もあった（弁護士法72条との関係）。特に、物損事故の場合、アジャスター（保険会社とは別法人に雇用される調査主任）が示談交渉を行うことが予定されていたことから、弁護士法第72条との関係がより強く問題となった。

5　対物賠償の相談時に確認すべき事項
①　任意保険加入の有無
※保険期間の確認を忘れない。

②　当事者の確認
　　・運転者（記名被保険者との関係）
　　　※家族限定や年齢条件の確認（後述）
　　・滅失・破損又は汚損した物件の所有者
　　　※運転者や記名被保険者の関係者である場合は要注意
③　事故態様の確認
　　事故の場所、走行態様、事故原因等
　　※免責事由に該当しないか。
④　運転者に関する限定特約（家族限定・年齢条件）に抵触する場合
　　→他車運転特約、年齢条件不適用特約等の検討

第4　人身傷害補償

〈事案1〉

> 1　ひとり暮らしをしている大学生の娘（18歳）が歩いて横断歩道を横断中、自動車にはねられて脳に大怪我を負ってしまった。なお、加害者は逃げてしまい、現在警察で捜査中だが、見つかっていない。

〈事案2〉

> 2　同居の息子（高校生3年生）が自転車で交差点に差し掛かったところ、自動車にはねられて脳に大怪我を負ってしまった。
> 相手方は、息子が信号無視をしたと主張しているが、目撃者も見つからず、信号の色は明らかではない。

1　人身傷害補償とは
　自動車事故で被保険者が被った怪我による損害を、被保険者の過失にかかわらず保険金額の範囲内で補償する制度
　　　従前の自動車保険：「加害者になったときの保険」
　　　　　　↓
　　　人身傷害補償：「被害者となった場合も頼れる保険」
　　　※保険毎日新聞社『自動車保険の解説2012』
〈人身傷害補償のメリット〉
　①　被保険者側の過失分もカバーされる。
　　（事故状況に関係なく、自身の死傷の損害額全額の保証を受けられる。）

―9―

Ⅲ 交通事故に関する保険制度

② 契約している保険会社からスピーディに、直接保険金の支払を受けることができる。
（示談交渉や裁判の経過に煩わされることがなく、速やかに保険金が入る。）

2 保険事故
被保険者が次の急激かつ偶然な外来の事故により身体に傷害を被ること
① 自動車又は原動機付自転車の運行に起因する事故
② 自動車の運行中の、飛来中若しくは落下中の他物との衝突、火災、爆発又はその自動車の落下

3 適用要件
(1) 被保険者
① 記名被保険者
② 記名被保険者の配偶者
③ 記名被保険者又は配偶者の同居親族
④ 記名被保険者又は配偶者の別居の未婚の子
⑤ 上記①〜④に該当しない者で、被保険自動車に搭乗中[8]の者
⑥ 被保険自動車の運行起因事故の場合の保有者・運転者

(2)「他の自動車」に搭乗中の場合の確認事項
ア ①〜④の場合、「他の自動車に搭乗中」の場合も原則として対象となるが、以下の場合は注意（約款により異なるが、対象外の可能性が高い。）
・契約車両が四輪で、二輪・原付に搭乗中の事故の場合
・車検証に「事業用」と記載されている自動車の場合
・被保険者の使用者が所有する自動車の場合
・記名被保険者又はその家族が所有する自動車、又はこれらの者が常時（主として）使用する自動車
イ 被保険自動車に限定する（他の自動車搭乗中を除外する）特約もある。

4 免責事由
ア 被保険者側の行為に係る免責事由
① 被保険者又は保険金の受取人の故意又は重大な過失によって生じた傷害
② 被保険者の闘争行為、自殺行為又は犯罪行為によって生じた損害
③ 被保険者が酒気を帯びた状態、無免許、麻薬、覚醒剤、シンナー等の影響により正常な運転ができないおそれのある状態で運転中にその本人について生じた傷害

---

[8] 正確には、「上記①〜④に該当しない者で、被保険自動車の正規の乗車装置又は当該装置のある室内（隔壁等により通行できないように仕切られている場合を除く）に搭乗中の者」と規定されている。

③　被保険者が被保険自動車の使用について、正当な権利を有する者の承諾を得ないで搭乗中に生じた傷害
　　　④　平常の生活又は平常の業務に支障のない程度の微傷に起因する創傷感染症
　　　⑤　日射又は熱射による傷害
　　　⑥　被保険者の脳疾患、疾病又は心神喪失によって生じた損害
　　　⑦　極めて異常かつ危険な方法で搭乗中の者
　　イ　異常危険としての免責事由
　　　①　戦争、外国の武力行使、革命、政権奪取、内乱、武装反乱その他これらに類似の事変又は暴動
　　　②　地震、噴火又はこれらによる津波
　　　③　台風、洪水又は高潮
　　　④　核燃料物質若しくは核燃料物質によって汚染された物の放射性、爆発性その他有害な特性の作用又はこれらの特性に起因する事故
　　　⑤　④に規定した以外の放射線照射又は放射能汚染
　　　⑥　①から⑤までの事由に随伴して生じた事故又はこれらに伴う秩序の混乱に基づいて生じた事故
　　　⑦　被保険自動車を競技、曲技若しくは試験のために使用すること、又は被保険自動車を競技、曲技若しくは試験を行うことを目的とする場所において使用すること
　　　⑧　被保険自動車に危険物を業務として積載すること、又は被保険自動車が、危険物を業務として積載した被牽引自動車を牽引すること

5　人身傷害補償と損害賠償請求権との関係

(1)　問題の所在

　　ア　請求の順序〜人傷先行型と賠償先行型〜
　　　①　先に人身傷害補償を使用し、後で加害者に対する損害賠償請求をする場合
　　　②　先に加害者に対する損害賠償請求を行い、後で自己の過失分について人身傷害補償で補う場合
　　イ　人身傷害補償に関する法律上の論点
　　〈前提〉
　　約款に基づいて算定される人傷基準損害額は、裁判基準による損害額より少額。
　　　　　　　　　　　　　　　　　↓

> ①　被害者に過失がある場合、被害者は、人身傷害保険金と損害賠償金を合わせて、いくら貰えるか。
> ②　人身傷害を先に使用して保険金を受領した場合、保険会社は、加害者に対して求償出来る範囲はいくらか（損害賠償金の代位の範囲）。

Ⅲ 交通事故に関する保険制度

請求方法		損害賠償との調整
人身傷害保険金を先に受領（人傷先行型）	全額受領	保険会社が、被害者の加害者に対する　損害賠償請求権に代位⇒保険代位の範囲が問題となる
	自己過失分のみ受領	約款で保険代位は否定
損害賠償金を先に受領（賠償先行型）	被害者が先に加害者から損害賠償金を受領し、自己過失分について、人傷保険金を請求	人傷保険金支払いに際し、既受領の賠償金等を控除する。⇒控除の範囲が問題となる。

参考：青本（24訂版）：385頁

(2) 学説（別紙2を参照）
　ア　絶対説
　イ　比例説
　ウ　訴訟（裁判）基準差額説
　エ　人傷基準差額説
(3) 保険法25条……差額説を採用（片面的強行規定[9]）

> 第25条（請求権代位）
> 1　保険者は、保険給付を行ったときは、<u>次に掲げる額のうちいずれか少ない額を限度</u>として、保険事故による損害が生じたことにより被保険者が取得する債権（債務の不履行その他の理由により債権について生ずることのある損害をてん補する損害保険契約においては、当該債権を含む。以下この条において「被保険者債権」という。）について当然に被保険者に代位する。
> 　一　当該保険者が行った保険給付の額
> 　二　被保険者債権の額（前号に掲げる額が<u>てん補損害額に不足するときは、被保険者債権の額から当該不足額を控除した残額</u>）
> 2　前項の場合において、同項第一号に掲げる額がてん補損害額に不足するときは、被保険者は、被保険者債権のうち保険者が同項の規定により代位した部分を除いた部分について、当該代位に係る保険者の債権に先立って弁済を受ける権利を有する。

(4) 判　例
　ア　人傷先行型において、訴訟基準差額説[10]を採用
　☆最判平成24年2月20日（民集66巻2号742頁、判タ1366号83頁）

> 　本件約款によれば、訴外保険会社は、交通事故等により被保険者が死傷した場合において、被保険者に過失があるときでも、その過失割合を考慮することなく算定さ

---

[9] 本条に反する特約で、被保険者に不利なものは無効となる（保険法第26条）
[10] 判決では「裁判基準差額説」という表現を用いている。

れる額の保険金を支払うものとされているのであって、上記保険金は、被害者が被る損害に対して支払われる傷害保険金として、被害者が被る実損をその過失の有無、割合にかかわらず補する趣旨・目的の下で支払われるものと解される。上記保険金が支払われる趣旨・目的に照らすと、本件代位条項にいう「保険金請求権者の権利を害さない範囲」との文言は、保険金請求権者が、被保険者である被害者の過失の有無、割合にかかわらず、上記保険金の支払によって民法上認められるべき過失相殺前の損害額（以下「裁判基準損害額」という。）を確保することができるように解することが合理的である。

　そうすると、上記保険金を支払った訴外保険会社は、保険金請求権者に裁判基準損害額に相当する額が確保されるように、上記保険金の額と被害者の加害者に対する過失相殺後の損害賠償請求権の額との合計額が裁判基準損害額を上回る場合に限り、その上回る部分に相当する額の範囲で保険金請求権者の加害者に対する損害賠償請求権を代位取得すると解するのが相当である。

☆最判平成24年5月29日（集民240号261頁、判タ1374号100頁）

　保険会社は、保険金請求権者の権利を害さない範囲内に限り保険金請求権者の加害者に対する損害賠償請求権を代位取得する旨の定めがある自動車保険契約の人身傷害補償条項の被保険者である被害者に過失がある場合において、上記条項に基づき被害者が被った損害に対して保険金を支払った保険会社は、上記保険金の額と被害者の加害者に対する過失相殺後の損害賠償請求権の額との合計額が民法上認められるべき過失相殺前の損害額を上回るときに限り、その上回る部分に相当する額の範囲で保険金請求権者の加害者に対する損害賠償請求権を代位取得する。

　イ　損害賠償先行型においては、考え方の対立がある。

☆京都地判平成23年6月3日[11]（交民44巻3号751頁、自保ジャーナル1875号1頁）

　被害者側からの賠償金支払が先行した場合の人身傷害保険金額の算定方法につき、訴訟基準により人身損害の全額を認定算出し、この金額から既払賠償金額を控除し、その残額を保険金額及び人傷基準算出損害額の範囲内で支払うべき保険金額とする考え方が妥当であるとした事例

　　　　↓（控訴審）

☆大阪高判平成24年6月7日（判タ1389号259頁、判時2156号126頁）

　本件では、損害賠償金の支払が先行しているが、人身傷害補償保険の請求であるから、人身傷害補償基準による保険金を算出するべきであるとした上で、亡Aが一時停

---

[11]　cf．東京高判平20.3.13（判時2004号143頁、ただし、傍論）、及び前掲最判平24.2.20の宮川光治裁判官の補足意見も、保険約款を限定解釈して、本判決と同様の考え方に立つ。

Ⅲ 交通事故に関する保険制度

止義務を怠っていることから、3割の過失相殺をした事例

※現在、上告審に係属中（上告、上告受理申立）

第5 無保険車傷害補償（無共済者傷害補償）
〈事案〉

> ひとり暮らしをしている大学生の娘（18歳）が歩いて横断歩道を横断中、自動車にはねられて脳に大怪我を負ってしまった。
> なお、加害者は逃げてしまい、現在警察で捜査中だが、見つかっていない。

1 無保険車傷害補償とは
　被保険自動車を運転中・搭乗中の者や、記名被保険者又はその家族が自動車事故で死亡又は後遺障害を被り、相手自動車が無保険車であるために十分な補償を受けられない場合を補償する制度

2 保険事故
　無保険自動車の所有、使用又は管理に起因して、被保険者が死亡したこと、又は後遺障害が生じたこと
　☆記名被保険者及びその親族については、被保険自動車搭乗中のみならず、他の自動車に搭乗中、自転車搭乗中や歩行中の自動車事故も対象となる（後述）。

【無保険自動車とは】

> 相手自動車で次のいずれかの場合に該当すると認められるもの
> ① 対人賠償保険等が付いていない場合。
> ② 対人賠償保険等が付いていても、免責事由のため保険が機能しない場合。
> ③ 対人賠償保険等が付いているが、その保険金が無保険車傷害補償の金額よりも低い場合。
> ④ 相手方自動車の運転者が不明の場合（ひき逃げ等）

3 被保険者（無保険車傷害の対象になる人）
　① 記名被保険者
　② 記名被保険者の配偶者
　③ 記名被保険者又はその配偶者の同居の親族
　④ 記名被保険者又はその配偶者の別居未婚の子
　⑤ 被保険自動車の正規の乗車装置又はその装置のある室内に搭乗中の者（≒適

正に乗車していた者）
　　　※無保険車傷害では、胎児に関する特則があり、被保険者の胎内にある胎児が無保険車事故に起因して、出産後に死亡又は後遺障害を被った場合には、無保険車傷害の適用において既に生まれたものとみなす。
　　（cf. 最判平成18年3月28日、民集60巻3号875頁、判タ1207号73頁）
4　保険金の性質〜実損てん補方式〜
　・通常の対人賠償で用いられる算定方式による。
　・保険会社は、加害者に対する損害賠償請求権を代位取得する。
5　免責事由
　ア　被保険者の行為に係る免責事由
　　①　被保険者の故意又は重大な過失によってその本人について生じた傷害
　　②　被保険者が酒気を帯びた状態、無免許、麻薬、覚醒剤、シンナー等の影響により正常な運転ができないおそれのある状態で運転中にその本人について生じた傷害
　　③　被保険者が被保険自動車の使用について、正当な権利を有する者の承諾を得ないで搭乗中に生じた傷害
　　④　被保険者の闘争行為、自殺行為又は犯罪行為によってその本人について生じた傷害
　イ　異常危険としての免責事由
　　①　戦争、外国の武力行使、革命、政権奪取、内乱、武装反乱その他これらに類似の事変又は暴動
　　②　地震、噴火又はこれらによる津波
　　③　台風、洪水又は高潮
　　④　核燃料物質若しくは核燃料物質によって汚染された物の放射性、爆発性その他有害な特性の作用又はこれらの特性に起因する事故
　　⑤　④に規定した以外の放射線照射又は放射能汚染
　　⑥　①から⑤までの事由に随伴して生じた事故又はこれらに伴う秩序の混乱に基づいて生じた事故
　　⑦　被保険自動車を競技、曲技若しくは試験のために使用すること、又は被保険自動車を競技、曲技若しくは試験を行うことを目的とする場所において使用すること
　　⑧　被保険自動車に危険物を業務として積載すること、又は被保険自動車が、危険物を業務として積載した被牽引自動車を牽引すること
　ウ　その他の免責事由
　　①　加害者が被保険者の父母、配偶者又は子

Ⅲ 交通事故に関する保険制度

　　② 加害者が被保険者の使用者、同僚（ただし、業務中の事故に限る）
　　③ 保険金請求者が対人賠償等の保険金を受領することができる場合
　　④ 自動車取扱業者が被保険自動車を業務として受託している場合
6 人身傷害補償との関係
　<u>保険会社により対応は様々⇒約款の確認が必要</u>
　　① 支払われる保険金額の多い方を適用するパターン
　　② 人身傷害補償の契約がある場合は、無保険車傷害条項は外れるパターン

第6 車両保険

〈事案1〉

> 私が契約車両を運転中、横から出てきた相手車両と出会い頭で衝突した。過失割合は自車7：相手車3のようである。

〈事案2〉

> 都心に降った大雪で、借家のカーポートが崩れ、駐車中の契約車両の屋根が損傷した。

1 車両保険とは
　偶然な事故による被保険自動車の損害（修理費用、修理できない場合の時価相当額、運搬費用等）に対して、保険金を支払う制度。
　※対象となる事故を限定する特約（車対車／危険限定特約）を付けることによって保険料を低く抑える制度もある。

2 主な対象事故（例）

契約タイプ＼事故例	車対車の接触	火災爆発	盗難	台風洪水高潮	落書きいたずら	物の飛来、落下	自転車との接触	電柱・ガードレール等との接触	当て逃げ	墜落転覆
一般車両保険（オールリスク）	○	○	○	○	○	○	○	○	○	○
車対車事故＋危険限定	○	○	○	○	○	○	×	×	×	×

3 免責事由
　ア 被保険者側の行為に係る免責事由
　　① 次のいずれかに該当する者の故意又は重大な過失
　　　・保険契約者、被保険者又は保険金を受け取るべき者

・所有権留保付売買契約に基づく被保険自動車の買主、又は１年以上を期間
　　　とする貸借契約に基づく被保険自動車の借主
　　・これらの者の法定代理人、使用者、父母、配偶者又は子
　※「故意」の主張立証責任
　　「衝突、接触…その他偶然な事故」を保険事故とする自家用自動車総合保険
　契約の約款に基づき、車両の水没が保険事故に該当するとして、保険者に対し
　て車両保険金の支払を請求する者は、事故の発生が被保険者の意思に基づかな
　いものであることについて主張、立証すべき責任を負わない。
　　・最判平成18年6月1日（民集60巻5号1887頁、判タ1218号187頁）
　　・最判平成18年6月6日（集民220号391頁、判タ1218号187頁）
　※「故意」か否かが争われた事案
　　・神戸地裁姫路支判平成25年5月29日（判タ1396号102頁）
　　・大阪高判平成24年7月11日（判時2163号135頁、自保ジャーナル1877号148頁）
　　・東京地判平成24年3月27日（判タ1387号275頁、自保ジャーナル1871号177頁）
　　・東京高判平成18年9月26日（判時1958号164頁、自保ジャーナル1673号15頁）
　※「重大な過失」か否かが争われた事案
　　・あまり見当たらない。参考として…
　　　千葉地裁一宮支判平成10年2月6日（判タ970号247頁）

第7　その他の補償

1　搭乗者傷害保険
　(1)　搭乗者傷害保険とは
　　被保険自動車に搭乗中の者が事故で死傷したときに、あらかじめ定められた補
　償額に基づいて支払われる保険
　　　　　　　　↓
　・被害者に対する賠償を対象とする項目ではない。
　・定額給付方式（日数／部位・症状により金額が規定）
　(2)　被保険者（搭乗者傷害の支払対象となる者）
　　被保険自動車の運転者・同乗者が対象
　　※約款の条項例
　　　「被保険自動車の正規の乗車装置又は当該装置[12]のある室内（隔壁等により通行
　　　できないように仕切られている場所を除く）に搭乗中の者。ただし、被保険自動

---

[12]　最判平成7年5月30日（民集49巻5号1406頁、判タ898号199頁）
　　搭乗者傷害条項にいう「正規の乗車用構造装置のある場所」とは、乗車用構造装置がその本来の
　　機能を果たし得る状態に置かれている場所をいう。

Ⅲ 交通事故に関する保険制度

　　　車に極めて異常かつ危険な方法で搭乗中の者を除く」
　　　　　　　　↓
　　　車のトランク・屋根、トラックの荷台に乗っていた場合や、窓から体を乗り出して走行していたような場合（箱乗り）は対象外
(3) 保険金の性質
　① 定額給付方式（損害額の賠償ではない）
　　ex.・通院1日あたり5000円、入院1日あたり7500円
　　　　・症状／部位ごとに定額給付
　　　　　手足の打撲：5万円
　　　　　腕の骨折：35万円
　　　　　足の切断：70万円 など
　　　　・死亡時：1000万円[13]…etc
　② 搭乗者傷害保険金は損益相殺の対象にはならない。
　　（ただし、慰謝料算定の斟酌事由にはなる。）
(4) 免責事由
　① 被保険者の故意又は重大な過失によってその本人について生じた傷害
　② 被保険者が酒気を帯びた状態、無免許、麻薬、覚醒剤、シンナー等の影響により正常な運転ができないおそれのある状態で運転中に、その本人について生じた傷害
　③ 被保険者が被保険自動車の使用について、正当な権利を有する者の承諾を得ないで搭乗中に生じた傷害
　④ 被保険者の闘争行為、自殺行為又は犯罪行為によってその本人について生じた傷害
　⑤ 微傷に起因する創傷感染症（丹毒、淋巴腺炎、敗血症、破傷風等）による傷害
　⑥ 戦争、外国の武力行使、革命、反乱、紛争、核燃料、放射能等によって生じた傷害
　⑦ 地震、噴火、津波（地震、噴火による）による傷害
　⑧ レース・ラリーなどの競技・曲技、試験に使用すること、又はこれらを行うことを目的とする場所において使用することによって生じた傷害
　⑨ 危険物を業務として積載又は牽引していることによって生じた傷害

2　自損事故傷害保険

(1) 自損事故傷害保険とは
　　被保険自動車の運行中の事故により死傷した場合、自賠法第3条によって給付を

---

13 座席ベルト装着者特別条項もある。

受けることができない場合に支払われる保険
　　　ex.・単独事故（車対ガードレール）、
　　　　・自車側に一方的な過失がある事故（停止中の車に追突して、自分が怪我をした場合）
　　　　・飛来物や落下中の他物との衝突
(2) 被保険者（自損事故傷害の支払対象となる者）
　　被保険自動車の運転者・同乗者（搭乗者傷害と同様）
(3) 保険金の性質
　　定額給付方式（死亡保険金、後遺障害保険金、介護保険金、医療保険金）
　　　ex.・死亡時：1500万円
　　　　・後遺傷害の場合50万円　1500万円（介護が必要ない場合は350万円が上限）
　　　　・通院では1日あたり4000円、入院1日あたり6000円…etc
(4) 免責事由
　　搭乗者傷害と同様

第8　各種特約
1　他車運転特約
(1) 他車運転特約とは
　　他人の自動車を借りて運転しているときに事故を起こした場合、契約車両の自動車保険の規定を適用して、臨時に借りた自動車の自動車保険よりも優先して保険を適用させる制度。
　　※自動付帯されていることが多い
(2) 適用される補償項目
　　① 賠償責任条項（対人・対物）
　　② 人身傷害・搭乗者傷害・自損事故傷害
　　③ 車両保険
　　　（②③については、保険証券及び約款の確認が必要）
(3) 適用要件
　　ア　被保険者（対象となる運転者）
　　　① 記名被保険者
　　　② 記名被保険者の配偶者
　　　③ 記名被保険者又はその配偶者の同居親族
　　　④ 記名被保険者又はその配偶者の別居未婚の子

Ⅲ　交通事故に関する保険制度

　　イ　契約車両（被保険自動車）
　　　①　自家用8車種[14・15]であること
　　　②　被保険自動車の所有者及び記名被保険者が個人であること
　　ウ　事故を起こした車両（借りていた自動車）
　　　①　自家用8車種であること
　　　②　記名被保険者、その配偶者、記名被保険者又は配偶者の同居親族が所有する車でないこと
　　　③　記名被保険者、その配偶者、記名被保険者又は配偶者の同居親族が常時使用するものではないこと
　　　　名古屋高判平成15年5月15日（交民36巻3号603頁）
　　　※他車運転危険担保特約における「他の自動車」から除外される「常時使用する自動車」に該当するかどうかは、<u>当該自動車の使用期間、使用目的、使用頻度、使用についての裁量権の有無等に照らし、当該自動車の使用が、被保険自動車の使用について予測される危険の範囲を逸脱したものと評価されるものか否かによって判断すべき</u>
　　エ　運転者として「運転中」の事故であること
　　　cf．運行・管理
　　　※東京高判平成14年12月25日（交民35巻6号1497頁、判時1813号153頁）
　(4)　免責事由
　　　①　被保険者の使用者の業務（家事を除く）のために、その使用者の所有する自動車を運転しているとき
　　　②　被保険者が役員となっている法人の所有する自動車を運転しているとき
　　　③　自動車の修理、保管、給油、洗車、売買、陸送、賃貸、運転代行等、自動車を取り扱う業務として受託した他の自動車を運転しているとき
　　　④　他の自動車の使用について、正当な権利を有する者の承諾を得ないで他の自動車を運転しているとき
　　　※大阪地裁堺支判平成21年9月30日（判タ1316号238頁、自保ジャーナル

14　自家用8車種とは
　①自家用普通乗用車
　②自家用小型乗用車
　③自家用軽四輪乗用車
　④自家用普通貨物車（最大積載量0.5トン超2トン以下）
　⑤自家用普通貨物車（最大積載量0.5トン以下）
　⑥自家用小型貨物車
　⑦自家用軽四輪貨物車
　⑧特殊用途自動車（キャンピング車）
15　バイク保険にも、オプションとしての「他車運転特約（二輪・原付）」が存在する。

1807号17頁)

2 ファミリーバイク特約

(1) ファミリーバイク特約[16]とは

125CC以下の原動機付自転車（若しくは50CC以下で3輪以上の自動車）で被保険者が運転中に事故を起こした場合、その事故により発生した損害賠償や怪我に対して保険金を支払うもの

(2) 適用される補償項目

① 賠償責任条項（対人・対物）

② 人身傷害・自損事故傷害

※②については、保険証券及び約款の確認が必要

(3) 適用要件

ア 被保険者（対象となる運転者）

① 記名被保険者

② 記名被保険者の配偶者

③ 記名被保険者又はその配偶者の同居親族

④ 記名被保険者又はその配偶者の別居未婚の子

イ 契約車両（被保険自動車）

① 自家用8車種であること

② 被保険自動車の所有者及び記名被保険者が個人であること

ウ 事故を起こした車両（原付）

① 125CC以下の原動機付自転車

② 50CC以下で3輪以上の自動車（②は保険会社による）

エ 免責事由

① 被保険者の使用者の業務（家事を除く）のために、その使用者の所有する原動機付自転車を運転しているとき

② 被保険者が所有、使用又は管理する原動機付自転車を、被保険者の業務（家事を除く）のために、被保険者の使用人が運転している間に生じた事故（ただし、その使用人が被保険者の家族の場合を除く）

③ 自動車の修理、保管、給油、洗車、売買、陸送、賃貸、運転代行等、自動車を取り扱う業務として受託した他の自動車を運転しているとき

④ 他人の原動機付自転車の使用について、正当な権利を有する者の承諾を得ないで運転しているとき

---

[16] 「原動機付自転車に関する特約」「マイバイク特約」等と表記されることもある。

Ⅲ 交通事故に関する保険制度

3 家族限定特約
(1) 家族限定特約

補償の対象となる運転者を記名被保険者及びその家族のみに限定する特約。運転者の範囲を絞ることにより、保険料を割り引いている。

【家族とは】
　① 記名被保険者の配偶者
　② 記名被保険者又はその配偶者の同居の親族
　③ 記名被保険者又はその配偶者の別居の未婚[17]の子

(2) 同種の特約
・本人限定特約
・本人・配偶者限定特約

(3) 相談時の注意条項

家族限定特約で対象外の場合、他車運転特約等の適用を検討。

4 年齢条件に関する特約
(1) 年齢条件に関する特約とは

契約車両を運転する者の年齢を限定する特約。運転者の範囲を絞ることにより、保険料を割り引いている。

〈一般的な年齢条件〉
　① 年齢問わず補償
　② 21歳以上補償
　③ 26歳以上補償
　④ 30歳以上補償
　⑤ 35歳以上補償

(2) 特殊な特約の例（保険会社によって異なるため確認が必要）
　① 子供運転者年齢限定特約
　　（例）35歳以上補償の年齢条件を付帯しながら、"記名被保険者の同居の子（及びその配偶者）に限り"年齢条件を下げる特約
　② 年齢条件不適用に関する特約
　　年齢条件に合致しない者が運転していて事故が発生した場合に、対人・対物賠償事故について、<u>保険期間中1回に限り</u>、運転者年齢条件を適用させないという特約
　③ 新規運転免許取得者に対する自動補償特約
　　免許を新たに取得した家族が、年齢条件に違反して被保険自動車を運転してお

---

[17] 「未婚」には、婚姻歴のある者は含まない。

こした事故を補償する特約

5 弁護士費用特約
記名被保険者、その家族又は契約車両に搭乗中の者等が、自動車に関わる人身事故や物損事故に遭い損害賠償請求を行う場合において、弁護士費用等や法律相談をする場合の費用を保険会社が負担する制度

6 個人賠償責任特約
記名被保険者又はその家族が、日常生活の事故により他人に損害を与え法律上の損害賠償責任を負った場合に、保険金を支払う制度

7 フリート契約・ノンフリート契約
① フリート契約
自動車保険を契約している所有・使用自動車が10台以上ある契約
② ノンフリート契約
自動車保険を契約している所有・使用自動車が9台以下の契約
〈フリート契約となった場合〉
・リスク実態が保険料に反映される。
・増車等で新規に契約する自動車にも割引率が適用される。
・台数による割引率

第9 時 効
3年（2010年4月1日以降の事故）

> 保険法第95条（消滅時効）
> 保険給付を請求する権利、保険料の返還を請求する権利及び第63条又は第92条に規定する保険料積立金の払戻しを請求する権利は、3年間行わないときは、時効によって消滅する。

第10 政府保障事業
〈事案〉

> ひとり暮らしをしている大学生の娘（18歳）が歩いて横断歩道を横断中、自動車にはねられて脳に大怪我を負ってしまった。
> なお、加害者は逃げてしまい、現在警察で捜査中だが、見つかっていない。

1 政府保障事業とは
自賠責保険（共済）の対象とならない「ひき逃げ事故」や「無保険（共済）事故」

Ⅲ 交通事故に関する保険制度

に遭った被害者に対し、健康保険や労災保険等の他の社会保険の給付（他法令給付）や本来の損害賠償責任者の支払によっても、なお被害者に損害が残る場合に、<u>最終的な救済措置として、法定限度額の範囲内[18]で、政府（国土交通省）がその損害をてん補する制度</u>。（自賠法第71条以下）

2　損害のてん補請求から支払までの流れ

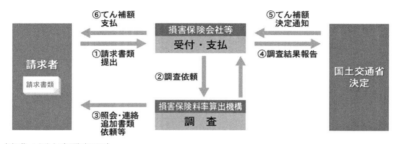

（出典：国土交通省HP）

(1)　請求権者
　　傷害・後遺障害：被害者
　　死亡：法定相続人及び遺族慰謝料請求権者（被害者の配偶者、子及び父母）

(2)　手　続
　　直接、損害保険会社（又は共済組合）の窓口へ請求する。

(3)　請求から支払までに要する平均的な期間
　　ひき逃げ事故：約3か月、無保険事故：約7か月前後
　　※請求事案の事故状況や刑事手続の進捗状況によって、処理期間が長期に及ぶ場合もある。

3　自賠責保険との主な相違点
　　①　請求できるのは被害者のみ、加害者は不可
　　②　健康保険、労災保険などの社会保険からの給付を受けるべき場合、その金額は差し引かれる。
　　③　政府が支払金額を限度として、加害者（損害賠償責任者）に求償する。

4　政府保障事業の対象とならない主なケース
　　①　加害者の間で人身事故に関する示談が成立し、当該示談の条項どおりにその内容が履行され、損害賠償金が被害者に支払われている場合
　　②　自損事故、被害者の過失が100％の場合
　　③　被害車両の同乗者で被害車両にも過失がある場合等、自賠責保険に請求でき

---

[18]　政府保障事業によるてん補金は、自賠責保険（共済）の支払基準に準じて支払われる。

る場合
④ 健康保険や労災保険等による給付額が、法定限度額(傷害は120万円、死亡は3,000万円、後遺障害は障害の程度に応じて75万円〜4,000万円)を超えている場合

第11 自転車保険
1 自転車事故の傾向
【東京都内における自転車事故の発生件数】

	H20	H21	H22	H23	H24	H25	前年比
自転車事故	24,429	22,266	21,325	20,480	18,220	15,550	−2,670
自転車相互件数	1,814	1,491	1,434	1,271	1,142	966	−176
関与率	36.8%	36.9%	36.2%	37.3%	36.0%	34.7%	―

(出典:警視庁HP「都内自転車の交通事故発生状況」)

【自転車事故に係る死傷者数】

負傷者数	平成24年中		平成25年中	
	全国	都内	全国	都内
全負傷者数	825,396	54,837	781,494	48,855
負傷者数(自転車乗用中)	131,199	16,541	119,929	14,049
占める割合	15.90%	30.20%	15.30%	28.80%

負傷者数	平成24年中		平成25年中	
	全国	都内	全国	都内
全死者数	4,411	183	4,373	168
死者数(自転車乗用中)	563	34	600	31
占める割合	12.80%	18.60%	13.70%	18.50%

(出典:警視庁HP「都内自転車の交通事故発生状況」)

Ⅲ　交通事故に関する保険制度

2　自転車事故で高額の損害賠償が命じられた事案

賠償額	事　案
9521万円	神戸地判平成25年7月4日（判時2197号84頁、自保ジャーナル1902号1頁）
	夜間、小学生の運転する自転車が、歩行中の女性と正面衝突した事故で、女性は頭蓋骨骨折等の傷害を負い、意識が戻らない状態となった（後遺障害1級）。裁判所は、少年の母親に対して賠償を命じた。
4746万円	東京地判平成26年1月28日（交民47巻1号95頁、自保ジャーナル1916号36頁）
	横断歩道を歩行中、赤信号を無視したスポーツタイプの自転車にはねられ死亡した主婦（75）の遺族が、自転車の男性に損害賠償を求めた事案
6164万円	東京地判H24.6.20（自保ジャーナル1878号65頁）
	自転車同士の事故。被害自転車が歩道を進行中、対向方向から来る加害自転車と接触して車道に転倒し、自動二輪車とも衝突。被害者が脳外傷による後遺障害3級の後遺障害を負った事案。
9266万円	東京地判平成20年6月5日（自保ジャーナル1748号2頁）
	車道を自転車で直進していた原告（24）が、歩道から同車道に自転車で進入してきた高校生の被告と衝突し、身体障害者等級表1級の後遺障害等を負った事故。

3　自転車保険の概要
(1)　現　状
　　①　個人賠償責任保険と②既存の保険に特約を付ける形式が多い。
　　　近時では、自転車向け保険として販売している保険も増えてきている。

保険の種類	事故の相手		自分の生命・身体	備考
	生命・身体	財産		
個人賠償責任保険	○	○	△	各損害保険会社で取扱う商品
傷害保険	△	△	○	各損害保険会社で取扱う商品
TSマーク付帯保険	○	×	○	自転車安全整備店で購入または点検整備を行い基準に合格した自転車に貼付される商品（保険期間1年間）

※一般社団法人日本損害保険協会HPより

(2) 主な商品内容
- ・賠償限度額　　　　1000万円～無制限
- ・示談代行サービス　付帯している商品が多い（約款を要確認）
- ・弁護士費用特約　　一部の損害保険会社で付帯
- ・年齢制限　　　　　70歳～75歳以下の年齢制限を設けている場合あり

〈参考情報〉
- ・国土交通省HP「自動車総合安全情報」
  (http://www.mlit.go.jp/jidosha/anzen/04relief/index.html)
- ・公益財団法人交通遺児等育成基金HP
  (http://www.kotsuiji.or.jp/)
- ・独立行政法人自動車事故対策機構HP
  (http://www.nasva.go.jp/sasaeru/taisyou.html)
- ・公益財団法人交通遺児育英会HP
  (http://www.kotsuiji.com/howto/index.html)

〔参考文献〕
- ・『Q＆A　新自動車保険相談』(財)日弁連交通事故相談センター編（ぎょうせい、2007）
- ・『民事交通事故訴訟損害賠償額算定基準』(公財)日弁連交通事故相談センター東京支部
- ・『自動車保険の解説2012』(株)保険毎日新聞社（2012）
- ・『自賠責保険のすべて〔12訂版〕』(株)保険毎日新聞社（2014）
- ・『損害保険の法務と実務』東京海上日動火災保険株式会社（きんざい、2010）
- ・『交通事故損害額算定基準—実務運用と解説-24訂版』(公財)日弁連交通事故相談センター
- ・『自動車保険のつぼ〔改訂版〕』鈴木辰紀（成文堂、2013）
- ・『民事交通事故訴訟の実務』東京弁護士会弁護士研修センター運営委員会編（ぎょうせい、2010）
- ・谷原誠・横張清威『交通事故被害者のための損害賠償交渉術』（同文舘、2006）

Ⅲ　交通事故に関する保険制度

別紙1　【示談交渉と保険請求手続きの流れ】

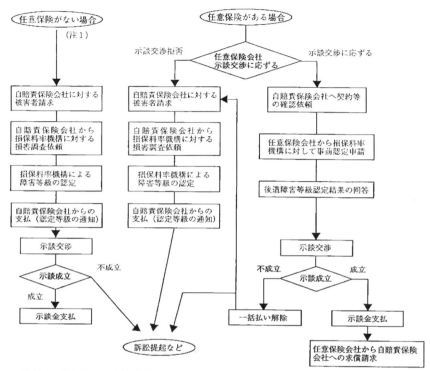

（注1）この場合は、被害者側で契約している人身傷害保険、無保険車傷害保険や労災保険・健康保険等の利用を検討する必要がある。

（「交通事故損害額算定基準―実務運用と解説　24訂版」（公財）日弁連交通事故相談センター、319頁）

レジュメ

別紙2 【代位の説による控除額の相違】

① 絶対説

代位額（控除額）　損害賠償請求可能額より支払額が少ないので、
5,000万円全額代位

② 比例説

③ 訴訟（裁判）基準差額説

④ 人傷基準差額説

（「交通事故損害額算定基準―実務運用と解説　24訂版」（公財）日弁連交通事故相談センター、209頁）

Ⅲ　交通事故に関する保険制度

別紙3　自転車保険の一例（傷害保険型）
からだの保険（傷害定額）　ご契約のお見積り

●被保険者・本人の情報

満年齢（始期日時点）	40歳	生年月日	

更新前後の補償の概要を表示しています。なお、新規お見積りの場合は前契約内容欄は表示されません。

		お見積り内容			前契約内容　証券番号（　　　）		
保　険　期　間	始期日	平成26年 4月18日 午後 6時					
	満期日	平成27年 4月18日 午後 4時 1年間					
保　険　種　類		傷害総合保険（傷害定額条項）					
被保険者の型		家族型					
入通院支払方式		一時金払					
保　険　金　額　等		本人	配偶者	親族（1名あたり）			
	死亡保険金額	100万円	100万円	100万円			
	後遺障害保険金額	100万円	100万円	100万円			
	入院保険金日額 ※手術は入院と同じ対象日数となります。	―	―	―			
	通院保険金日額	―	―	―			
	一時金払保険金額	5万円	5万円	5万円			
	治療給付金額	1万円	1万円	1万円			
特　約　等		更新特約 交通事故傷害危険のみ補償特約 被保険者の範囲に関する特約 個人賠償責任補償特約 　保険金額：国内無制限（国外1億円）					
保　険　料	1回分保険料	コンビニ・一時払		16,110円			
	合計保険料			16,110円			

※前契約の保険料には、前契約の保険期間中に変更手続きを行った場合の保険料は含まれていません。

メディカルアシスト	お電話にて各種医療に関する相談に応じます。また、夜間の緊急医療機関や最寄の医療機関をご案内します。	対象となります
事故防止アシスト	東京海上日動のホームページで事故・災害防止等の情報をご提供します。	
備考欄		

〈通信欄〉

作成日：平成26年 4月18日
印刷連番：X421231-2

Ⅳ 民事交通事故訴訟の基礎

東京地方裁判所判事 俣木 泰治

IV　民事交通事故訴訟の基礎

　ただいまご紹介いただきました、東京地方裁判所民事第27部裁判官の俣木です。本日は、民事交通事故訴訟の基礎ということで、東京地方裁判所交通専門部における実務上の取扱いを踏まえ、民事交通事故訴訟を手掛ける場合の基礎的な知識あるいは留意点につきまして重要な点を中心にご説明したいと思います。どうぞよろしくお願いいたします。

第1　民事交通事故訴訟の特徴等

1　東京地裁民事第27部について

　東京地裁民事第27部は、当庁の民事事件係において受け付けた事件のうち、交通事故に係る事件のみを扱う専門部ですが、昭和37年1月に発足し、今日に至っております。全国の裁判所で民事交通事件を取り扱う専門部があるのは、当庁と大阪地裁だけです。このため、当庁に土地管轄又は事物管轄がない、あるいは当庁の事務分配上立川支部が担当すべき事務について、当部あるいは当庁に対して訴訟提起がされるということがあります。

①　担当する事件

　東京地裁民事第27部が担当する交通に関する事件には、損害賠償事件、すなわち交通事故の被害者が加害者に対し不法行為責任、例えば民法709条、715条あるいは719条等に基づき損害賠償を請求する事件や自動車損害賠償保障法3条の運行供用者責任に基づき損害賠償を請求する事件などがあります。なお、いわゆる自賠法16条に基づき、自動車損害賠償責任保険の保険会社に対し直接請求する事件、あるいは加害者が締結していた任意保険会社の保険会社に対し保険約款等に基づき直接請求する事件といったものも先ほどの損害賠償請求の範疇に入ります。

　また、こういったもの以外に、保険会社が被害者に対し保険金を支払ったことにより、保険代位に基づき加害者に対し損害賠償請求をする求償金請求事件のような類型の事件があります。さらに、加害者が被害者に対し全く損害賠償債務がないこと、あるいは一定額を超えて損害賠償債務がないことの確認を求める債務不存在確認事件といったものもあります。

　他方、車両が関係する損害賠償請求事件であっても当部ではなく、通常部が担当する事件があります。例えば車両が走行中にこれとは無関係の原因、

例えば投石等によって乗客が負傷したといった事件です。それから、停車中の車両内での転倒事故、つまり運行に起因しない事故につきましては、車両の運行には起因しないということになり、通常部で取り扱うということになります。したがって、こういったものについて、依頼者の方にご説明される際には、専門部での扱いとはならない可能性があるということはお忘れなきようにお願いいたします。

また、任意保険金の支払請求権を訴訟物とする事件、例えば自動車保険の人身傷害特約あるいは無保険車傷害特約等に基づく保険金請求事件などは、自動車事故の発生が請求原因事実となっているため、事故に関する損害賠償請求事件と密接な関連を有するものと言えるかと思いますが、あくまで訴訟物は任意保険契約に基づく保険金支払請求権となりますので、原則として通常部で審理するということになります。したがって、こういった事件につきましては、先ほども申し上げましたように専門部での審理を望むということで、わざわざ訴状に書いて訴状を出される方もいらっしゃいますが、残念ながら交通専門部での取扱いとはならないということになっておりますので、くれぐれもご注意ください。

② 部の構成

平成26年6月時点で裁判官10名、主任書記官2名を含む書記官14名、速記官3名及び事務官3名の合計30名で、単独9係、合議6係の体制で事件処理に当たっております。このように大所帯となりますので、お問合せの際に事件番号や担当書記官名等を明らかにしていただけないと、「どちらの事件でしょうか」、あるいは「誰の担当でしょうか」というようなことをお尋ねせざるを得ない場合があり、ご迷惑をおかけすることもあります。ですから、こういった事態を避けるために、事件番号等のほか担当書記官や係名を確認の上でお問合せいただきますと、円滑な対応ができるかと思いますのでよろしくお願いいたします。

③ 事件処理の状況

当部の新受事件数及び既済事件数は、いずれも増加傾向にあります。平成25年の新受事件数は1842件であり、平成24年の1778件から約3パーセント増加しております。また、平成25年の既済事件数は1796件であり、平成

24年の1600件から約12パーセント増加しております。

　このように新受事件、既済事件はいずれも増加の傾向を見せているわけですが、その要因は何かというところになります。正確に調査したわけではありませんが、一般的には次のようなものだと推測されています。

　まず、損害保険会社の保険金支払の査定が昨今厳しくなっているということです。次に、損害保険会社が積極的に求償金の回収に努めるようになったことです。次に、これは実務をやっていると非常に強く感じることですが、被害者側の権利意識が向上したことも要因になっているのではないかと推測されます。さらに、PTSD、RSDあるいは高次脳機能障害いわゆるMTBIといったものや様々な要因が原因となっているもの、あるいは最近よく見る低髄液圧症候群、脳脊髄液減少症といった症例のような原因があるということを主張して、示談で当事者が解決をしない、あるいはできないといったような難しい問題、新しい問題を含む事件が増えているということもあるのではないかと思います。そして、物件事故についても弁護士費用特約を付ける自動車保険が一般化した関係で、物損事故のような従来はあまり訴訟事件まで至らなかったような事件についても訴訟ということが顕在化しており、かつ、なかなか示談、和解で早期の解決とはいかないものが増えてきたといったことも要因として挙げられるのではないかと考えております。

　もっとも、これらは先ほども申し上げましたように、こちらで統計調査をとったわけではありませんので、事件等から現れる事象や代理人からの話、当事者の話といったものから推測しているということになります。

2　交通事故訴訟における審理の特徴

　交通事故訴訟につきましては、大量の同種訴訟を公平迅速に処理する必要があること、保険制度等、損害賠償に関連する制度が存在すること等の事情があり、その帰結として、次のような特徴があるのではないかと考えております。

①　判断要素の定額化、基準化

　まず一つは、過失相殺率、損害額といった重要な判断要素について、定額化、基準化が図られているということです。すなわち、交通事故訴訟におきましては、先ほど述べた大量同種訴訟の公平迅速処理、あるいは訴訟外制度

等による給付等の存在といったことから古くから賠償額、過失相殺率についても基準化が図られてまいりました。このため、過失相殺、慰謝料を含めた、賠償額のみならず損益相殺的調整の方法に至るまで最高裁判決を含めて多数の判例が積み重ねられております。

　そして、その内容については、相当の部分が公刊物等を通じて公表されており、それらを取りまとめた書籍等も多数出ております。これらの内容によって、事実上の基準ないし水準が一般的に形成されており、実務も概ねこういった公刊物の基準に従って運用されているという特徴があると言えようかと思います。ですから、こういったものを踏まえない主張、立証をしていただいてもあまり有効でなく、意味がないということが少なくありません。また、かえって審理を混乱させ、訴訟を長期化させてしまう結果を招くおそれがあります。

　よって、もちろん基準というものは絶対的なものではないということは明らかなことですが、この基準に従うにせよ、これと異なる主張をするにせよ、各争点について基準の存在、意義を十分に理解した上で臨むということにしないと、あまり有効な訴訟活動ができないということになります。

　重ねて申し上げますが、既に存在している基準が絶対的なものであるとか、特段の反証がない限りそれに従うというような形で事実上裁判所を拘束しているとまで申し上げるものではありません。また、事案とは千差万別なものであり、画一的な基準化になじむものではありません。現実的には各事案の特殊性を十分考慮した上で妥当な解決を図るようにしており、基準にがんじがらめになっているわけではなく、少なくとも裁判所はそうした姿勢ではありません。しかし、先ほど述べたような交通事故の訴訟の特質や現在までの実務の運用状況を含めて現実の問題として、こういった基準の調査を怠ってこれを踏まえないことを主張したとしても、これはあまり意味がないことが多いということを申し上げている次第であるということをお断りしておきます。

　② 書証を中心とした証拠調べ

　次に書証を中心とした証拠調べが立証の中心になるということが特徴として言えるのではないかと思います。すなわち、交通事故が発生すると、通報を受けた警察官が現場に臨場して実況見分を実施し、その他必要な捜査等を

実施した上で、その結果をまとめた実況見分調書や物損事故報告書といった書類を作成します。また、被害者が病院に搬送され、さらに入通院をして治療を受けた場合には、救急搬送に係る記録のほか、診療録、診断書その他診療報酬明細書といった各種書類が作成されます。さらに、保険金が支払われた場合は、その支払に係る記録が作成されます。

　このように、交通事故につきましては、訴訟に至るまでに多数の関係者が関係しているのが通常であり、その過程で関係者によって客観的資料が作成されております。よって、審理の円滑化、迅速化のために、こういった類型的に必要となる書証類、例えば先ほどの医療記録、刑事記録などについては、早期の段階でこれを収集していただいて、それを踏まえた上で訴訟を提起される、訴訟対応される、ひいては必要なものは提出されるということにしていただく必要があるということになります。逆にいいますと、通常であれば書証が存在しており、これを提出していただくことで容易に立証が可能な事故について、書証を提出しない、調査しない、陳述書を本人尋問だけで行うというようなことをしても、まず認められることはないということになるのではないかと思います。改めてこういった客観的な書証の調査、吟味、これをよく行っていただくということをお願いします。

　こういった当たり前のようなことを改めて申し上げることについては気が引けるのですが、実務上どうしたわけかこういった書証が提出されない、あるいは分析検討されない状態で裁判を起こされるということが代理人関与事件でも少なくないという実情があります。円滑な審理の実現のため基本書証の検討、早期提出にご協力いただけるようお願いいたします。

　なお、当部におきましては、定型的な損害項目に関する基本的書証、例えば交通事故証明書、診断書、休業証明書、後遺障害診断書、後遺障害等級認定票といったものにつきましては、訴えの提起の段階でなるべく提出していただくということでお願い申し上げている次第であります。昨年『LIBRA』に載った書記官の講演内容などでもそういったことに触れられています。ご興味があればご参照ください。

③　和解による解決

　最後に審理の特徴の一つとして、和解による解決が広く行われております

ので、このことについてご説明しておきます。ただいま申し上げてきたように、基準がそれなりに発達して提示されている、書証がかなりあるといった特徴のためか、証人尋問を経る前の争点整理段階までの段階で多くの事件が和解により解決しております。また、証人尋問を経た後でも、その内容を踏まえた内容の和解が成立しているという事案が多いです。当部の実績を見ましても、現在のところ全体の事件数の6割以上が和解で解決しております。実際、当職の担当事件で、当事者が和解を望まない意向を明らかにしているような事件を除き、ほとんどの事件で裁判所からの和解勧告を行っております。

第2 訴訟提起段階での留意点

1 管 轄

先ほども申し上げたとおり、交通事故関係訴訟に関しては管轄が非常に問題になるということがありますので、少し丁寧に説明しておきたいと思います。

① 当庁に管轄がある場合

当庁は専門部ということがあり、土地管轄又は事物管轄がない、あるいは当庁の事務分配上立川支部が担当すべき事案について当庁に訴えが提起されることが少なくありません。当庁に当該事件の管轄、土地管轄がある場合はどういった場合かといいますと、民事訴訟法4条にいう管轄が認められる場合、あるいは同法5条1号や9号が認められるような場合ということになります。具体的に申し上げますと、4条の場合は被告の普通裁判籍である被告の住所地が東京都内にある場合です。次に5条1号の場合は義務履行地ですが、金銭債権については原則として持参債権ということになりますので、原告の住所地が当庁の管内にある場合ということになります。

② 特別管轄

交通事故の場合には特別管轄があり、不法行為地の管轄があります。これが民事訴訟法5条9号の場合ですが、交通事故の発生場所が管轄裁判所ということになりますので、事故が東京都内で発生しているという場合には、当庁に土地管轄があるということになります。

なお、債務不存在確認訴訟における管轄はどうなるのかということがあり

ますが、金銭請求ではありませんので、原告の住所地には管轄はありません。よって、被告の住所地か、下級審判決でほぼ確立している不法行為地を管轄する裁判所に管轄があることになります。これを看過して、あるいは意図的に当庁に訴えの提起がなされるものがありますが、残念ながらご期待に添えない結果となることが多いので、念のために申し上げておきます。

③ 求償金請求事件の場合

　当庁の管内に本店を有する保険会社を原告とする求償金請求事件の場合に、しばしば管轄が問題となります。一応、義務履行地が当庁の管内にありますから、当庁に管轄があるということになりますが、保険会社は基本的に交通事故そのものには関係しておりませんので、事故当事者が今所在している場所や、事故地が別の裁判所の管内にあるといった場合には、実態に照らして当該所在地あるいは事故地の裁判所で審理をすることが適当と考えられるような場合があります。ですから、当庁に訴訟が提起された場合、これを受け付ける扱いをしておりますが、相手方から移送の申立てがあれば、被告の住所地や交通事故の発生場所を管轄する裁判所に移送されることも十分に考えられます。保険会社から相談を受けて東京地裁に訴えを提起される例は相当あるかと思いますが、こういった類型につきましては移送もあり得るということでご了解ください。

④ 合意管轄

　当事者双方の住所地や交通事故の発生場所がいずれも当庁の管内ではない場合でも、管轄合意をした上で当庁に訴訟を提起されることは実際上、結構な数があるように思われます。その場合、管轄合意書を作成していただき、これを当庁に提出していただく取扱いをしております。このような書面を提出していただけない場合には、たとえ当事者からそうした主張があったとしても、合意の存在が確認できないということになり、結局、ご希望に添うことができない結果となってしまいます。なお、管轄合意が代理人によってなされる場合には、管轄合意書のほかに委任状についても提出していただくということになりますので、ご注意ください。

⑤ その他の問題となる場合

　加害者との関係では当庁に管轄がない場合でも、本店所在地が当庁の管轄

内にある加害者の任意保険会社に対する将来請求（加害者に対する判決確定を条件とする請求）を併合して当庁に訴えが提起される場合があります。この場合、加害者との関係でも民事訴訟法7条、38条前段により、加害者との関係でも当庁に管轄が生じます。これはややテクニカルですが、実務上それなりに見られます。

しかし、先ほど述べたのと同様に、保険会社に事故の当事者としての実体は乏しいところ、被告の方から移送の申立てがされれば、移送が認められる場合があります。先ほどと同様、依頼者の方に説明される際には、このことを念頭に置いていただくようお願い申し上げます。

⑥ 立川支部の事件

当事者双方の住所地や交通事故の発生場所が、本庁ではなく立川支部の管内にある場合については、先ほど説明した土地管轄の場合の扱いに準じて、本庁で審理することを双方が同意をしているといった事情が確認できない限りは、立川支部に回付して処理をするということになります。当庁においては、本庁で審理をすることについて合意管轄書等の提出を求める取扱いとしております。こういった書類の提出がない場合は、回付をする扱いとしております。なお、合意管轄書が提出できない場合に、本庁での審理を希望する旨の上申書を提出される方もおりますが、必ずしもご希望に添えるとは限りませんのであらかじめご了承ください。

⑦ 当庁に管轄がない場合

合意管轄を含め、当庁に管轄がない場合には、民事訴訟法16条1項に基づき移送されるということになります。当庁での審理を希望する代理人側の事情や、あるいは代理人において事前交渉等の状況から応訴管轄が生じる見込みがあると考えているようなことは理解できなくもないのですが、やはり管轄がない以上、移送せざるを得ないことになりますので、ご了承ください。

⑧ 簡易裁判所との関係

訴額が140万円以下の場合には、簡易裁判所の事物管轄に属するということになります。しかし、こういった事件でも先ほどの土地管轄の場合と同様に、当部での審理を求めて訴訟提起をされるということがあります。その場合、民事訴訟法16条2項の自庁処理という規定がありますが、これを申し

Ⅳ 民事交通事故訴訟の基礎

立てていただくということになります。この場合には、申立書や上申書といったものを必ず提出していただくという扱いにしております。口頭での申立ては受け付けておりませんので、ご了承ください。

申立書や上申書についてですが、事前交渉の経過などを踏まえて予想される相手方の主張や争点等に照らし、地方裁判所での審理がふさわしいと認められる事情を具体的に記載していただくようにしております。単に抽象的な記載、例えばただ単に事案の内容が複雑であるとのみ記載されているだけでは地方裁判所で審理する理由としては不十分ということになりますので、あらかじめご了承ください。また、内容を吟味した結果、当事者の希望に反し、地方裁判所で審理するのが相当と認めるに至らない場合は、速やかに簡易裁判所に移送しております。

2 訴状の記載内容

訴状の記載については、通常の民事訴訟と同じですが、先ほども申し上げたとおり、ある程度こういったところに気を付けていただきたいという点があります。一般的に留意していただきたい事項点について説明していきたいと思います。

① 事故の客観的状況

どのような交通事故が起きたのかということについては、責任の有無、そして損害の発生を直接基礎付けるものであり、いわば訴訟の根幹となる事情です。したがって、訴状の段階でできる限り明確に主張していただく必要があります。これにつきまして、例えば「原告車が被告車に追突した」とか、「原告車が被告車に接触した」などと、極めて簡略な記載のみがされている事案もなくはないのですが、これでは過失割合はもとより、損害の発生との関係でも必ずしも十分な説明があったとは言えません。

少なくとも、どのような追突か、どのような事故か、例えば横から来た車が当たったのか、あるいは前後に走っている車が当たったのかといった事故類型などについてはある程度把握できる程度には記載していただく必要があります。さらに、実務上は、円滑な審理のため、過失割合に影響を及ぼすような事情の存否についても併せて記載していただくのが有益であると思います。例えば、事故現場に関し、交差点か否か、その交差点について信号機等

による交通整理がされているか、車線数が何車線くらいある場所なのか、横断歩道があるかといったことについても記載していただけるとよいと思います。

　また、当事者あるいはその運転する車両の事故前の挙動、例えば自車が停車していて相手車が走行していた、あるいはその逆である、又は自分は歩行者でどのようなことをしようとしていたのか、若しくは自分は自転車でどこをどのように運転していたのかというような事情接触の部位例えば側面同士がぶつかったのか、前部と後部がぶつかったのか、あるいは前部左側と相手の後部右側がぶつかったのかといったような事情、さらには、方向指示器を作動させたかどうか、自転車の場合に手で合図をしたかどうか、あるいは歩行者で挙手をしたのかといったことも過失割合に重要な影響を及ぼす事情ですので、こういった事情についても記載していただけると、裁判所としては大変助かります。

　なお、事故時の客観的な状況については、損害を発生させた直接の原因となったものを記載してください。例えば、蛇行運転を繰り返してきた被告車両が急停車した結果、原告車両がこれに追突したという場合に、追突に至る経緯である蛇行運転について一生懸命書かれる方が少なくないのですが、事故を発生させた直接の原因は急停車と追突という事実ですので、どのような形で追突したのかという部分の事情をしっかり書いていただきたいと思います。

　蛇足かもしれませんが、当事者のご意向に引きずられて、当事者が強調したいところを書いた結果、内容がよく分からなくなっている訴状も見受けられます。やや極端な事例ですが、「猛スピードで進行して乱暴な運転をしてきた被告車両と接触した」ということだけ書いてあるものが実際にありました。これでは、実際、どのような事故であったのか全くわかりません。しかし、こういったものも実務上少なくありません。事故の客観的状況につきまして、裁判所に分かるように記載していただけるよう重ねてお願い申し上げます。

　② 　**責任原因の表示**

　請求原因の記載に当たっては、被告ごとに責任原因を明示していただきたいと思います。具体的には、民法709条の不法行為責任なのか、同法715条

の使用者責任でいくのか、自賠法3条の運行供用者責任でいくのか、あるいはその他の法律構成によるのかといったことを特定した形で記載していただきたいということです。これは、訴訟物を把握する上で重要となり、また、訴額の算定などでも必要となりますが、責任原因によって損害となるものの範囲が変わってくるものですから、損害との関係で主張自体失当とならないかを考える上でも重要です。例えば、自賠法3条の請求はよくなされますが、損害となるのは人身損害であって、物損については責任原因とはできません。また、自賠法3条と不法行為の選択的併合ということになりますと、人身損害に関する限度でのみ選択的併合であり、物損については不法行為に基づく請求のみが訴訟物ということになるわけです。

　ほかにも、例えばこれもよくあるのですが、どうやら損害の一部について当事者間において現場で何らかの合意をした、何らかの和解のようなものが成立したということを請求原因として立てられる、つまり損害について合意をした内容に基づいて請求をされる場合があります。この場合、不法行為ではなく、合意によって発生した請求権ということになり、訴訟物は和解契約に基づく和解金請求権と考えられます。こうなると、交通部で取り扱う事件ではないのですが、この場合、弁護士費用は当然には請求できないと考えられますし、また、遅延損害金の起算日についても変わってくるということが考えられます。このように、責任原因は、請求内容や請求相互間の関係を正しく把握して円滑な審理をする、ないしは終局解決の際に過不足のない判断をさせていただく上で必要となってきますので、特定して書いていただくということでお願い申し上げます。責任原因の記載に誤りがあり、又は落ちていますと、裁判所が訴状を受け付けた段階で訂正、補正をしていただくということで対応せざるを得なくなり、ひいては審理が遅れる原因となりますので最初からきちんと書いてきていただくということでお願い申し上げます。

③　損害の記載

　次に損害の記載について、少し個別にご説明したいと思います。損害の記載につきましては、費目ごとに損害の内容や損害額を具体的に明らかに記載していただく必要があります。交通事故による損害については、その算定方法、考え方について、いわゆるリーガルプログレッシブや交通関係訴訟等の

書籍、いわゆる赤い本、青い本といった書籍などいろいろな本で詳細に説明されているところです。ですから、こういったこのような書籍を参考にしていただきたければと思いますが、実務上しばしば問題となる点につきましては、改めてこの場でその留意点等について説明させていただきたいと思います。

ア　傷害内容や治療経過

　これは全ての人身損害に関わってくるところですので、やはり明確に書いていただきたいと思います。また、記載に当たっては、事故によって被害者がいかなる傷害を負ったのか、それについて整骨院を含む医療機関に具体的にいつからいつまで通院したのか、そのうち何日を実際に行ったのかというようなことを特定して記載していただきたいと思います。これについて、訴訟提起までに診断書等が作成されているはずであり、これを参照すれば実通院日数等を把握することは難しくないと思われます。よって、必ずそういった資料を参照の上、正確に記載していただけるようにお願い申し上げます。併せて、医療機関ごとにいくらの治療費がかかったのかも内訳を明示していただきたいと思います。これについては保険会社が一括して対応しており、被害者側でその詳細は把握していない事案では仕方がないかとは思いますが、事前の交渉等で被害者側が把握している場合には、その範囲で記載していただきたいと思います。

　これについて、「相手方保険会社が任意交渉の段階で認めていた」などとして「治療して〇〇病院と△△整骨院に行きました。総額はいくらです」といったことだけ書いてくるという事案も正直いって少なくありません。しかし、これでは事故によって原告がどのような傷害を負ったのか、それで実際どれだけ入通院をする必要があったのかが判然とせず、態様、慰謝料等の算定に当たっても支障が生じます。やはり、通院経過、治療経過それから傷害内容などについては、ちゃんと分かるように記載していただきますよう重ねてお願い申し上げます。

　他方、加害者側が被害者の治療内容や治療費の相当性について争う、具体的にいいますと、「症状固定時はもっと前である、だからいついつ分までの治療までしか認めない」というような主張をするケースは多くあります。そ

の場合、円滑な審理のため、「どの範囲で認め、どの範囲で争うのか。その根拠は何か」ということを加害者側に主張していただくのですが、そのためにはまず加害者側で治療費に関する内容をきちんと特定していただくことが必要となります。したがいまして、訴訟の円滑な進行という観点からも、損害内容や治療経過、治療費の内訳等については、訴状の段階で特定して記載していただくということでお願い申し上げます。

　それから、傷害内容、通院経過を書いた後に症状固定日、すなわちいつ症状が固定したのかを忘れないで記載していただきたいと思います。特に後遺障害事案においては、逸失利益を算定する際、症状固定日が分からないとそもそも起算の時点が分からないということになります。起算の時点が変わると労働能力喪失期間が変わってきますし、基礎収入判断の指標となる内容が変わってくるということもあります。よって、症状固定日については忘れずに記載するということでお願いいたします。なお、自賠責保険の後遺障害等級認定を受けている場合は、その事実の有無、その認定の内容、あるいは異議申立中であるといった具体的な事柄についても忘れずに記載してください。

イ　治療費

　一般論としては、相当な治療期間、治療内容に対応する実費相当額というものが損害になると思います。ですから、先ほど申し上げたように、具体的な入通院経過とそれぞれの医療機関ごとの内訳を示していただく必要があります。この点に関し、症状固定以降も通院しているとして、その分の治療費も請求するという事案で、症状固定前後を区別せずに医療機関に支払った総額を記載してその全額を請求している場合があります。しかし、実務上、症状固定日以降の通院は、基本的に特に必要性がない限りは相当因果関係が認められておりません。ですから、この分を請求する場合には、症状固定前の治療費と区別した上で、支出の必要性があった事情について主張していただくようお願い申し上げます。

　なお、自由診療を受けた場合において、実際相当な費用が発生するということになりますが、裁判で認められるのはその全額かといいますと、必ずしもそうではなく、相当な部分に限って認められるということが少なくありま

せん。こういった事例につきましては、下級審判決も結構あり、『自動車保険ジャーナル』などにもよく出ています。当事者のこだわりの非常に強いところと思われますので、相談を受けた段階で、そういったものについては認められないかもしれないということについてはよく説明しておいていただければ無用な紛争を防げるかもしれません。「かかった治療費で実際払っているのにどうして認められないのか」「病院から請求されて困っている」といった内容を当事者が非常に強く訴えられることがあります。そういった場合に、代理人の方からの事前の説明があまり十分ではなかったのかと思われることが少なくありませんので、この点を改めて申し上げておきます。

ウ 入院雑費

　被害者が治療のために入院したという場合、それに伴い必要となる雑費が一般的に損害額として認められています。これはいちいちどのようなものかを挙げていただく必要は必ずしもありませんが、雑費というものの相当額については、これもいろいろな本に書いてあるとおり、実務上1日当たり1500円を相当額と認めるケースが多く、この限度であれば格別の主張立証がなくても認められることが多いように思われます。他方、これを超えて1日3000円や5000円といったものを請求されるのであれば、それは相応の主張立証が必要ということになります。そのような場合には、その相当性を基礎付ける主張立証を忘れずにしていただくということでお願い申し上げます。

エ 通院付添看護費

　被害者の近親者等が入通院に付き添った場合、あるいは職業付添人を付けた場合で、付添看護の必要がある場合は、相当額について損害が認められます。ここで注意していただきたいのですが、あくまでも付添看護であることが前提ですから、単なる見舞いや、被害者の傷害に照らして病院の看護体制で十分であって、これに加えて近親者の看護までは必要でない場合には、付添看護に要した費用は事故と相当因果関係を有する損害とは言えないとの判断に至ることもあります。この点について、しばしば見落とされがちですので、必要な付添看護だということについての主張立証が必要であることを改めて指摘しておきたいと思います。逆に、病院側に相応の看護体制があるといった場合でも、被害者の年齢や傷害内容、身体の状況いかんでは、相当の

範囲で付添看護費を認めるという判断に至るケースもあります。付添看護の必要性については、よく事実関係を把握した上で、検討していただきたいと思います。

また、単価について申し上げておくと、職業介護人については必要なものの実費相当額、近親者については概ね入院は1日6500円、通院は1日3300円を相当と認めるケースが多いです。入院雑費と同じで、この限度であれば実務上それほどの主張立証が必要というわけではありませんが、これを超えるものにつきましては、やはり相応の主張立証が必要となりますので、この点もお忘れなきようにお願いいたします。

オ　交通費

通院に必要なものについて、本人又は付添人の交通費実費を損害と捉えています。ですから、実費相当額について具体的に明らかにしていただく必要があります。この点で問題となるのが、公共交通機関を利用した場合です。切符などは回収されてしまいますので、証憑が残らないということになります。こういった場合、通常領収書等はありませんので、利用年月日、利用区間、利用金額、すなわち片道いくらという単価といったことを具体的に明らかにしていただき、その合計額について計算過程を明示した上で、主張していただくということになります。また、マイカーの場合には、必要なガソリン代ということになります。これも実費相当額ということになりますが、実務上大体1キロメートル当たり15円ということで認められているケースが多いのではないかと思われます。

通院期間が短くて、経路が単純であれば問題は比較的少ないのですが、中には自宅から離れたところに行かれている場合、ある医療機関に行った後に別のところに行って自宅に戻ってくる場合、あるいはその逆の立寄り先から来ている場合などで、通院経路などが複雑な場合、長期間にわたって複雑な通院経路で通院している場合もあります。こういった場合、裁判所が通院の事実関係及び通院に要した実費の額を理解しやすいように、例えば通院経過一覧表というように、エクセル等で一覧表を作っていただきますと、審理が円滑に進むということになりますので、よろしくご協力いただきますようお願いいたします。

カ　将来介護費

　被害者が重度の後遺障害を負ったということで、将来にわたって介護が必要であるという事案も少なくありません。その場合には、将来にわたる介護の必要性や金額の相当性について主張立証が必要ということになりますが、そのための必要な情報として、現在の介護状況等の今後の具体的な介護の予定については忘れずに主張していただくことをお願いいたします。

　介護費用の相当性につきましてそれを基礎づける事情及び計算根拠を主張していただかないとこちらは判断できないということになりますので、被害者の障害の内容や程度、後遺障害等級といったことと、現在の日常の生活状況、さらに常時介護が必要なものなのか、随時介護で足りるものなのか、そして介護の方法についても例えば声かけや見守りで足りるのか、待機して付き添っていなければならないのか、あるいは近親者介護が必要なのか職業介護人が必要なのかなどの事実関係について具体的に主張していただいた上で、立証していただくということになろうかと思います。

　これも当たり前の話ですが、将来介護費について、現在給付を求めるという場合には、現在価値に引き直す必要があります。現在の実務上ライプニッツ係数を用いており、多くのケースでは現在価値に引き直した上で請求されているのですが、中には単年度の介護費用に単純に年数を掛けて請求されるという事例もあります。そのような請求が認められることは、現在の実務上ほぼないと思われますので、ご注意願います。なお、定期金給付の場合は別ですので、あらかじめお断りしておきます。

　それから、死亡事案に限りますが、葬儀費用が請求されることがあります。この点につきましては実務上、150万円を上限として実費相当額を損害として認めるという運用をしております。今申し上げたように150万円というのは上限であり、当然請求できるというわけではない、つまり実費が150万円を超えているということが必要ですので、その点について葬儀屋からの請求書などのいろいろな書証で立証していただきます。なお、この点につきまして、細かいのですが、香典返しというのは損害にはならないと理解されており、赤い本にもその旨が明示されているかと思います。しかし、意外とこういうところを見落として、例えば請求書などを見てもどう見ても「香典返し」

と書いてあり、それを引くと120万円くらいにしかならないというようなこともありますので、ただ漫然と150万円請求すればよいということではないということをよく理解しておいていただきたいと思います。

キ　休業損害

　休業損害というのは、一般的には交通事故によって受けた傷害の症状が固定するまでの療養中に、傷害のために休業し、また、十分に稼働できなかったことに対する収入の損失のことをいいます。どのように計算するのかということですが、一般的には事故前の収入の日額に、事故発生から症状固定日までの休業日数を乗じたものから、実際に支払われた賃金等を控除するという方法で行っています。

　ポイントは、症状固定までの間に現実に休業したことにより実際に生じた収入の減少が損害であるという点です。この点について、実務上よく見かけるのが、「事故後休業せず、痛いけれど頑張って会社に行きました。有給休暇も使用しませんでした。休もうと思えば休めたのですが、それでは会社に迷惑がかかるから会社に行きました。だからもし休んでいたとしたらと仮定して、休んだ分の休業損害をください」という請求です。しかし、先ほど申し上げたとおり、休業損害とは休業によって実際に得られなかった収入であり、先ほど述べた内容について休業損害とは言い難いように思われます。

　こういうものを休業損害という名目でご主張されると非常に審理が混乱します。相手はこれを休業損害の枠組みで捉え、「これは休業損害ではありません」と主張するわけで、裁判所もそのように考えるのですが、よく聞いてみると、それは一般的にいうところの休業損害ではなく、事案特有の損害なのではないかということになり、ではそれが事故と相当因果関係のある損害であることを基礎づける具体的事情について主張立証してくださいとなりますと、審理が長引く原因となります。代理人におかれましては、休業損害として請求できるものは何かということについて、よく検討していただければと思います。

　また、実務上、有職者については、休業損害を算定するに当たっては、原則として事故前3か月の平均収入を基礎収入とする扱いをしております。賃金センサスや年収ベースで主張してくるという事件もありますが、休業損害

といいますのは、比較的短期についての得べかりし利益を問題とするものであり、先ほど申し上げたような休業損害の趣旨に照らしてこのような扱いをしております。事故前3か月を超えるような期間の収入をベースにするのが相当であると主張するのであれば、その内容を具体的に主張していただく必要があります。

また、主婦や失業者については、休業損害を考える上では有職者と異なった考慮をするということになっております。これも類型が多数ありまして、今日この場で説明するのは時間の問題もあって差し控えさせていただきますが、赤い本やリーガルプログレッシブなどをよく検討の上で各事案における適切な主張をしていただくということでお願い申し上げます。

ク　後遺障害による逸失利益

　後遺障害による逸失利益は往々にして高額に上り、請求の中でもかなりの金額のウェイトを占めることが少なくありません。具体的な算定方法については実務上ほぼ確立しており、いわゆる基礎収入に労働能力喪失率、それから労働能力喪失期間に対応するライプニッツ係数を掛けて算出するということになります。この計算によらないで独自の方法で計算されている事案もありますが、実務上そういった独自の方法で算定される内容が相当であると認められることはほとんどないと思われます。ですから、なるべく基本的な処理の仕方を踏まえた上で、仮に、その方法が本件事案ではふさわしくないということで別異の計算方法によることが相当というのであれば、そこのところを十分に説明していただく必要があります。

　個別の要件について説明しますと、まず基礎収入についてですが、通常、休業損害の場合と違って、事故前年の年収とするという例が多いです。ただし、事故前の収入が低かったとしても、将来的にこれを上回る収益を得られるという蓋然性があるという場合には、その金額をもって基礎収入とするということもあります。具体的にいいますと、事故前の収入だと賃金センサスに届いていないが、昇進や昇給等が十分に見込まれるから、将来的に賃金センサスの相当額あるいはこれ以上の賃金を得られただろうという蓋然性が認められる場合には、その昇給等を見込んだ額によるということになってくると思います。休業損害の場合とはやや違いがありますが、休業損害の賠償と

いうものが一般的には比較的短期の療養期間についての収益の塡補ということになるのに対して、後遺障害による逸失利益というのはある程度長期の将来にわたる収入の減少を塡補しようというものですので、こういった性質の違いによるということであると思われます。ただし、今収益が低いということはそれなりの理由があるという場合が多いのでしょうから、今収入が低い人が、年月が経てば高い収入が得られるようになることが一般的かと言われると、なかなかそうではないということだろうと思われます。特にある程度年を取った方になって参りますと、これから頑張れば収入を得られただろうというのは、一般的にはなかなか難しいのかなと思います。ですから、収益を得られる蓋然性については、単に勤続等するにつれて昇給等があり得るなどの抽象的な内容だけでなく、具体的な事実関係に基づいて主張立証を行っていただく必要がありますので、その辺ご理解ください。

なお、若年者につきましては、いわゆる平成11年の三庁提言で言われているところもあり、公刊物にも記載されておりますし、赤い本などにも指摘があるかと思いますので、十分にそれらを調べた上で主張をどう組み立てていくかを考えていただくということでお願いいたします。

また、よく問題となるのが、事故後の減収がないというケースについてですが、賠償の対象となる損害は、いわゆる差額説、すなわち、交通事故がなかったならば被害者が得られたであろう収入と事故後に現実に得られる収入との差額をいうところ、原則として逸失利益は否定される方向となります。しかし、被害者に減収が生じていない理由が被害者の努力や使用者の温情によるものであって、長期間その状態が継続できるのかどうか定かではないという場合については、後遺障害による逸失利益の発生を認める場合があります。ですから、特に被害者側で、保険会社からこのような減収がないではないかという指摘をされたとしても、事案によっては認められるケースもありますので、よく事案を検討していただきたいと思います。

ケ　労働能力喪失率

一般的に裁判所の認定の手法としては、後遺障害が自賠法施行令の別表第1及び別表第2に定めるもののいずれに相当するかということのほか、被害者の年齢、職業、性別、後遺障害の部位、程度、事故前後の可動状況、所得

の変動等といったものを考慮して判断しております。実務上最も重要な資料となってくるのは、先ほど申し上げた後遺障害の認定等級ということになります。ですから、先ほども重要書証ということで申し上げましたが、後遺障害に基づく逸失利益を請求するという場合にあっては、後遺障害の等級認定手続を受けていただくことが立証の上でも非常に重要となってきます。なるべく事前にそうした手続を経るか、申立てを行った上で訴訟提起をしていただきたいということでお願い申し上げます。

　また、労災保険の関係で認定を受け、自賠責では認定を受けていないということもありますが、労災と自賠責では制度趣旨が違うということがありますから、自賠責についても手続をしていただくことが、立証の負担を減らす上でも有益だと思います。なお、自賠責の認定等級についてですが、裁判所はこれに絶対的に拘束されるものではありません。念のため申し上げておきます。

　この点について一つ触れておきたいと思うのは、異議申立ての点です。「後遺障害等級認定手続に対して異議の申立てをしているので結論が出るまで待ってほしい」という申立てが結構あるのですが、異議申立てについては何回もできるものであり、事案の内容によっては、裁判所として適正な審理の観点から、その結果が出るのを待つのが相当と判断せず、そのまま手続を進めるということがあり得ます。ですから、異議申立てを理由に訴訟手続の進行を事実上停止してほしいということであれば、そうすることが合理的ないし妥当であるということについて説明していただく必要がありますので、ご了承ください。

　また、等級認定は争わないが、労働能力喪失率について争うという場合では、具体的にどうしてそうなるのかという理由を説明していただくということになります。これに関し、疼痛が激しい等、主観的な内容を強調されるケースが多いように思われるのですが、一般論としては等級認定というのは個別の事案における多少の差異があることも踏まえた上で行われているのでしょうから、痛いからということだけでそれ以上の割合が認められるのかといいますと、そういった例は多くないと思われます。認定等級は認定上相応のインパクトがありますから、よくその内容を踏まえてご主張を組み立てていた

コ　労働能力喪失期間

　実務上は症状固定時を基準に67歳までの期間又は平均余命までの2分の1の期間のいずれか長いほうを期間として、これに対応するライプニッツ係数を掛けて計算しております。赤い本では、その二つのどちらか長いほうというところがストレートに表現されていないので、間違えられる代理人がおられますので、ご注意ください。なお、労働能力喪失期間について、症状固定時の年齢等が明らかにされておらず、どのような方法で算出されたのか主張上不明なものがありますので、その根拠についても主張していただけるようお願いいたします。なお、18歳未満の者については、その18歳までの期間を控除したライプニッツ係数を掛けるということになるのですが、これについては赤い本の資料に分かりやすい早見表が付いていますので、確認しておいてください。

　また、後遺障害は永続するものですが、後遺障害の内容、程度によっては、労働能力喪失期間は一定期間に限定して認められることがあります。具体的にいいますと、実務上は、12級13号に該当する神経症状については10年、14級9号に該当する神経症状については5年、必ずしもいわゆる厳密な意味でのむち打ちに限られず、こういったものについては10年ないしは5年に限定されるケースがあります。ですから、こういったものについて請求される場合には、そういった可能性についてもよく当事者と打ち合わせた上で対応していただくことにしていただくとトラブルが少ないのではないかと思います。

サ　物　損

　物損について争点はいろいろあるのですが、問題となることが多い経済的全損の判断について取り上げて説明します。経済的全損というのは、車両の客観的価額に対して修理費用のほうが上回っている場合です。修理しても経済的に割に合わないということになり、車両の客観的価額といわゆる買換諸費用の合計の限度で損害と認められるということになります。このときに、車両を処分したことによってスクラップ代をもらっている場合には、それを引くということになります。

車両の客観的価額についてですが、これもよくあるのですが、あくまで事故時の客観的価額、中古車としての価額であり、事故車の新車価額ではありませんので、ここを間違えないようにしていただきたいと考えております。中古車としての客観的価額については、一般的に『オートガイド自動車価格月報』、いわゆるレッドブックを利用して立証されることがよくあり、実務上それなりの証拠価値をもつものとして扱われているように思われます。絶対的なものではありませんが、最低限こういったものを踏まえて検討していただければと思います。

なお、中古車の価額の点について、昨今インターネット上の中古車売買情報を証拠として提出される方もいらっしゃいますが、情報の正確性や時価額の立証として十分なものかという点で疑義がないわけではありませんので、こういったもので立証されるときには併せて『オートガイド』がどうなっているかということも忘れずに検討しておいていただければと思います。

また、買換えをした場合には、事故後に買った新車代金の全額と特別なオプション費用の全部を請求される事例もありますが、そういったものは相当な損害額を超えるということになってきますので、その辺はよくご説明いただければと思います。それと、この買換諸費用というのは、あくまで現実の買換えを前提としています。当事者において買換えをしなかった場合は請求できません。仮に買換をしていればこのくらいかかったという費用を請求できるわけではありません。

④ 既払金

今、個別の損害費用について申し上げましたが、これら費目の一部について全額が既払いになっているということがあります。例えば、治療費は全額保険会社で払ってくれたということで治療費については既払いであり、治療費は請求から落とすといったことはよくされます。

しかし、相手方が過失相殺を主張してきた場合にお互いの計算が齟齬してくるということが起きる、すなわち過失相殺を主張した上で治療費相当額として払った分を既払いと主張されてしまうと、治療費相当額を認定しなければならず、これについて過失相殺率をした結果、過失相殺後の治療費相当額を超える分の既払金が他の費目の損害に充当される結果となります。過失相

殺等の主張が予想される事案におきましては、損害については一部既払いになっているという場合でも、なるべく、損害の全額を主張した上で、具体的にこれだけの既払金があるということで主張していただけると、トラブルが少ないのではないかと考えておりますので、よろしくご協力のほどをお願い申し上げます。

なお、既払金とその充当計算についても少し触れたいと思います。交通事故訴訟におきましては、特に人身損害が発生している場合には、訴え提起前に損害の一部について塡補の支払がされているということが大半であり、私の経験上、全くないということは多くありません。先ほど述べたとおり、全額を損害として主張していただいた上で既払金を明らかにしていただきたいのですが、その中で注意していただきたいのは、損益相殺的調整の方法が既払金ごとに全然違うということです。

既払金について、その費目、例えば労災保険の療養給付なのか、休業補償給付なのか、あるいはそれと全然違う任意保険会社からの仮払いなのか、その他の一時金なのか、特別金なのかによって、加害者に対する損害賠償請求を塡補するというものではなく、国の福祉行政という観点から給付するという費目であり、そもそも損益相殺の対象とならないとか、過失相殺前の全損害に塡補するものとか、あるいは過失相殺後の損害に塡補されるがある特定の費目についてだけ塡補されるとか、給付ごとに充当計算の可否及びその方法が変わって参ります。そういったものの全額を損害全額から引いて請求される事案もありますが、原告にとって不利な場合はともかくとして、被告にとって不利な計算である場合は被告は必ず争ってきますから、正しい充当計算をしていないと後で混乱の原因となります。ですから、特に社会保険給付については、その意義や趣旨、あるいは充当計算の方法についてよくお調べの上、既払金として何がどれだけあって、どのようにして充当計算されるかを確認していただけるようお願い申し上げます。

特に遅延損害金にまず充当されて、その残ったものが支払時の元本に充当されるという場合については、遅延損害金がいくらなのかといったことも出てくるため、計算が複雑になってきます。ですから、そういったものについては、損害一覧表などを活用し、誰が見ても間違いなく分かるということで

やっていただけると助かります。

　今触れた点に関連することですが、最近非常に多い利用されている人身傷害保険について、充当計算によく気を付けていただきたいと思います。最高裁判決で、いわゆる訴訟基準差額説が採用されて一定の解決を見たのですが、まだ問題点が若干あるということに加え、特に理由らしい理由もないのに、なぜか最高裁判決と違った計算をされるというケースがまだ見られます。私が担当した事件でも、既払金に過失割合を掛けて計算をされるといったよく分からない計算をいろいろされていた事案がありました。こういったことは、審理を混乱させ、ひいては審理の遅延につながりかねません。人身傷害保険については、その取扱いについて確認の上で計算していただくようお願い申し上げます。

　　⑤　訴訟救助

　訴訟救助の点について少しご説明したいと思います。訴訟救助を申し立てるに当たっては、資力に関する疎明資料、それから勝訴の見込みに関する疎明資料といったものが必要ということになってきます。

　民事交通事故訴訟については、その性質上、勝訴の見込みに関してはあまり問題とならないケースがあります。すなわち事故自体が起きたということになってきますと、勝訴の見込みがないと、そこまで断定できる事件がどこまであるのかといったことで、あまりそこは問題となりませんが、資力に関しては疎明が不十分な申立てがそれなりに見られます。交通事故の被害者だからといって、訴訟費用も払えないほど困窮しているとまでは当然には認められないでしょう。よって、申立てに当たっては資力について資料を出していただく必要があります。これについて、実務上、日本司法支援センター（いわゆる法テラス）の援助開始決定のみをもって資力に関する疎明資料とされる場合があるものの、現在の取扱い上、これだけでは不十分とされているように思われます。生活保護受給証明書、所得証明書、非課税証明書、源泉徴収票等を提出していただいております。ですから、申立時からこういったものを添付していただくと、訴訟救助に関する裁判を円滑に行うことができ、なるべく早期に事件を進めていくということができます。この辺りについてもお忘れなきようにお願いいたします。

⑥ 書証の提出

　先ほども述べたとおり、基本書証については、訴訟提起段階から提出していただくということを当部としてはお願いしておりますが、併せて、その際に必ず証拠説明書を提出していただきたいということでお願いしております。根拠としては、民事訴訟法規則137条1項というものがあり、「文書を提出して訴訟の申出をするときは、当該申出をするまでに文書の記載から明らかな場合を除き、文書の標目、作成者、作成趣旨を明らかにした証拠説明書を相手方の人数に応じて数通提出しなければならない」という旨規定されています。

　「文書の記載から明らかな」という場合に当たるか当たらないかということはいろいろ問題もあるのでしょうが、そもそもこういったものに当たるか当たらないかということを判断するのはあまり実益がないということですので、全件につきまして証拠説明書を提出していただきたいということでお願い申し上げます。当部においては、証拠説明書がない限りは、証拠提出そのものを留保していただき、そして証拠説明書の提出を待って証拠調べをするということにしております。原本の存否、それから書証をそもそも調べる必要性というものを明らかにしていただき、それを考えた上で、書証として必要と採用するということにしておりますので、証拠説明書の提出は忘れないようにしていただきたいと思います。

　なお、いわゆる赤い本や別冊判例タイムズ、いわゆる緑の本のコピーを書証として提出されるというケースもありますが、こういった内容については証拠によって立証すべき事象ではありませんし、裁判所としてこういったものは把握しておりますので、原則として書証提出していただく必要はありません。

第3　争点整理段階での留意点

1　答弁書の記載

　訴状提出の後のお話ということで、まずは答弁書の記載について触れたいと思います。訴状の送達を受けた相手方の当事者としては、通常の民事訴訟と同様に請求の趣旨に対する答弁、請求原因に対する認否、被告の主張といっ

たものを書いて答弁書を出していただくということが必要となってくるわけですが、これも訴状と同じで、交通事件ならではのものがあるわけではありません。ただ、円滑な審理のために類型的に必要となるものにつきましては若干ありますので、そこをご説明したいと思います。

① 事故態様についての認否

被告側が事故の発生そのものを争う場合、例えば物損事故などでそもそも当たっていないということ、あるいは非接触事故などで原告が怪我をした、あるいは車が損傷したということは被告の運転行動とは何の関係もないといった主張をされることがありますが、その場合、「私は知りません、当たっていないからそんな事故はない」ということだけ言われてしまうと、裁判所としてはちょっと困ってしまいます。通常、被告も現場におり、事件に巻き込まれている以上、何らかの事情を把握していると考えられるところ、原告が事故ないし事故と主張する事象について、被告のほうで把握している事実関係を客観的な内容について具体的に主張していただきたいと考えております。例えば、「原告が転んだのが見えた、だけどそれは自分の車両後方百数十メートルの場所であった」というように、把握しておられる事情を主張した上で、不法行為責任を負わない旨を主張していただくと、裁判所としても紛争の実態により迫りやすく、ひいては円滑な審理の実現につながると考えられます。先ほど述べた訴状の記載の裏返しということになりますが、やはり事故現場がどういうところか、事故前の挙動がどうか、接触部位がどうか、事故時の挙動がどうか、行動がどうかということについて、訴状に対応して具体的にご主張していただくということになろうかと思います。

② 責任の有無や過失相殺についての主張

民法の不法行為責任だけが追及されている場合は、被告としては、自分の責任を否定される場合に、自身に過失がないというご主張をされれば一応足りるということになりますが、自賠法3条につきましては、それだけでは足りません。具体的にいいますと、これも条文に書いてありますが、自己及び運転者が自動車の運行に関して注意を怠らなかったこと（つまりこれは過失がないということとパラレルになるのですが）に加えて、被害者及び運転者以外の第三者に故意過失があったこと、自動車の構造上の欠陥又は機能の障害

がなかったことを証明する必要があります。

　よって、被告側としては原告の訴訟物ないし責任原因として何を主張するのかということをよく把握した上で、自賠法3条で来ている場合には、単に自分には過失がなかったということだけではなく、こういった事柄についてもご主張していただく必要があります。その内容として、やはり客観的な事故ないし事故とされる事象についての被告の主張が前提となりますので、それと併せて責任原因について被告の方の立場を明らかにしていただき、不足なきようにご主張していただくということでお願い申し上げます。

　なお、過失相殺のご主張をされるという場合にあっては、先ほど述べたことではありますが、いわゆる基準の調査を十分に行っていただきたいと思います。この基準に則るか則らないかは別として、一応こういったものを踏まえた上でご主張していただかないとあまり意味はありませんし、審理が混乱いたします。ひいては自分に不利益な結果となってくるということもありますので、基準はよく調べていただきたいと思います。特に赤い本と緑の本で片方しか書いていないというときに赤い本しか参照されないという方もいらっしゃいますが、裁判所はいわゆる緑の本に従って判断するケースが多いのではないかと思っております。それの当否は別として、実務としてはそうなっているという実情がありますので、その辺を踏まえていただければ、より問題は少ないのかと考えております。

　ご主張に当たってお願いしたいことですが、裁判所としては、「では被告の主張に従うと過失割合はいくらになるのか」ということを知りたいということがありますので、具体的にご主張していただけると大変助かります。よくあるのですが、「大幅な過失相殺がされて然るべきである」と言い放っておしまいということになりますと、これでは被告が具体的にどの程度の過失相殺を考えているのか分かりません。基本過失割合がいくらの事案でどのような修正要素があるのかというところまで踏み込んで主張していただけると、相手方も裁判所も具体的な指摘が可能となり、話が嚙み合ってくるのですが、そういった記載がなく大幅な過失相殺と言われても、「では被告は具体的にどういったことが言いたいのですか」ということを改めて確認しなければならないということになり、審理が遅れるということが起きてきます。

ですから、なるべく早い段階で、被告のほうで具体的に過失割合がいくらということを明らかにしていただけるようお願いし申し上げます。

③ 損害についての答弁

　被告が損害を認める場合には、単に「認める」と答弁していただければ、原則として事故との相当因果関係についても認めたと理解するということになっております。ですから、「金額は認めるが、事故との相当因果関係については争う」ということであれば、そのように答弁していただかないと、答弁を受ける側も混乱するということになってきますので、なるべく趣旨が明らかになるように、今のような形で答弁していただければと思っております。一部を認める場合に、その一部というのはいくらなのかという点まで明らかにしていただけると大変審理の上で助かります。

　実務上よくあるのが、症状固定時期をめぐる紛争がある事件で、平成25年8月までは認めるとか、事故後3月までは認めるというような答弁があるのですが、では被告はいくらまでを認めているのか、それは何を見たら分かるのかということがなかなかいただいた資料からでは判断しにくいということがあります。特に事故後3月などと言われて、6月15日の事故で9月14日までの治療費を認めると言われましても、資料上、治療費が日単位では書かれておらず、特定できないということが出てきます。そういった場合に被告のほうではそういった点を把握されていることが多く、特に任意保険会社で支払をしているという場合にいつまでの分であればこうなるということで分かるわけです。その辺りについても裁判所にそういう主張をする以上は被告の認める金額ないし相当と考える金額について特定して主張していただくということでお願いいたします。

　なお、第1回期日において、実質的な答弁ができない場合について少し触れておきたいと思います。よく普通の民事訴訟でもあるのですが、お客様からの相談を受けたのが第1回期日の直前であるというような場合で、事実関係の調査あるいは意向の調査が十分にできないという場合があるのは否定できないことだと思います。こういった場合に、請求原因事実について具体的な認否反論まではできず、請求の趣旨に対する答弁だけをして、請求原因いかんについては追って答弁するというように追って主張するということもや

むを得ない場合があることを否定はいたしません。しかし、こういった場合につきまして、なるべく次の第１回の弁論準備期日ないし第２回の口頭弁論期日までにやはり具体的な事実関係の調査についてはしていただいて、実質的な答弁は次の期日までにはしていただきたいと考えております。

　この点につきまして、原告の方の主張立証がどうも足りず、何を言っているのかよく分からないとか、どのような根拠に基づいてそう言っているのか分からないという場合には、求釈明の申立てをしていただくということになると思います。これも第２回で答弁するのに間に合うようになるべく前もって出していただきますようお願い申し上げます。時々第２回の期日の前の日に求釈明だけされるという事案がありますが、これでは第２回も空転したに等しいですので、こういったことは起きないようにご対応していただきたいと思います。

　答弁書を提出するときの注意点ですが、担当書記官に担当弁護士の氏名と第１回期日への出頭の有無を忘れずにご連絡していただきたいと思います。第１回期日に出頭できないという場合には、当部の運用上、「では次の期日はどうしましょうか」とあらかじめ調整の内容をご連絡させていただく、具体的には１月程先の期日のいくつかの候補日について丸を付けていただくという紙を出していただくという運用をしております。この点をきちんと連絡していただかないと調整ができずに、日程調整に難航するということが出てきます。円滑な審理の実現のため、先ほどのような担当弁護士の氏名と出頭の有無についてご連絡いただくということでお願い申し上げます。

２　債務不存在確認訴訟の対応

　当部におきましては、債務不存在確認訴訟が提起された場合、被告側に対して「交通事故における損害が確定しているのですか」とお尋ねした上で、なるべく紛争の一回的・全体的解決を図る趣旨から、「確定しているということであれば反訴を出してください」と促す扱いをしております。そして反訴が提起された場合、これが全部請求であるということになってきますと、本訴については確認の利益がないということになってきますので、本訴原告に対して本訴を取り下げるように促すことが多いと思われます。

　ですから、債務不存在確認訴訟を提起された被告側の代理人になられる場

合は、まず損害が既に確定しているのかどうかの調査をまずやっていただくことになります。具体的には、症状は固定しているのかどうかにかかってくるケースが非常に多いと思いますが、この店について調査を行っていただくという必要があるということであり、この点をよく踏まえていただきたいと思います。症状の固定については、審理の運営上、訴訟進行上で非常に問題となりますので、なるべく早めに調査の上、明らかにしていただきたいと思っております。なお、症状がまだ固定していないという場合にも、具体的な状況を明らかにしていただきたいと考えております。

　具体的には、程なく治療が終了する見込みである、ないし症状固定診断を受ける見込みであるという場合には、それを待ってから反訴をする等、見通しや意向を示していただくということになります。逆に治療が当面終了しない、いつか分からないということであれば、訴訟を進めさせていただくということになります。

　この場合、債務不存在確認請求訴訟の性質上、訴えの利益があるということが必要であるところ、症状が固定していなければ即時確定の利益がなく、訴えの利益がなくなると思われます。実務上、裁判所としては、訴えの利益があるとご主張になっている側に対し、治療の終了又は症状の固定の事実が認められる資料について提出していただく、あるいは主張をしていただくという対応を取っております。原告側において、必要があればカルテ等の送付嘱託を行った上で、医療的な記録を検討していただき、必要な主張等をしていただくということになります。

　その結果、裁判所がこれはもう症状が固定していると判断した場合には、裁判所としては反訴の提起を実務上促しております。被告側でなお反訴を提起せず、和解もしないというようなことになってきますと、裁判所が症状固定時期を認定した上で損害額を算定して判決をするということになってきます。逆に症状が固定していないという判断に至った場合、今この事件について確認の判断をすることは時期尚早であるという判断に至るということになり、訴えの却下ということになってくるということかと思います。

　上記の帰結といたしまして、症状が固定している場合に、それでも被告の方がそれは違うと、症状が固定していないと言って、反訴もしない、固定の

主張もしないということになってきますと、症状が固定していないという前提だとそもそも後遺障害がまだないことになりますから、後遺障害について何ら主張する機会もなく、損害賠償額について判断される結果となります。被告がそうした対応をした以上、裁判所としてこのような判断をすることはやむを得ないのですが、被告本人は割り切れない思いを抱くのではないでしょうか。このような事件で被告の代理人をされる場合、治療を続けている現状において難しい部分が多いという事情は分からないでもないのですが、症状固定を前提としない対応をすることで本当によいのかについて、上記のような事情を勘案した上で、よくご検討いただきたいと思います。重ねて申し上げますが、どのような訴訟対応をするかは当事者の自由ですから、裁判所から申し上げることではないのですが、その結果、後遺障害について主張する機会を逃すということもありますので、そこはよく覚えておいていただきたいと思います。

3　文書送付嘱託

　交通事件につきましては、文書送付嘱託の手続が活用されることが多い類型であろうと考えております。当職の経験でも、実際上、医療機関を嘱託先とする医療記録（レントゲン写真を含む）の送付嘱託や、検察庁を嘱託先とする刑事記録等の嘱託といったものが非常に多くされているように思われます。事故と傷害又は後遺障害との因果関係、傷害と治療との因果関係、あるいは症状固定の時期が争点となる場合は、そういった医療記録や刑事記録は普通必要になってくるということですので、こういった類型的に必要なものにつきましてはできる限り早期に、必要な範囲で、嘱託をしていただくということでお願いしております。

　特に医療機関については検察庁などと違い対応がばらばらです。ある病院においてはすぐ対応してきちんとやるが、ある病院においては事務の方にあまり動いてもらえずに非常に時間を要する、出してきても同じ物が2通来たり、あるいは半分なかったりといった不適切な処理になっているということも結構あり、病院だからといって厳格、厳密な対応をしていただけるというわけではありません。早めに対応していただければそういった場合でもある程度余裕をもって対応できるということになりますので、なるべく早期に対

第3　争点整理段階での留意点

応していただくということでお願い申し上げます。

　当部ではこのような話を踏まえて進行の円滑化という観点から、第1回期日までに申立てがされた場合には、裁判官の判断で第1回期日を待たずして嘱託を採用するというような運用もしていますので、被告のほうで必要ということになりましたらなるべく早期に出していただくということでお願いいたします。なお、この申立ては書面を原則としておりますので、嘱託書を出していただくということで対応していただきたいと思います。なお、嘱託で出てきた記録についてはそのまま証拠となるわけではありません。調査嘱託などと違って、弁論において顕出すればよいのではなく、両当事者が謄写していただいて、吟味した上で、必要なものを選んで書証として出していただくことで初めて証拠化されるということですので、ここは忘れないでそれをしていただくということでお願い申し上げます。

　もう一つ、医療記録につきましては、ほとんどが外国語の記載があります。その部分について訳文を添付していただけないと証拠として扱えないということになります。ですから、訳文の添付を含め、嘱託文書を書証として提出する側で、必要な物について必要な処理をした上で、出していただくということでお願い申し上げます。

　それからこれに関連するのですが、意見書の点について述べたいと思います。医療記録に基づき顧問医等と相談の上で、証拠として意見書を提出するというケースは多く、当職の経験上、期日間準備でかなりの割合を占めているのが意見書の作成待ち期間であるという実情があります。主張についても意見書の内容に沿ったものとなるため、意見書が作成されるまで主張立証がされず、実質的に審理がストップしてしまします。これが事件の進行上大きく影響し、事件によっては半年から1年ほど待ってもまだ出てこないということも結構起きております。必要なものについてはある程度時間を掛けていただくのはやむを得ないものだろうと思いますが、中にはお医者様の都合に振り回され、事案の内容に照らして相当な期間を明らかに超過しても「医者がまだと言っているから」などといって進行に消極的な態度をとられる代理人もいらっしゃいます。しかし、あまりに長すぎるということになってきますと、相手方当事者の裁判を受ける権利にも関わって参りますので、裁判所

としてもいわゆる不定期間の障害があるというようなものと同じような扱いをしていくということになり、もう待てないということもあります。なるべく事前に早く準備をするということである程度カバーできる部分もあるかと思いますので、円滑な進行にご協力をお願い申し上げます。

第4　和解について

　先ほど述べましたとおり、証人尋問を経る前の争点整理段階において裁判所が和解案を出すということは交通事故においてはかなり行われています。和解によって終結する事件というのは6割以上と申し上げましたが、当職の体感上、90パーセントくらいの事件が一度は和解勧告をされ、そのうちの8割くらいが争点整理段階までにされているという感覚であり、この段階での提案が非常に多いということになります。

　和解勧告のやり方については、いくつか特徴があります。これは当庁だけではなく、他庁においてもある程度似たようなところはあるかと思いますが、まず一つは過失割合や損害費目ごとに具体的な数値をお示しした上で、和解を勧告するということです。つまり全体でざっくりいくらというような話はあまり多くなく、過失割合は4：6くらいで、治療費はいくら、慰謝料はいくら、既払金はこれだけあるからこれを引いていくらといった細かいところまでお示しした上で出しているということです。細かい内容を含み、一見判決の先読みのように見えることもあろうかと思われますが、あくまでも和解の時点での暫定的心証を参考とした上で、和解による解決としての妥当性を考慮した上で、和解案として相当性があるということで提案している金額です。よって、判決がこれと異なる内容となる可能性があることは念のため申し上げておきます。

　特に原告側に多いのですが、裁判所の和解案を最低保証的な内容と理解される方もいらっしゃるのですが、そういうものではありません。判決になった場合、認容額が和解案よりも大幅に減るという可能性もそれなりにありますので、紛争の早期解決だけでなく、敗訴リスクを回避するという趣旨をよく理解していただきたいと思います。

　その和解案については、他庁では運用が少し違うかもしれませんが、現在

第4　和解について

の当部の運用上は原則として書面で提案しております。

　なお、人身損害に関する事件については、ほとんどの事件で調整金という名目の金銭を加算していると思いますが、これは、伝統的に当事者の歩み寄りによって解決するということと、事案の早期解決によって当事者双方がメリットを受けるということで、弁護士費用と遅延損害金については和解案では計上しない代わりに、そういったものを踏まえて調整金というものを加算するという運用をしているもので、概ね遅延損害金の一部に当たる金額を付しているという運用であるかと思われます。

　今申し上げたような趣旨であり、調整金の金額については、事案の内容によって適当と考える額ということになってきますので、先ほど述べた以上のことを申し上げるのは非常に難しいです。どうしてこの金額が出て、どうしてこれが妥当なのかということをお問合せいただいてもほとんどお答えできないということになるかと思いますので、悪しからずご了承ください。

　裁判所が和解案を出した後に、それを踏まえて当事者のほうでそれとは違う内容で和解をしたいと申し出られるケースがあります。このような場合には、あらかじめ具体的内容や、当事者において作成されている場合は条項案を裁判所に教えていただきたいと思います。裁判所としては、当該事件の終結処理をするということになってきますと、訴訟物について解決されているか、あるいは裁判所における和解の内容としてふさわしいものであるかについて確認する必要があるからです。ですから、これも前日などに出されますとこちらも対応いたしかねるという部分が出て参りますので、なるべく前もって対応していただければ皆にとって円滑処理ということでよい結果になるかと思いますので、なるべく早めに対応してください。

　裁判所で和解勧告をした後、いつまでも紙が来ないとか、紙は来たが期日に説明されたのと違うという話であれば、これも早めにご連絡いただければ対応いたしますので、よろしくお願いいたします。特にファックスの関係などで、勧告書が来ないというトラブルは若干見られます。それが故に和解交渉がうまくいかないということであれば大変悲しいことですので、この辺りをよく確認していただくということでお願いいたします。

　和解勧告後、和解案を受諾する方向でいくということになったときに、

支払口座をどうするのか、あるいは支払期日をどうするのかということで、ある程度の確認ができているのであればそれも併せてご連絡ください。こういったことをしていただけないと、こちらも最終的な処理ができないということになり困りますので、代理人に協力をお願いしているというところです。

第5　人証について

　交通事故においては、先ほど申し上げたとおり、争点整理段階までに和解が提出され、和解で終わるというものが結構あるのですが、和解では終わることができないというときには、必要に応じて、人証をするということになります。

　私の経験上、交通事故訴訟において、人証が必要とは思われないケースが少なくありません。事故対応や休業した事実が本当にあるのかどうか、あるいは事故当事者が体験した事実でないと分からないというようなことについて争いがある場合などでは人証調べの必要性が認められることもあるでしょうから、そういう場合は必要な人証調べを実施するということになると思われます。他方、専ら裁判所の評価に関わる事項、例えば客観的事実関係そのものに争いがない事案において、労働能力喪失率がいくらかとすべきであるとか、症状固定時期をいつと考えるべきであるとか、加害者側に重過失があったかどうかといったことについて人証調べを実施する意義は乏しいと言えます。

　ですから、人証が必要なものであるかどうかについては、今一度申請される段階でよくお考えいただきたいと思います。被害感情を含めた思いの丈を裁判所で述べたいというような本人の意向があるという、代理人側の事情を否定するものではありませんが、やはり裁判所としては、必要性があると認められなければ人証調べを実施しませんので、そこは申し上げておきます。

　なお、最近は、ドライブレコーダーや防犯カメラにより事故の客観的状況が明らかにされる例が少なくなくなってきましたが、こういった映像記録が証拠として存在する場合に、単にこれと違った内容の供述をするとして人証調べを申請されても、「それは必要ない」という判断に立ち至ってしまうの

ではないかと思われます。

　また、人証申請に当たっては、やはり陳述書を出していただきたいと思います。これは、人証の必要性や尋問時間、尋問の順序を考える上でも必要です。例えば原被告の順番が原則ですが、話からすると原告は後のほうがよいのではないかといったことは考えられますので、これは心証を取るといったこと以外に訴訟進行上必要ということもあり、人証をやる以上はちゃんと出していただきたいと思います。尋問事項書と申出書についても然りであり、これもやはり採否の判断の上で必要ということになります。なかなか出さなくて、口頭でということは結構あるのですが、出していただくようにお願いいたします。

　なお、少し手厳しいお話になるかと思いますが、人証につきましては、尋問時間をちゃんと守っていただきたいということを重ねてお願い申し上げます。交通事故については、ポイントを絞ってやれば、短時間で有効な尋問がされるケースが結構ある類型であると感じております。すなわち、書証などにより客観的なところである程度立証できており、本当に人証によってやらなければならない部分は実際すごく限られているのです。

　ところが、中には陳述書をかなりなぞる尋問、事故前の経過やどこに行こうとしていたのか、およそ争いになっていない部分に関する質問、事故後どう思ったのかとか、相手に過失があるとは思うか等、本人の意見を聞くかのような質問は少なくなく、尋問時間をオーバーされる方の場合、そういった質問に時間を割かれるケースがかなりの割合を占めていると思います。

　最後に調書についてです。簡易裁判所を除いて、地方裁判所の事件では、尋問については尋問調書が作成されるということになっております。調書ができる時期につきましては、裁判所の状況や尋問した人数等によって変わってきます。現在の当部の取扱いですと、いわゆる録音反訳ではなく速記官立会いで行っている関係で、概ね人証終了後3週間程度で調書ができることが多いように思われます。しかし、これもお約束はできません。最終準備書面の作成のために必要なので調書の作成の状況を知りたいということであれば、書記官までお問合せいただくということでお願いいたします。

第6 おわりに

　本日は、この研修会の趣旨にありますとおり、まだあまり交通事件を手掛けていらっしゃらない方を念頭に置き、実務面を中心に、基礎的な部分をお話しした次第です。もしかしたら、お聞きになっている方の中には、ある程度経験があって、何を今更というような所感を持たれた方もいらっしゃるかもしれません。しかしながら、くどいかもしれませんが、その当たり前の、何を今更といった内容が実は実務上必ずしもできていないというように思われるのです。もちろん、裁判所側にもそういうところは多々あるのでしょうが、相手のことはよく分かるわけで、当事者が裁判所の至らないところが目に付くように、裁判所も当事者の至らないところが目に付くわけです。

　そういったことが重なった結果、審理を無意味に長期化させ、あるいは混乱させる結果となり、ひどいケースになると、請求すべきものを請求していないなど、過誤と言われかねない結果となってまいります。一例を挙げると慰謝料が不当に低すぎるので、よく見ると別表第1が適用になると思われる事件なのに別表第2を適用しているとか、あるいは慰謝料が不当に安すぎると思われる（症状固定まで2年かかっているが、15万円程度しか請求していない）というような事例が実際ありました。そうしたものについては、裁判所として、中立公平の立場という観点からフォローいたしかねる部分もあります。

　基本を押さえるということは、どの事件においても重要なのですが、とりわけ交通事故訴訟におきましては、その基本部分が基準などの形でかなり明確になっていて、かつ、公刊されており、調査すれば分かる、むしろ、調査しなければならない類型なのではないかと考えております。今回の講演では、その基礎的な部分のごく一部をある程度例示という形でご説明したわけですが、皆様方におかれましては、交通事故訴訟を引き受けるに当たり、いままで述べたことをご理解いただき、基本的事項について十分な調査を尽くされた上で対応していただきたいと、重ねて申し上げておきます。今回の講演が皆様の今後の発展のための一助となれば幸いです。ご清聴ありがとうございました。

Ⅴ 物損全般について

弁護士　花沢　剛男

V　物損全般について

はじめに

　ただいまご紹介にあずかりました、弁護士の花沢剛男でございます。本日はよろしくお願いします。

　まず、本日のテーマとしては物損全般ということで、この連続講義が6回あるうちの5回目ということになります。前回は東京地裁の裁判官にお出でいただき、訴訟についてご講義いただいたということです。あと残すは1回というところで、いよいよ詰めの段階に来たということだと思います。

　これまでに人損についてはある程度話が出ているかと思いますので、今回の講義では人損と物損はどこが違うのかという点を中心に講義を進めていきたいと思っております。

　前回の裁判官のご講義でも話があったかもしれませんが、交通事故をめぐる状況がどういうものかということについては、保険協会が出しているパンフレットがありますので、これを見ながらご説明したいと思います。まず、人身事故については、数が減っています。その理由についてはいくつかの原因があるかと思いますが、取締りがかなり厳しくなっていることが一つに挙げられると思います。特に飲酒等を含めて厳罰化の傾向があります。また、車の構造がよくなっているということが挙げられます。つまり、少しくらいぶつかっても人が怪我をしなくなったということです。私自身はこれらのことなどが原因としてあるのではないかと想像をしており、交通事故のうち人身事故については減っているのが現状です。

　それに対して、物損事故に関しては、それほど減っていないというのが現状です。それはなぜかということはよく分かりませんが、車の性能がよくなっても、ぶつかって車が損害を負うという状況には変わりがないと思いますので、物損事故自体は大きくは変わっていないのだろうというところです。物損事故の種別としては、構築物に衝突、側面衝突、追突、後退時の衝突などもあります。インターネットを使って、あるいはパンフレットを見ていただければ分かるかと思いますが、そのような状況が説明されています。

　このように、人身事故は減っているが物損事故はそう減っていないということを考えますと、物損事故に関して研究、研鑽をしておくということが弁

護士にとっては有益なのではないかと思っております。

　交通事故といいますと、やはり人身事故がメインであり、損害額からいっても人身の方の割合が高いのが普通ですが、物損も必ずそれに伴って発生しているということが多いのではないかと思います。したがって、物損についても弁護士として勉強しておくということは不可欠であり、特に交通事故の裁判、示談交渉などの業務を行うにおいてはどうしても必要ではないかと考えております。

　今お話しした内容をまとめますと、交通事故は減っている、そしてその原因については免許取得者数がそれほど伸びていないという状況があるのかと思います。やはり言われておりますように、若年層の車離れということが一つにあるのだろうと思います。他方において高齢化社会がかなり顕著な状況になっており、高齢者が車を運転されることが多くなっています。そのことからすると、交通事故自体はあまり減らないということがあるのではないかと思います。

　なお、私自身が気になっている点は自動運転化の波です。いわゆる衝突防止装置というものが最近では軽自動車にまで付くようになってきました。これが付くと現状では100パーセント事故が防げるというわけではありませんが、事故が軽くなる、あるいは事故を回避することができてきています。これが果たしてどこまで普及していくのでしょうか。極端にいえば、20年、30年経つと交通事故はなくなってしまうかもしれません。そうしますと、交通事故をやっている我々弁護士の仕事はなくなってしまうのではないかと心配する向きもあるかもしれませんが、逆にいえばまだ20年くらいは大丈夫ではないかというのが私の予想です。したがって、私より期の上の先生はおそらく大丈夫であろうと思います。

　一方の若い先生方は、残念ながら自動運転化というものが完全に普及すれば交通事故の事件というものはなくなるかもしれません。ただし、その場合でも機械の不具合で事故が起きた場合に誰が責任を負うのか、メーカーが負うのか、あるいは運転者が負うのかといった問題はまだ残っているかもしれません。

　もう一つ注目すべき問題としては、権利保護保険、いわゆる特約の保険の

V　物損全般について

中で弁護士費用特約というものがかなり普及してきております。これは言ってみれば、交通事故が起こって、弁護士に相談する、示談交渉を依頼する、あるいは訴訟を依頼するといった場合に、現在では300万円まで保険の中から費用が出るというものです。ただし、これは特約ですから、その特約に入っている方だけそのような費用が付保されるのですが、その割合が増えているということがあります。実は私も自動車保険に入っていますが、弁護士費用特約に入っています。なぜ入っているかといいますと、そんなややこしいことに自分自身の貴重な時間を割かれたくないものですから、もしも巻き込まれたら誰か別の先生にやっていただくということで特約に入っております。

このような特約が増えてきますと、例えば物損のみで少額であり今までは泣き寝入りしていたような事件についても弁護士が出てきて、交渉する、示談する、あるいは場合によっては裁判になるというようなケースが増えてきているのではないかと思います。実際問題、私もかなり少額の物損事件というものを受任したことがあります。これについては、人によっては「なぜそんな少額事件を引き受けるのだ。おかしいのではないか」という批判する声もあるかもしれません。しかし、いわば少額で今までは弁護士費用まで負担するということであれば、とてもペイしなかったということで泣き寝入りをされていた被害者の方のためにこうした保険があるわけですから、私自身としては弁護士費用特約に入っている方からの相談があれば積極的に弁護士として受任して仕事をするべきではないかと考えております。

ちなみに、どのような費用の内容になっているかといいますと、特に少額の場合には、時給が税抜き2万円で、いわゆるタイムチャージ制の弁護士費用が負担されます。2万円といいますと、中には安いと思われる先生もいらっしゃるかもしれません。しかし、例えば裁判であれば、自分の事務所を出て裁判所に行って自分の事務所に戻ってくるまでタイムチャージで計算できるはずです。最低でも1時間くらいはかかるでしょうから、たとえ受任したとしてもペイしないことはないのではないかと考えます。そうした弁護士費用特約の付いた被害者の方から相談を受けることがあった場合には、積極的に受任されてもよいのではないかと考えております。

第1 基礎・理論編

1 どのように知識を習得するか

(1) 物損、人損問わず

　まず、どうやって勉強するか、どのように知識を習得するかということです。一番手っ取り早く身近にあるのは、いわゆる「赤い本」と呼ばれているものです。これは皆様お持ちかと思います。弁護士が活用しやすいようにということで、弁護士が作っている本であり有用であろうと思いますので、交通事故を受任する場合には必ず手元に置いていただいた方がよいかと思います。公的な法律相談所では、必ずこの「赤い本」が本棚などに置いてあるかと思いますので、法律相談などを受けるときに相談者の方が交通事故であるということが分かったら、必ず手元にこの「赤い本」を置いてご相談を受けられればよいのではないかと思います。

　また、ご存知かと思いますが、「青い本」というものもあります。これは簡単にいいますと、どこが出しているかということが違います。どこが出しているのかがなぜ違う点になるのかといいますと、基準自体が違うということが挙げられます。既に講義を受けられているかもしれませんが、いわゆる「赤い本」というのは東京地裁の運用に基づいた基準であるとご理解いただきたいと思います。他方、「青い本」の方は、東京に限らず全国版ということで作られています。したがって、そのせいもあるのですが、ある程度「赤い本」と比べると幅を持たせて基準が設けられているというようにご理解ください。

　なお、実は私は見たことがないのですが、大阪地裁における交通損害賠償の算定基準というものも発刊されているようです。これは緑の表紙らしいので、「緑の本」と呼ばれているようです。また、名古屋地裁の基準に基づいたものも発刊されていると聞いておりますので、もしも地方の事件を受任するという場合には、そうした基準を入手されて訴状等を作られた方が間違いないだろうと考えます。

(2) 「赤い本」下巻（2005年版より分冊）の裁判官の講演録は役に立つ

　ご存知かと思いますが、「赤い本」は現在2分冊になっています。上巻が

V　物損全般について

　基準編ということで、先ほども申しましたように東京地裁の裁判における基準が示されています。2005年版から上下巻になっているのですが、下巻には裁判官の講演録が収録されています。ご存知の方はいらっしゃるかと思いますが、毎年秋に東京地裁民事第27部の裁判官が弁護士会館のクレオに来てご講演をされ、その講演の内容を収録したものが下巻として翌年に発刊されるということになっています。したがって、東京地裁の裁判官がどのような考えを持っているかということが下巻の講演録を読まれると参考になるのではないかと思っております。レジュメ１ページに、物損に関する裁判官の講演録を羅列しておきました。残念なことに、2009年版以降2014年版までは物損について直接触れた講演がなされていないようですので、そろそろ物損に関しても東京地裁の裁判官からご講演いただきたいと個人的には考えております。

　また、「※」に書きましたが、「赤い本」を読まれると過失相殺の基準が出ているかと思います。車と車、車と人、バイクについては出ているのですが、自転車に関しては今までの基準では出ていませんでした。さらにいいますと、『判例タイムズ』という雑誌があるということはご存知だと思いますが、これに掲載された基準を基に「赤い本」でも掲載されています。今申し上げたように、自転車に関してはこれまで他の交通事故の形態と同じような形での過失相殺の基準というのは示されていなかったのですが、『別冊判例タイムズ38号』では、自転車と人の事故の形態についても初めて過失相殺の基準が示されるという話を聞いております。

　したがって、残るは自転車と自転車の事故ということになりますが、この自転車同士の事故の過失割合についても、公益財団法人日弁連交通事故相談センター東京支部では東京３弁護士会の先生が非常に熱心に研究を進めていらっしゃいますので、それほど遠くない時期に自転車と自転車の事故についての過失相殺の基準というものが示されるのではないかと思います。実際、『自転車事故過失相殺の分析〜歩行者と自転車との事故・自転車同士の事故の裁判例〜』(平成21年９月　ぎょうせい刊)として出版されています。しかし、今までと同じような交通事故の形態に合わせた過失相殺の基準というのは今回初めて示されるであろうと思います。自転車事故のご相談も最近一定の割

合はありますので、過失割合について悩まれるときには、今回の判例タイムズを参照されればよいのではないかと思います。

(3) **参考本（一部）**

それ以外に手近にある参考になる本について、レジュメ2ページに少し掲げておきました。一つが『民事交通事故訴訟の実務』という本で、東京弁護士会研修センター運営委員会から出されています。これは平成20年度後期に実施された民事交通事故専門講座の講義録となっているようです。もう6年ほど経ちますが、それほど大きく変わっているところもございませんので、こういったものが参考になるのであろうと思います。その中の「Ⅲ　損害の算定2」に物損についての言及がありますので、特に物損について見るということであれば、その部分をご覧になればよろしいのではないかと思います。

また、私が気付いたものには、『交通損害関係訴訟』というものがあります。これも東京地裁の裁判官あるいは元裁判官の方が中心になって著されたものであり、東京地裁を中心とした裁判所の考え方が分かるであろうと思います。

もう一つ、物損に関しては、東京簡裁の園部厚判事が書かれている『わかりやすい物損交通事故紛争解決の手引』という本が出ています。特に物損について分からないことがあれば、こういった本を参考にされればよろしいのではないかと考えております。

2　法的根拠が人損と異なる

(1)　人損には自賠法の適用がある

先ほど申しましたように、人損と物損はどこが違うのかということです。

これまでの講義で聞いていらっしゃるかと思いますが、人損については自賠法3条が適用となりますので、基本的には自賠法3条に基づく損害賠償請求ということになります。自賠法3条には、「自己のために自動車を運行の用に供する者は、その運行によって他人の生命又は身体を害したときは、これによって生じた損害を賠償する責に任ずる」という規定があるので、人損の場合にはこの自賠法3条に基づく請求というのが基本であるというように理解されているかと思います。

しかし、「他人の生命又は身体を害したとき」ということは、裏を返せば、物を壊したときには自賠法3条の適用はないということになります。

Ⅴ　物損全般について

⑵　物損には自賠法の適用がない→不法行為責任（民法709条）で

　したがって、物損あるいは人損と物損の両方を請求するという場合には、必ず自賠法3条だけではなく、不法行為責任、いわゆる民法709条に基づく請求原因というものを挙げておかなければならないということになります。ここが落ちてしまいますと、「この人は分かっていないな。交通事故についてもうちょっと勉強した方がよいのではないか」と思われます。場合によっては、訴状をそのまま出してしまうと書記官の方から電話が来て、「先生、これではちょっと不足ではないですか。請求原因を足してください」と言われ、不法行為の請求原因も足さなければならないということになります。

　これを言っては何ですが、一度恥をかけば2度目からはそうしたことはなくなります。とはいえ、やはり今日講義に出られた先生方は、物損について請求する場合には、必ず不法行為責任に基づく請求原因を書くということを忘れないようにしていただきたいと思います。

　自賠法3条、不法行為というのが2大請求原因ですが、それ以外にも、安全配慮義務違反というものも請求原因として考えられます。例えば、バスに乗っていてバスが急ブレーキをかけたため、そのバスに乗っていた乗客が転んでしまった。怪我をしただけではなく、持っていた物が壊れてしまったというようなとき、バス会社に対して損害賠償請求をしたいというような場合について考えてみます。運送契約というものがバス会社と乗客との間にはあるわけですから、契約に基づく責任、いわゆる安全配慮義務違反という形での請求原因は可能であろうと思います。ですから、物損の場合には、自賠法3条の適用がないということだけではなく、不法行為責任、つまり民法709条一本でいくのか、あるいは安全配慮義務違反という契約上の責任が問えるのかを必ず検討した上で、相手方に対して根拠をもって請求をしてください。

　不法行為ということになりますと、皆さん得意分野といっては失礼かもしれませんが、研修所などでいろいろと勉強された、あるいは司法試験のときでも勉強されたことが活きてくるのではないかと思います。不法行為責任の場合には、当然過失行為者、つまり過失がある者が責任を負う、過失責任の原則が適用されますから、相手の車がぶつかってきたということであれば、原則相手の車の運転手が責任を負うということになります。

それに対して、使用者責任というものもあります。例えばタクシーがぶつかってきて被害を受けたというような場合には、タクシーの運転手を雇っていたタクシー会社は使用者責任ということで責任を負う、あるいは共同行為責任というものが問われる場合もあります。そうなりますと、賠償義務者というものが人損の場合と異なってくる場合が考えられます。人損の場合には運行供用者というものが責任を負うということについてこれまでの講義で既にお聞き及びであると思いますが、運行供用者と運転者や使用者というのは必ずしもイコールではないということもお聞きになっているかと思います。

　したがって、訴訟でいえば被告、すなわち誰を訴えるのかという場面では、人損では先ほども申しましたように自賠法3条に基づく請求となり、運行供用者が原則的に被告となるということになります。一方、物損の場合には不法行為者となりますから、基本的には運転者あるいは運転者と使用者という形での被告ということになります。必ずしも完全にオーバーラップするものではなく、分かれてしまう場合が出てしまいます。被告を誰にするかということにつきましても注意深く詰めていかなければなりません。特に、訴訟を起こす場合に被告を誰にするかということは非常に大事な問題ですから、頭の中で整理して訴状を作らなければならないということになります。

　また、これもこれまでの講義で出てきたのかとは思いますが、いわゆる自賠責保険というものはあくまでも自動車賠償責任法に基づく保険ですので、人損だけしかカバーしないということになります。すなわち、物損が発生しても自賠責保険に対して請求することができないということは大原則ですので、当然のこととして頭の中に入れておいていただきたいと思います。法律相談などで注意すべき点として、加害者の車が任意保険に加入しているのかどうかは必ず確認しなければなりません。仮に任意保険に入っていないということになれば、加害者本人に対して請求しなければならないため、果たしてその加害者に賠償責任能力があるのかどうか、資力が十分なのかどうかということを当然頭の中に入れて対応を考えなければならないということになります。

　ちなみに、対物賠償責任保険の被保険者はどうなるかといいますと、約款上ではレジュメ3ページのようになっています。上から(1)記名被保険者、(2)

V　物損全般について

記名被保険者の配偶者、(3)記名被保険者又はその配偶者の同居の親族、(4)記名被保険者又はその配偶者の別居の未婚の子、(5)承諾を得た者、(6)記名被保険者の使用者と、対物賠償責任保険の場合には比較的広く保険の対象となるということが約款上定められています。

　ただし、注意すべきは、あくまでもここに記載された方が賠償責任を負うということが前提ですから、これらの方々が、物損であれば物損の不法行為者ということで賠償責任を負う場合でないと保険は使えないということになりますので、その辺はちゃんと見極めなければいけません。例えば(5)の記名被保険者の承諾を得て使った場合、例えば、友達に車を貸して、その友達が運転をミスして他の車に追突させてしまったといった場合には、当然借りて運転した友達が不法行為者ですから賠償責任を負います。しかし、この物損の保険の約款からいえば、その記名被保険者の承諾を得て自動車を使っていた方も補償の対象になるということですから、物損の保険金が出るということになります。

　多少話が横道にそれますが、損害賠償責任保険というものはどういうものかということをお話しします。昔は商法に規定が置かれていましたが、今は保険法に規定が変わっています。保険法2条6号で、「保険契約のうち、保険者が一定の偶然の事故によって生ずることのある損害をてん補することを約するもの」が損害賠償責任保険であると定義されています。言ってみれば、これは被保険者のための契約です。例えば、自分が交通事故を起こしそうだということであれば、自分に対してかけるわけです。ですから、被害者のための契約ではないということを本質として理解しておいてください。

　すなわち、注意深く運転していたとしても、どうしても事故を起こしてしまうことがあるわけですから、そのような偶発的な事故のリスクを分散化する、つまり契約者がリスクを分担し合い、少しずつ出し合って賠償するというのが損害賠償責任保険の本質です。したがって、偶発的な事故以外は除外されますし、被保険者に重大な過失があるような場合には免責されてしまいます。このように、自賠責保険とは、その作りが違うということをご理解いただきたいと思います。

　先ほどもお話が出ましたが、不法行為の要件事実については、若い先生方

は特にさんざん法科大学院等で勉強されてきたと思います。要件としては、レジュメ3ページ下の5つとなります。上から、①被侵害利益の存在、②加害行為の存在、③上記についての故意又は過失、④損害の発生及びその額、⑤②と④との因果関係であり、特に因果関係については現在の通説では相当因果関係説ですから、相当因果関係が必要だということになっています。ですから、不法行為を訴状に書くような場合には、基本的にはこの5要素を全て盛り込まければならないということになります。

では、訴状を書くのは大変かといいますと、実はそうでもありません。先ほどご紹介した「赤い本」にモデル訴状というものが掲載されています。2014年版ですと、上巻の416ページから物損の訴状のモデル例が記載されていますので、基本的にはこれを埋めていけば訴状としては必要十分なものができるということになります。訴状を作られる方は、こういったものを参考にされて作成されれば、基本的には漏れはないということになろうかと思います。

交通事故事件の特徴としては、事故を特定しなければならないということです。事故をどうやって特定するかといいますと、その事故の日時、場所、当事者、関係車両、事故態様によります。これはいわゆる交通事故証明書というものに記載されている内容ですので、基本的には交通事故証明書を取り寄せ、その内容を確認して訴状に記載するということがどうしても必要となってきます。交通事故証明書というのは人間でいえば戸籍謄本のようなものですから、事故があったということの存在を証明するためにはどうしてもこれを取る必要があるということになろうかと思います。

損害の項目の漏れを無くすことも必要です。レジュメ4ページの表は、私がよく使っている損害賠償の算定表です。普通これはエクセルで作ります。これは人損も含めた算定表となっていますが、治療費や付添看護費、入院雑費や医師等への謝礼など人損関係の費用を並べて書いて、物損がある場合には物損も項目を設けて入れます。そして小計を出し、過失相殺がある場合には当然そこから過失相殺をしなければなりません。過失相殺が2割あれば2割分を小計から差し引いて計算します。さらに、既払い、すなわち既に加害者の方あるいは保険会社の方から治療費等が払われている場合には、その分

V　物損全般について

を差し引かなければならないということになります。これも何度も出ているかと思いますが、基本的には過失相殺した後に既払金を引かなければならないということになりますので、この順番を間違えないようにしていただきたいと思います。また、訴訟を行う場合には、弁護士費用も相手方に請求できます。基本的にはこれは請求金額の1割だといわれていますので、差し引きしたものに10パーセント相当額を加算し、このトータルが相手方に対する請求金額ということになるわけです。

　私がなぜ損害算定表の作成をお勧めするのかといえば、もう一つこれを使う大事な場面が出てくるからです。算定表には出てきませんが、相手方からいくらもらえるかということになりますと、さらにこれに対して遅延損害金というものが付くわけです。遅延損害金は、事故日から年5パーセントであり、これは複利ではなく単利で計算しなければならないということですから、単純にいえば事故から2年経っていれば、さらに1割増額されるというわけです。トータルでいくらもらえるのかということは、もちろん依頼者の方には説明しなければならないのですが、和解になったときには、通常の裁判官は細かくこのような項目について説明してくれるわけではありません。

　特に争点の部分については「裁判所はこうです」という考えは示されるかもしれませんが、特に弁護士費用や遅延損害金は、いわゆる糊代といいますか、調整部分としてグレーで、「その部分はいくらとなります」というようなことは言わず、「トータルでいくらになる」という和解案が裁判所から出てくるのが普通です。そうなりますと、和解案を呑むのか呑まないのかという判断を弁護士としては迫られるわけです。簡単にいえば、判決になったらどうなるか、この和解で和解を成立させた方が依頼者にとって有利なのかという判断を弁護士としてしなければならないわけです。

　そのときにこの算定表を作っておきますと、例えば「この中で後遺障害についてはどうも裁判所の心証からするとこんなには認められないな、ではこの分はこうなるということで減らそう」というように考えていけます。そのように減らした上で、「治療費や通院などについては領収書も揃っているし、判決になっても認められないはずがない」というように弁護士としては色分けをします。色分けをして、では判決になればトータルで、弁護士費用の

前まででいくらになるのか、それに弁護士費用が1割乗っかり遅延損害金が乗っかるといくらになるのかというシミュレーションをします。そしてその結果が裁判官から出てきた和解案と比べて、依頼者にとって有利なのか不利なのかということを判断するわけです。その結果、仮に、判決になると、場合によって後遺障害がばっさり削られてしまうというリスクがあることを考えると裁判所から出てきた和解案の方が依頼者にとって有利であると判断するのであれば、当然依頼者に、和解した方がよいということを勧めて、和解を説得することになるのだと思います。

一方、どう計算したとしても、判決となった場合には裁判官から出てきた和解案よりも有利になるはずであると判断するのであれば、毅然として裁判官から呈示された和解案を蹴るということを選択しなければならないということになります。その訴状を作る段階でもこの算定表は役に立ちますが、裁判官から出てきた和解案を呑むか蹴るかという二者択一を迫られた場合にもこの算定表というのは役に立つだろうと思います。そういったわけで、作成されることをお勧めいたします。

3　物損をどう評価するか…公的（第三者）評価機関はない

問題となるのは、物損をどう算定するかということです。人損については、損害保険料率算出機構という第三者機関があり、ここが自賠責保険の請求する事前の認定として後遺症がどうなるかなどという形で、（もちろん自賠責保険に基づく算定となりますが）損害の算定を出してくれます。保険会社はその判断を待って、「自賠責からはこういう金額が出る」という話をするわけです。

一方、物損の場合には、第三者機関というものは存在しません。何度も繰り返しになって申し訳ないのですが、物損には自賠責保険の適用がないわけですから、自賠責保険の適用を前提とした損害保険料率算出機構に対して「金額を出してください」といったことも勿論できないわけです。しかし、何らかの形で物損の金額というものを証拠として出さざるを得ず、その物損をどう評価していくのかということがここでの話の中心になるわけです。

まず、物損の場合に一番問題となるのは修理費です。つまり、物が壊れた場合には、それを元に戻すというのが基本的な考え方ですから、その修理費が損害になるということは比較的すんなり頭に入ってくるのではないかと思

Ⅴ　物損全般について

います。ただし、修理費といいましても、いろいろな自動車工場がありますし、その算定方法については幅があります。交通事故の場合には、レジュメ4～5ページにも書きましたように自研センター方式というものが保険の実務などでは使われているといわれています。この自研センターというのはどういうものかといいますと、一つの株式会社、一つの私法人といったらよいと思います。この一つの私企業が出している指数というものによって修理代を算出するのだということになります。

では、その指数というのはどのようなものかといいますと、前提条件があり、損傷自動車修理の工賃算定をより合理的なものにするために、脱着・取替、板金及び塗装に係る標準的な作業時間を示す「指数」を策定しているということです。現在では、国産車、輸入車を合わせて年間40車種から45車種程度の「指数」を作成しており、この「指数」と新型車に関する構造調査の結果云々というような解説がされています。

この指数の前提となるものが、レジュメ5ページに書いてあります。車両に関しては1～2年使用したもの、走行距離にして2～3万キロ、汚れや錆付は軽いものです。工場については認証工場というものがあり、認証工場の基準による機械設備のほか、スポット・アーク・ガスといった機械があるというようなことです。簡単にいいますと、標準的な車両に標準的な作業を行うという形での指数化がされています。これはおそらく相当因果関係ということに関係するのだろうと思いますが、逆にいいますと特殊な修理が必要になるというものは、除外されてしまうということになります。

物損事故に関しては、保険会社のアジャスターが就く場合があります。このアジャスターについては今日の講義の一つのテーマであり、後半にアジャスターに関する判例を見ながら検討を進めていきたいと思いますので、ここではこの辺にしておきます。

4　物損には後遺障害はないし、原則、慰謝料は発生しない

物損について大事なことですが、物損には当然のことながら後遺障害というものはありませんし、原則として慰謝料は発生しません。これは、「赤い本」2008年版の浅岡千香子裁判官の講演録にも載っておりますが、「物損事故の場合、一般には財産上の損害が賠償されることにより、同時に精神的苦痛（不

愉快な感情）も慰謝されることになる」といわれています。つまり、物についての損害はお金でカバーされるということです。

　ただし、特殊な物損というものもあります。ペットなどの動物です。これが事故によって死んでしまった、あるいは怪我を負って人間と同じような後遺障害を負ってしまったというような場合もあり、こういった場合には慰謝料というものも考えられるわけです。特に最近ペットを車に乗せている方はたくさん見受けるようになりました。また、中には、ここにも書きましたように競走馬のような1頭何千万円もするような特殊な動物を載せているというようなケースもあるかもしれません。ただし、高額のペットが死んでしまったというような場合に、ペットについての損害賠償が請求できるかといいますと、これは通常損害と言えるのかどうかといったところの争いになるのではなかろうかと思います。ちなみに、競走馬の場合には、競走馬が載っている車をご覧になったことがあるかもしれませんが、「競走馬輸送中」とちゃんと車に書いてあるわけです。ですから、そうした車に追突しますと、予見可能性があったということになってしまいます。1頭何千万円、あるいはもっと高い馬もあるかと思いますが、大変な賠償責任を負わなければならないということになってしまうことも想定されます。

　ペットの場合には、もちろんペット自体が物として認められますが、ペットとしての価値、例えば犬や猫であればその値段というものが保障されるということになります。一方、それ以外に精神的なもの、ペットを可愛がっていた飼い主さんの精神的なものに対する慰謝料というものが認められる場合が例外として出てくるということになります。レジュメ5ページにも書きましたように、ペットの場合には、大体数万円から数十万円程度が医療過誤訴訟で認められている慰謝料ということになります。交通事故の場合には不法行為責任ということになりますので、医療過誤の場合とは契約形態としては異なりますが、このくらいの範囲内で認められる可能性があるのではなかろうかと思います。また、ペットの葬儀費用や治療費、さらにペットが後遺障害を負ってしまったような場合には慰謝料が認められたという裁判例もあります。

　それから、先祖代々引き継がれてきた墓石や代替性のない芸術作品といっ

たものが失われてしまった場合には、その物の価値だけでなく精神的なものに対する慰謝料が認められる可能性があるということになります。また、希少性のある外国車です。これは後でも出てきますが、あまり走っていないような特殊な、レアな外国車ということになりますと、なかなか修理代といっても十分に認められない場合があるということをおそらく裁判所もある程度考慮し、ある程度抑制的になるところを補完する意味で慰謝料というものが認められる場合があります。

5　物損として代表的なものは修理費用

先ほどから申し上げていますが、物損として代表的なものは修理費用です。交通事故により車両が損傷を受けた場合において修理が可能なときは、事故車両の所有者は、原則として、必要かつ相当な修理費を請求することができます。ただし、修理費が車両時価額（消費税相当額を含む）に買い替え諸費用を加えた金額を上回る場合には、物理的には修理が可能であっても、経済的には全損だという扱いとなり、車両の時価相当額までの保障は認められるということになります。これは、「赤い本」にも記載されております。

6　改造車の修理費用

ここで問題となりますのは、いわゆる改造車と呼ばれている車の修理費用です。俗に「金メッキ事件」と呼ばれている事件がありました。こういっては何ですが、バンパーに金メッキをするということですから、あまり趣味のよろしくない人なのだなということはすぐにご理解いただけるかと思います。

ベンツのバンパーに金メッキをしていて、その車にぶつかってしまったという場合に、バンパーに金メッキをしたものの修理代請求の可否が争われましたが、判決文を見ますと、車の修理代が54万1200円かかるというのが原告側の主張です。これはまた後で出てきますが、本来これは債務不存在確認で起こされた事件を反訴していますから原告となっています。平成2年2月8日東京地裁民事第27部判決は、修理代を全く認めませんでした。その理由については、以下のように書いてあります。

「被告らは、原告が負担した修理代のうち、バンパーを金メッキするのに要した14万8000円につき本件事故と相当因果関係のない旨を主張する。(中

略）従って、自動車の所有者は、その自動車にどのような機器を備えようともどのような部品を使用しようとも本来自由であるといっても、その具体的な機器・部品によってはその修理代のすべてを事故と相当因果関係のある損害と解する事はできないというべきである。

　本件の金メッキをしたバンパーは金メッキをしていない普通のバンパーと比べて、少しもその効用を増加せしめるものではなく、却って、交通事故発生の際は、自己の損害を拡大させる結果となるばかりか、そもそもバンパーは、交通事故が発生した場合に、自動車本体の損傷及び搭乗者の死傷を防止もしくは軽減させることを目的としているのであるから、バンパーに金メッキをすること自体社会的にみて相当な行為とはいえないというべきである。」

　こうした理由で金メッキの修理代は1円も認めないというのが東京地裁の判決だったわけです。

　これに対して東京高裁は、その部分は修正しました。金メッキをしたという点について検討するということです。

　「被控訴人ら（加害者側）は右損害は控訴人固有の特別の損害であると主張するけれども、控訴会社（被害者）が使用していた被害車両には金メッキを施したリアバンパーが取りつけられていたのであって、本件事故によりこれに損傷が生じ、同種の金メッキを施したバンパーと取り替えざるを得なかったのであるから、それに要した費用は本件事故と相当因果関係のある損害と認めるのが相当であ」る。

　つまり、金メッキをしたバンパーであったとしても、それ自体事故によって取り替えざるを得なくなってしまったことについては因果関係があると認めているわけです。ただし、その後、「そもそもバンパーは……」というような理由で、「したがって……」のところが結論となりますが、過失相殺の法理を適用し、簡単にいいますとその損害のうちの半分だけ損害賠償として認める、逆にいいますと5割は減額するというのがこの高裁の判決ということになります。

　簡単に地裁と高裁でどこが違うかといいますと、先ほどご説明したように、地裁は「そもそも損害ではなく、因果関係はない、そのような金メッキのバンパーにしたからといってその修理代は交通事故と関係ない」とばっさ

V　物損全般について

り切ってしまっていました。一方、高裁の方はそこまでは言わず、「バンパーに金メッキをしようがしまいが、それは所有者である被害者の自由である。従って、金メッキをしたバンパーが損害を受ければ一応因果関係はある」としています。ただし、「因果関係があるとしてもそのように金メッキをするということは尋常ではない」とまでは書いていませんが、「金メッキをしてもバンパーの役には何も立たず、役に立たないどころか損害を却って増やしている」から過失相殺の法理によって減額するというのが高裁の判断です。

　ただし、これについては、東京弁護士会所属の園高明先生が講演録の中でこの高裁の判断に対して疑問を呈されています。その理由といいますのは、金メッキにせよ、どういったものにせよ、言ってみれば法律で禁止されているわけではありません。したがって、「所有する車にどういった物を載せるか、あるいはするかということは個人の自由ではないか。それが事故に遭って壊されてしまったというときには、原則として原状に戻すというものが賠償請求して当然ではないか。この高裁の考え方を進めていくと、結局車の中に高い物を載せていてはならないとか、普通に売っている車を改良してはいけないということになってしまうではないか」という疑問を呈されています。

　注意しなければならないのは、金メッキをすることは違法ではないということです。すなわち、車の場合には、ご存知の先生方も多いかと思いますが、国交省などで車検が通るための基準があり、違法な改造というものはあるわけです。違法な改造をしていれば、当然のことながら、それが事故によって壊れたとしても違法な改造であるから賠償責任はないという結論になるかと思います。しかし、金メッキの場合にはバンパーをどうこうしてはいけないという制約はないわけですから、金メッキしようが銀メッキしようが、それは個人＝所有者の自由だということが原則になってしまうわけです。ただし、「そうはいっても……」というのが高裁の考え方です。やはり本来の効用とは違うことをすれば、それによって損害が拡大しているのだから、言ってみれば自己責任として相手には全部は請求できないというのが高裁の考え方であろうと思います。ですから、園先生のご指摘もごもっともだと思いますが、普通に考えますと高裁の判断というのは、まともといいますか、常識的な判断なのかと思います。金メッキするような趣味の悪い方にはそれは我慢して

もらわなければならないということになろうかと思います。

　被害者から相談を受ける中で、「まだ買ったばかりの車が追突などで事故に遭ってしまい、被害者には過失がなく、もうこんな車に乗っていたくないので新車に代えてほしい」というようなことを要求されることがよくあります。そういったことを訴えられる被害者の方は比較的多いのですが、基本的にはそれは認められないと思ってください。ただし、「基本的に」と申し上げたのは、これは「赤い本」などでも紹介されていますが、買って本当に間がない場合、（これは例外的な場合かもしれませんが）例えば新車を買って自宅まで運ぶ途中で事故に遭ってしまい、全損であったような場合などには、買い換えと同じ費用が認められるというような場合もあります。そういったことは、「赤い本」をご覧になって理解を深めていただければと思います。

　少しまた話が変わりますが、被害車両の所有者が別の場合について考えます。例えばリースの場合、すなわち車を運転している人が車の所有者ではなく、ほかの方が所有者である場合です。この場合はどうなるのかという点が問題となることがあります。レジュメでは記載を省略してしまいましたが、「赤い本」2000年版で山崎秀尚裁判官が裁判所の考え方を説明されています。少なくとも2000年当時の東京地裁の主流的な考え方といいますのは、基本的にはリース業者、つまり売主が損害賠償請求権を行使するという考え方であるということが紹介されています。ただし、以前からこれについては反対の裁判例があります。水戸地裁昭和43年11月25日の裁判例では、買主＝ユーザー側が損害賠償請求権を行使できるということを認めています。また、神戸地裁平成4年8月21日の裁判例でも、買主がリース契約を解除し、違約損害金を売主に支払った場合には、特別損害ではなく通常損害が認められる場合があるとしています。

　どういうことかということを、事例を挙げてご説明します。まず売主がいます。売主というのは、車などの場合では例えばトヨタ、日産のようなメーカーから車を買って、買主に売るリース業者などです。売るについても、ファイナンスリースと呼ばれているように、その車の購入代金を売主が買主に貸し、それをリース代金として回収していくという形をとるわけです。その車に例えば第三者の車が追突して車が壊れてしまったという場合には、売主が

V　物損全般について

第三者に損害賠償請求権を行使するのか、買主が損害賠償請求権を行使するのかということが問題となります。

　今ご紹介しましたように、東京地裁の当時の考え方というのは、売主＝リース業者が行使するというものです。なぜ売主が行使するかといいますと、リースの場合には、ご存知の方もいらっしゃるかもしれませんが、基本的にはリース債権が完済されるまではリース業者が所有権を持っているという構成ですので、売主が損害賠償請求権を所有者として行使するというのが素直な考え方であるという説明をされています。ただし、それに対して不都合な場合というのが出てくるということで、それをどういった考え方で修正するか、山崎裁判官が提言されています。次のように、日本坂トンネルで事故があり、その時に被害を受けた方の裁判例を引用しています。

　「買主は不法行為によりリース自動車を全損により喪失しても、リース料の支払義務を免れない（民534条1項）。リース料完済後は自動車を取得できるという期待権があったことを理由に、民法536条2項ただし書及び304条の類推適用により、リース自動車の所有権の変形物として売主（リース業者）が取得した第三者に対する損害賠償請求権（及び遅延損害金）を当然に取得する。」

　このようなことを考えれば修正できるのではなかろうかと言っています。すなわち、リース業者が第三者から既に損害賠償請求権を受けてしまった、つまり売主が第三者から賠償金を貰ってしまったという場合には、その場合でも買主（ユーザー）はリース代金を払い続けなければいけないのかということに関しては次のとおり説明しています。民法536条2項ただし書の類推適用により、買主（ユーザー）は、売主（リース業者）に対し、加害者から受領した評価損相当額の金額の支払を請求することができるとしています。つまり、車が壊れて第三者から売主が損害賠償請求権を得たということになり、買主がリース代金を全部払ったということになりますと、言ってみればリース代金を払えば基本的には所有権が買主に来るわけですから、第三者からもらったものを引き渡せと言うことができるのだということになります。そのような考え方をとっています。

　ただし、基本的な裁判官の価値判断としては、事故当時担保価値の低下という損害を現実に被っている売主（リース業者）をまず保護すべきであると

しています。つまり、リース代金がまだ途中であるという場合には、言ってみればリース業者としてはリース代金が最後まで払われるために担保として所有権を留保しているということになります。その留保していた所有権が第三者の不法行為によって毀損、毀滅してしまったという場合には、売主の方をまず優先的に保護すべきではないかというのが基本的な裁判所の価値判断の根底にあると説明されています。

では、損害賠償請求する場合にどうしたらよいかということになります。つまり所有者ではないユーザーの立場からどうしたらよいかということです。一つは、安全策をとるとすれば、よくあるのは売主（リース業者）から同意書をもらうということです。「この事故によって売主は損害賠償請求権を行使しません」というような一筆をもらう、言ってみれば「ユーザーが加害者に対して損害賠償請求をしてよいですよ」という一筆をもらうということをすればおそらく問題はないことになるのかもしれません。

しかし、売主（リース業者）としては「第三者に対して損害賠償請求はしません。ユーザーが損害賠償請求をしてよいですよ」という同意書にどのような意味があるのかということになります。本来であれば、売主（リース業者）から債権譲渡してもらいます。すなわち、所有権留保をしており、第三者に対して損害賠償請求権を持っている売主に対し、債権譲渡してもらうということになれば、当然買主は第三者に対して損害賠償請求をすることができるということになりますが、果たしてリース業者がそこまでしてくれるかという問題が実際はあります。ですから、この安全策をとるのであれば、同意書あるいは債権譲渡ということをしてもらうことが間違いないとは思いますが、果たしてそこまで実践できるかといいますと、いささか疑問があります。

一方、平成18年3月27日の東京地裁判決というものがあります。これはどのような判決かといいますと、次のとおりです。リース契約満了時の事故落ちの評価損ではなく、ユーザーの意思に基づき中途解約した、すなわちリースしていた車が事故で壊れてしまい、もうこんな車に乗っていたくないということでユーザーがその契約を解約した場合についてです。解約をすると、リース契約の場合には、事故であろうが何であろうが必ずリスクはユーザー側が負わなければならないという約款になっているわけです。ですから、例

V　物損全般について

えば追突事故で車が壊れてしまったからリース契約を解約するということになったとしても、ユーザーは解約金、言ってみればリース料全額に相当するような賠償金あるいは違約金というものをリース業者に払わなければならないということになります。この判決は、その場合の解約金相当を加害者に請求したという事例です。東京地裁はどう考えているかといいますと、そのようにユーザーの意思に基づいて中途解約して評価損が現実化した場合であったとしても、リース契約のユーザーに対する財産権の侵害として評価損には当てはまらないため、結局ユーザー側としては不法行為者に請求することはできないということで否定しています。ただし、修理代金相当額については、ユーザーに請求権があるということを認めています。

ですから、先ほどご紹介した2000年版の「赤い本」では、直接修理代金ということでは触れていませんでしたが、少なくとも平成18年の東京地裁の考え方によれば、評価損は認められないにしても、修理代金相当額はユーザーにその行使を認めているというように解釈できます。では、他の全損のとき、あるいは後でいろいろ出てくる評価損のときは、リースの場合にはユーザーには認めないのかといえば、その辺は歯切れが悪いといいますか、東京地裁の現在の考え方というのはよく分からないところがあります。大阪地裁平成24年3月23日判決（「青い本」257ページ）のように、ユーザーに評価損の請求を認めているものもあります。端的にいいますと、東京地裁の扱いと他の裁判例とで、かなり温度差があるということになります。一方、東京地裁も先ほどご紹介した2000年版の「赤い本」で紹介した考え方を今でも維持しているかどうかは断言できません。というのも、2000年版の「赤い本」で紹介されていたのは、いわゆる評価損の場合と全損の場合の請求について認めたものであり、修理代については特別に言及されていません。ですから、その点を別の扱いとするのかどうかもはっきりしていないわけです。

東京地裁の考え方としては、リースの車が第三者の不法行為によって、例えば追突事故によって全損となってしまったという場合に、ユーザーとしては全額をリース業者に払わなければならないという義務を負っています。この考え方ですとその車の損害賠償請求権というのは所有者であるリース業者が持っているということになりますが、ではリース業者には損害はあるのだ

ろうかと疑問が生じます。ユーザーからは約款に基づいて全額リース代金の支払を受けられる地位にあるわけですが、当然ユーザー側の資力がないとか、あるいは担保となる自動車がなくなってしまったわけですから、果たしてユーザーが全部払ってくれるかというような不安は持っているかと思います。しかし、では損害というものは現実化しているのかという問題があるわけです。疑問点として、リース業者の損害というものはあるのかというところです。また、先ほどご説明したとおり、東京地裁の裁判官は、民法536条の規定を類推しています。これも条文を読んでみれば分かりますが、「債権者の責に帰すべき事由により」と危険負担の規定になっています。「債権者の責に帰すべき事由」によってということは、簡単にいえば債権者の債務不履行責任が問われる場面を規定したものですから、本来的にはこれは危険負担の問題ではないということになります。ですから、これを基準として類推適用が適当かどうかという疑問があります。

　以下は私なりの理解、整理です。後ほど説明しますが、リース契約もフルペイアウトではありません。すなわち、ご存知かどうか分かりませんが、今は残価設定契約というものがあり、車の一定割合を残し、例えば3年後にこの車は50パーセントの価値があるという契約を結んで、残りの50パーセント分だけその3年間の分割で払うというリース契約もあります。それについては少し話が変わってきますが、普通のフルペイアウトの場合は、例えば200万円の車を買えば基本的には200万円の車に金利とリース業者の利益を乗せたものをリース代金として設定します。そういった車両のお金を全部払うというリース契約の場合には、リース物件に担保権、すなわちリース代金を担保するためにその所有権を留保しているという構成になるわけですから、それを設定していると考えられます。リース業者がユーザーに対して、サプライヤー、すなわちトヨタや日産のようなメーカーなどから車を買い受け、資金を融資して、それをリース料の支払で回収するという形をとっていますから、基本的にはファイナンス、金融なのであるということを説明するのが金融説と呼ばれています。これに対して、あくまでも所有権というのはリース業者にあり、リース契約というのは所有者がユーザーに貸しているのである、つまり賃貸借なのであるという考え方も一方においてはあります。

Ⅴ　物損全般について

考え方としてはいずれも成り立つのかもしれませんが、要はどちらの説明の方が合理的かということになろうかと思います。

　今の話をまとめますと、サプライヤー、つまり車のメーカーなどからリース業者がその車を買って、本来であれば売買代金を買主に払ってもらって売るのですが、その買主がそれを払えないためリース業者がそのお金を貸して車を引き渡すということで、ユーザーが車を使っているという形になります。ですから、このときに車が第三者によって壊されたといった場合には、基本的にはユーザーが所有権に基づいた損害賠償請求ができるというような構成が考えられます。

　では、その場合にリース業者はどのように保護すべきかということになるわけです。これは質権の場合ですが、民法350条といういわゆる物上代位の規定があり、同法304条を準用していますから、それを準用することが考えられます。要は、リース業者はこのユーザーが第三者に対して持つ損害賠償請求権を物上代位して、例えば差押えをするということができるということにより、リース業者としては担保的な価値を維持できるというような構成を考えた方が分かりやすいのではないかと思います。ですから、リース業者というのは事故後にはリース契約どおり買主に対してリース代金を請求し続けるのか、あるいはユーザーが第三者に対して有する損害賠償請求権を差し押さえることによってリース代金の一部を回収するのかという選択ができるであろうと考えております。

　このような担保的な構成を金融説というのと同じですが、担保的な構成をとった方が他の法律と同様の処理をすることができるというのが最高裁の考え方です。例えば倒産法による会社更生手続では、リース債権は更生担保権として取り扱われます。ですから、この例でいきますと、ユーザーが会社であり、会社更生手続が開始されることになりますと、リース業者としては買主に対しては更生担保権ですから、担保の価値のある範囲内でしか優先的な弁済を受けられない、それを超えた金融というような車の価値を超える部分については一般の更生債権としてしか返済を受けられないという立場に置かれるわけです。そこで事故が起こったということになりますと、先ほどの例ですと、本来事故が起こらなければ更生担保権者として扱われてその車の価

値の範囲内でしか優先的な権利を行使できなかったのですが、東京地裁の考え方ですと、事故に遭った途端、突然第三者に対して自動車の損害についての賠償請求権を直接、全額行使できるという構成になってしまうわけです。ですから、そうなりますと、会社更生の考え方と交通事故訴訟の場合の考え方というのが乖離してしまい、処理が錯綜してしまうのではないかという感じがするわけです。

　したがって、全損の場合には、修理代金の請求の場合あるいは評価損の場合のいずれも買主が権利行使をできる、ただし全損の場合には車両価格を超えないという制約がかかるのであろうということになります。これは裁判例をご覧になると分かるのですが、リースの場合には、先ほどご説明したように、全損になると車両本来の価格だけではなく、残りの全期間分の、言ってみれば金利やリース業者の利益といったものを乗せたものを一括で払わなければならないということになります。裁判例の中には、「それは第三者には請求できないであろう。いわゆる特別損害なのであり、リース車両かどうかということは、言ってみれば追突した人には予見できない。普通の車であると思ったところがリースの車であったのであるから普通の車であると思っていた以上普通の車の範囲内でしか損害賠償請求ができず、リース契約に基づく損害というのは特別損害なのだから、予見可能性がないため第三者は賠償しなくてよい」という論理のものがあります。

　しかし、その説明は、いささかおかしいのではないかと思います。その理由といいますのは、先ほどご説明したように、リースの車両というのは、車の価格と何十か月か、何年ということで支払う金利とリース業者の利益といったものを1か月ごとのリース代金として設定しているわけです。ところが、事故が発生するということになれば、それが失われてしまう部分が出てきます。その場合、どれを相手に請求できるのかといいますと、やはり車両の時価の限度でしか請求できないのではなかろうかということになります。つまり、金利やリース業者の利益といったものが、仮にリース料金に乗っていたとしても、その分は請求できないということになるのではなかろうかと思います。その理由は、一つの例として挙げましたが、横浜地裁平成20年12月4日判決というものがあります。リース料残金そのものは、本件事故

Ⅴ　物損全般について

による損害と認めることはできない、すなわち今言いましたように、結局原告の損害というのはリース料全額を支払ったにもかかわらず原告車両の存在を失ったことであり、故に原告車両の時価額は損害として認められるということになります。したがって、原告の車両損害は、『オートガイド自動車価格月報』（いわゆる「レッドブック」と呼ばれているもの）による損害額なのであるということで、結局車両の時価額の限度で請求できるということをこの横浜地裁の判決では判示しています。

　私自身としては、この考え方に賛成であり、先ほどご紹介しました他の裁判例で見る、いわゆる特別損害だというのはどうなのだろうと思います。といいますのは、道で走っている車でいえば、所有の車もあるかもしれない、リースの車もあるかもしれない、レンタカーもあるかもしれないという状況ですから、必ずしもリースの車が走っているということが予見できないということはないのではないかと思います。したがって、「リースの車両にぶつかってしまったが、それは予見できなかった。よって規定による損害は特別損害である」というのはいささか構成として無理があるのではないかと思います。というのは、例えば建設現場での道具、シャベルカーなどはリースが多いということで、このような車にぶつけた場合にはリースであることは予見できるという裁判例もあります。ただし、それもおかしいのではないかと思います。ですから、先ほどこの横浜地裁の裁判例と同じように説明しましたが、結局事故でぶつかって損害を受けたという場合には、車の損害の範囲内で相手に請求できるのであって、それを超える部分というのは特別損害というわけではなく、そもそも損害とは言えないということで相手には請求できないのではないかと思います。ちなみに、東京地裁平成21年12月25日の判決のように、リース車両の場合、修理や保守はユーザーが負担するということになっているとして、ユーザーにも損害賠償請求権を認めたという裁判例はあります。

7　自動車の評価は難しい

　「レッドブック」というものがあるということは、ご存知の方はいらっしゃるかと思います。メーカーと車種、さらに何年ものかということだけではありません。例えば何か月ごとであるとか、あるいはサンルーフがあるか、ナ

ビゲーションが付いているか、オーディオが何か、本革シートがあるかといった細かいところによって基準が分けられています。さらに、どのくらい経過したかといったようなことによっても評価が細かく、言ってみれば月ごとに変わってきます。これは弁護士会館内の合同図書館にありますので、ご覧になったことのない方は「レッドブック」というものはどういうものか是非一度ご覧になるとよいのではないかと思います。

8　被害者からの相談では「査定額が低い」「これでは中古車であっても購入できない」という不満が多い

よく法律相談などである質問ですが、「査定額が低い」ということで不満を持たれる方が結構いらっしゃいます。「これでは中古車であっても購入できない」「なぜこんなに低いのか」という質問を受けることが多いので、それについては適切に説明しなければならないだろうと思います。冒頭に申し上げましたように、一定の車両価格、それに必然的に伴う経費については車の時価相当額に加算されますが、それ以上ということになりますと賠償請求はできないということになります。つまり、中古市場で同等の車両を買ってくるところまでしか、結局相手側に対する請求としては認められないということを説明しなければなりません。では、中古車価格は果たしていくらが妥当かということが問題となるわけです。その問題は後でまた触れたいと思います。

9　自動車には評価損がある

もう一つ物損で注意しなければならないものに、評価損というものがあります。評価損とは、「修理しても外観や機能に欠陥が生じ、または事故歴により商品価値の下落が見込まれる場合に認められる」損害です。この中には心理的なもの、技術上の評価のもの、取引上の評価のものがあるわけです。ただし、ここで考えていただかなければならないのは、レジュメ9ページにも書きましたが、物損には慰謝料が認められないということです。「せっかく新車で300万円もかけて買ったにもかかわらず、1か月で追突されて壊れてしまった、どうしてくれるのだ」という主張に対して、慰謝料的なものが認められるのかということにもなるわけです。

モノコック構造というものはご存知でしょうか。最近の車の大半はモノ

V　物損全般について

コックといわれています。モノコックというものはなかなかイメージしづらいのですが、昔でいえば茶筒というものがあります。金属でできたお茶を入れる丸い円筒形のものです。あるいは、他の例では飛行機、旅客機はモノコック構造といわれています。つまり、構造全体として強度を保っているというものがモノコック構造です。それに対して昔の車は、フレーム構造といい、簡単にいえばフレームといわれている柱があり、それによって強度を保つという車の構造もあるわけです。

ちなみにトヨタのクラウンという車があり、昔はフレーム構造だったのですが、何代か前からはモノコック構造になっています。結局モノコック構造の方が全体として強度を保つということで軽く作れるというわけです。今の車は燃費を考えて軽く作らなければならないためモノコック構造が主流です。しかし、この構造には、ガシャーンとぶつかると全体に対して歪み、損害が及ぶということで、部分的に直したとしても結局全体としての強度を取り戻すことができないという問題点があります。それに対して昔のフレーム構造であれば、壊れたフレーム、つまり柱の部分、あるいはそれに関係する部分を直せば元の強度が回復できるということがあります。したがって、モノコック構造であるからこその評価損という問題が出てくるということになります。

レジュメ9ページをご覧ください。評価損が認められるかどうかということについてです。おおよそ裁判所の考え方でいいますと、高級車であり、かつ、初度登録といってまだ登録してから新しいものにあっては認められる傾向にあるが、逆に、大衆車であり、かつ、初度登録から何年も経っているというものにあっては認められないというような考え方に立っているように思われます。

「赤い本」の中には評価損を認めた裁判例が記載されています。認め方としては、修理費の一定額について認めたもの、これは10パーセントから100パーセントまであります。すなわち修理費の場合だけ認めたというものもありますし、10パーセント、1割しか認めないというものもあります。また、自動車の時価を基準として一定額を認めたものがあります。あるいは事故時のあるべき時価から修理後の価格を引いたもの、又はそれらの複合した

ものというような考え方で裁判所では評価損というものを認めているものがあります。

先ほどご紹介した「赤い本」の2002年版の中で、影浦直人裁判官が判例を分析して次のように述べております。

「これまでの判例の傾向からすれば、外国車又は国産人気車種で初年度登録から5年（走行距離で6万キロメートル程度）以上、国産車では3年以上（走行距離で4万キロメートル程度）を経過すると、評価損が認められにくい傾向があり、これに上記の事情（註：初度登録からの期間、走行距離、損傷の部位、車種等）を加味して評価損が認められるか否かを検討すべき」

このような東京地裁の基本的な考え方が説明されております。では、先ほどご説明したレジュメ9ページのような考え方では、大衆車で新しいものではだめなのか、高級車で古いものはどうなのかという疑問点が出てくるかと思います。その辺は仮に皆さんが受任されたときには頭を働かせ、「高級車といってもまだあまり走っていないし新しいものとあまり変わらない」、あるいは「大衆車であって新しいものであれば大衆車も最近は高いから」といった理由を付けて、認められる方向へ持っていくということを考えられればよろしいのかなと思います。

10　代車使用料

代車使用料というのは聞いたことがあるかもしれませんが、相当な修理期間又はレンタカーの使用によって代車を使用した場合に認められるということになります。

これも結論からいいますと、代車の必要性と代車の種類、グレードが必要となります。「赤い本」2006年版の小林邦夫裁判官の分析によりますと、営業車の場合には基本的に認められます。また、自家用車であっても通勤、通学に使われている場合には、これだけでは万全とは言えませんが、どうしても車が必要であるという、例えば幼児とか病高齢者を送迎しているとか、地方の買い物では車がないとだめだというような事情があれば、代車の必要性が認められます。それに対し、レジャーや趣味の使用については難しいということになります。また、代替車両や代替交通機関が存在する場合は、営業用、自家用を問わず必要性が否定されるという傾向にあります。

V　物損全般について

11　休車損害

　休車損害とはどういうものかといいますと、事故に遭った車が使えなかったことによって営業利益が上げられなかったといった場合に、その営業利益的なものを相手方に求めることができるということです。これは相当因果関係の問題になるかと思いますが、例えばタクシー会社が100台タクシーを持っていて100台全部を使っていた場合に、100台のうちの1台が壊れたため、その1台が壊れたことによって売上が上げられなくなったということになれば、休車損害というものが認められることになると思います。ただし、実際はそうではなく、タクシー会社やバス会社では、一定程度車を余分にキープしておかなければならないということがあります。車検や事故があったときのためにストックというものがあるのでしょうが、そうした遊休車がある場合には、代替が可能であるということで休車損害はないということになります。では、稼働率が90パーセントであったらどうなるのかということについては、頭を働かせて考えていただきたいと思います。

　「赤い本」2004年版の森剛裁判官の分析では、次のようなことを述べておられます。

　「代車使用料における代車の必要性と同様、被害者が事故者以外に活用し得る車両（遊休車）を保有している場合には、被害者にも、信義則上、被害の拡大を防止すべき義務がある」

　これは簡単にいいますと、被害者は遊休車を活用すべきということで、休車損害は認められないということになります。つまり、休車損害を認めるためには、休車期間中、遊休車が存在しなかったことが要件となるということをいっています。

　では、遊休車が存在しない場合というのはどのような場合かということです。営業用の車両の場合には行政的規制があるわけですから、ある程度は使わない車がありますので、予備車があれば予備車を活用すべきであるということになります。ただし、実働率が100パーセントに満たない場合であっても、それですぐさま休車損害が否定されるかといえばそうではなく、例えば遠くにあるとか、故障中であるとか、点検中であるといったことで簡単には遊休車を活用できないという場合には、休車損害というものが認められると

いうことになります。

12　休業（営業）損失（損害）

また、店舗に車が飛び込んできてしまった場合の休業損害というようなものがあります。

13　その他

それ以外の費用としては、レジュメ11ページにあるように、車両の引き揚げ費、レッカー代、保管料、時価査定料といった諸々の費用というものが出てきます。

14　物損と人損との区別

また、注意すべきは物損と人損との区別についてです。厳密に体と体以外というわけではなく、眼鏡、義手・義肢、義歯といったものは体と一体であるという考え方で、人損に分類されています。それに対して、腕時計というのは少し微妙であり、金額によっては認められるものもあります。また、かつらといいましても、いわゆるアデランスのようにどうしても必要ではないというものについては、なかなか金額も高いこともあり、物損になるかと思います。しかし、例えば何らかの事故などでどうしても義毛を付けなければならないということになってきますと、これは人損になる可能性があります。杖も、先ほどご説明したように、松葉杖などは人損になるわけですが、そうではない、歩行の助けになるような杖、よく高齢者がついているような杖の場合には、どちらであるか微妙なところであるように思われます。

判断要素としてレジュメ12ページの図のようにまとめましたが、要は機能代替性と人的密接度の相関関係であろうと思われます。つまり人的密接度が強くて機能代替性が強いものは人損として認められるが、双方ともに弱いものについては人損としては認められないということになります。

第2　応用・実践編

1　裁判所（管轄）を選ぶのも弁護士の腕

まず、裁判所を選ぶのも弁護士の腕だということは、是非認識していただきたいと思います。ご存知のとおり、管轄といいますと、被告の住所というのが普通裁判籍で管轄権があるわけですが、それ以外に交通事故の所在地に

V　物損全般について

も管轄があります。また、損害賠償は持参債務であることを考えますと、債権者、つまり訴える側、被害者の住所にも管轄があるわけです。一般的にいえば、被告の住所、原告の住所、不法行為地の3つが管轄としては考えられるわけです。

　ではこのうちのどれを管轄として選ぶかということになります。皆様は東京の弁護士ですが、近いから東京で起こせばよいと思うのは早計ではないかと思います。というのは、ここから先は裁判官の方がいらっしゃると話しづらい部分になってきますが、東京地裁民事第27部に係属することの良いところと悪いところというのがあるわけです。良いところというのは、もちろん専門部として日本一情報量が集積されておりますし、また、専門部であるということで、難しい問題などが出てくれば部の中で裁判官同士の意見交換的な話合いなどが行われているでしょうから、事実上の合議というものが存在しているわけです。裁判官も専門家として自負もありますし、自任もされています。

　そのような裁判所において裁判をしなければならないというのは、皆様方が被害者側の代理人と考えると、なかなか大変であるということになります。なぜ大変かといいますと、当然相手（つまり加害者側）の多くは保険会社の弁護士が出てきます。そうしますと当然保険会社側の弁護士ですから、交通事故に関してもたくさん量をこなされております。裁判所も先ほど申し上げたようにベテランで、被告の弁護士もなかなかやり手であるという中で、こちらは打って出なければならないということですから、なかなか大変ということがあるわけです。別に大変でも構わないのですが、申し上げたいのは、東京の裁判所ではそうした専門家としての自負や自任がありますので、言ってみれば被害者にとって厳しい場面が当然出てくるということになります。逆に、加害者にとって厳しい場面も当然出てくるかもしれませんが、例えば、人損の事件であれば、後遺障害が12級だという認定があったとしても12級に見合う損害額を認めてくれないということも、その怪我の内容や程度によってはあり得るわけです。

　そうしたことを回避したいということであれば、東京以外の裁判所も考えてみる、つまり東京以外の裁判所で裁判が起こせないかということを検討し

てみるということも一つかと思います。特に地方では、離婚事件もあれば貸金もあれば、損害賠償もあり、何でも一人の裁判官がこなしているという裁判所も多いですから、そうなりますと基本的にはその裁判官はオーソドックスな判断に傾くのではないかということになります。すなわち、例えば「赤い本」などの基準に比較的素直に従ってくれるという期待があるわけですから、どこの裁判所で起こすのかということはよく慎重に判断された方がよいと思います。

2 交通事故証明書の入手

実践編ということでいろいろレジュメにも書きました。レジュメ12ページでは交通事故証明書の入手について書いています。これは一度もらってみれば分かるのですが、警察がくれるというわけではなく、自動車安全運転センターというところでもらうわけです。まだ私自身はやったことがないのですが、今はインターネットを通じて取寄せもできるようです。多くは被害者の方にお願いして取り寄せていただいておりますが、弁護士でも委任状があればおそらく取れるかとは思いますので、やってみることも一つかと思います。

3 自動車登録事項等証明書の入手

自動車登録事項等証明書というものは、車に乗っている方は分かるかと思いますが、車には必ず備え付けておかなければならない書類です。しかし、相手方からしますとそれを取得することは難しいわけです。実は、以前は車のナンバーさえ分かれば簡単に自動車検査登録事務所でもらえたのですが、今は車台番号というものが分からないと取れないということになっています。車台番号といいますのは、レジュメ15ページに書いたように、普通は車の中にあるわけです。車によっては外から分かるものもありますが、大半が車のドアを開けてみるとか、ボンネットを開けてみたところでないと分かりません。現在、基本的に自動車登録事項等証明書というものは、簡単には取得できなくなりました。皆様の場合には、弁護士法23条の2に基づく照会の手続で相手の車の自動車登録事項等証明書を取得する方が、容易であろうと思います。また、軽自動車は普通自動車の場合と違い、軽自動車検査協会が取り扱っていますので、照会の宛先を間違えないよう

V　物損全般について

にお願いします。

　また、ご当地ナンバーというものがあり、平成26年11月から東京でも世田谷ナンバーや杉並ナンバーの車が走り出しました。しかし、その杉並や世田谷に登録事務所があるわけではありませんので、注意して照会の宛先を選んでください。

4　処理方法（方針）の選択

　それでは残った時間で、皆さん方が受任したときにどうするかということをお話ししようと思います。弁護士としてどのような事件でも同じかもしれませんが、どういった手段によって被害者のために解決したらよいか、その方法の選択ということがおそらく大事であろうと思います。簡単にいえば、訴訟をやるのか、調停をするのか、ADRを使うのか、相手との示談交渉で行くのかということです。それぞれの手続について概要とこのようなものであろうということをレジュメ15ページ以降に記載いたしました。

　宣伝になるわけではありませんが、私が今参加しております公益財団法人日弁連交通事故相談センターというところでは、無料の交通事故の相談を行っております。また、それ以外に示談あっ旋という一種のADRを行っております。これは全部無料で行っており、強制力はありませんが、示談あっ旋で事件が解決するのが83パーセント以上ということです。大半が示談あっ旋の手続で解決することができるということは、依頼者にとっても負担が軽くて済むということになります。これは弁護士が付いていても利用できるわけですから、専門家に間に入ってもらって示談で解決させたいということであればこのような手続を使うことも一つであると思います。

5　不当・過大な請求を受けたら

　例えばこちらが任意保険に入っていないため、自腹で払わなければならないが相手が癖のある方で、個性的で、普通ではない、過大な金額を請求されているという場合には、こちらから債務不存在確認請求訴訟というものを提起することも一つの解決方法であろうと思います。

6　債務不存在確認訴訟の方法

　レジュメ18ページを参照ください。

7 アジャスターとは

　アジャスター、あるいはアジャスターが行った査定額についていろいろな裁判例があります。結論からいいますと、アジャスターが就いているからといって皆様は恐れる必要はないということになります。アジャスターに対して、裁判所はそのまま認めているものもありますが、否定しているものもあります。

　たとえアジャスターがいくらであるといったところで、そのまま額面どおりに受け取らなければならないというわけではないということが、私が申し上げたかったことです。要は裁判所もアジャスターの査定についてはいろいろ検討し、中には否定しているものもあれば、そのまま採用しているものもあるということです。したがって、この辺はよく査定の内容を見て、自分でも当然「赤い本」等によって調べてみて、あるいは例えばオークションにおいていくらでこの車が取引されているかといったものも証拠になりますから、こういったことをよく調べて自分なりの判断を立てることが必要であろうと思います。

　後半駆け足になってしまいましたが、冒頭にもご説明しましたように、弁護士費用の保険が普及していますので物損だけというような法律相談もありますし、大した金額にならないというようなケースもあるかと思います。しかし、恐れずに是非受任されて依頼者のためになっていただくことが必要かと思います。

　本日はご清聴ありがとうございました。

V　物損全般について

レジュメ

V　物損全般について

弁護士　花沢　剛男

●物損事故を巡る状況
1　人身事故数は減っているが、物損事故数はあまり変わっていない
　　…損害保険協会のパンフレットから
2　物損事故を取り上げる環境の変化
(1)　運転免許取保有者数の頭打ち（若年層の車離れ？）と高齢化社会
(2)　自動運転化（衝突防止装置）の波
(3)　権利保護保険（弁護士費用特約）の普及
　　少額事件の増加

第1　基礎・理論編
1　どのように知識を習得するか
(1)　物損、人損問わず
　　損害賠償額算定基準（赤い本）
　　　…（公益財団法人）日弁連交通事故相談センター東京支部編
　　交通事故損害額算定基準―実務運用と解説―（青い本）
　　　…（公益財団法人）日弁連交通事故相談センター
　　大阪地裁における交通損害賠償の算定基準〔第2版〕（緑の本）
　　　…大阪地裁民事交通訴訟研究会編集
　　　交通事故損害賠償額算定のしおり
　　　～大阪弁護士会交通事故委員会
　　名古屋地裁版もある
(2)　赤い本下巻（2005年版より分冊）の裁判官の講演録は役に立つ…物損に関して
　　2000年版279頁～「リース・割賦販売と損害の範囲」山崎秀尚裁判官（当時）
　　2002年版295頁～「評価損をめぐる問題点」影浦直人裁判官（当時）
　　2003年版344頁～「代車使用の認められる相当期間」来司（くるじ）直美裁判官（同）
　　2004年版472頁～「休車損害の要件及び算定方法」森剛裁判官（同）
　　2005年版下巻153頁～「改造車における修理費用及び車両価格の算定」蛭川明

彦裁判官（同）
2006年版下巻77頁〜「代車の必要性」小林邦夫裁判官（同）
2007年版は物損なし
2008年版下巻41頁〜「物損に関連する慰謝料」浅岡千香子裁判官（同）
2009年度〜2014年度版は物損について直接触れたものはないが、過失相殺など物損についても役立つものはある
※最新情報として、自転車事故（自転車×人）について、別冊判例タイムズ38号にて過失割合の基準が示される
(3) 参考本（一部）
① 民事交通事故訴訟の実務—保険実務と損害額の算定—
〜東京弁護士会弁護士研修センター運営委員会〔編〕（ぎょうせい刊）
…平成20年度後期に実施された民事交通事故専門講座の講義録
Ⅲ 損害の算定2
② 交通損害関係訴訟〜佐久間邦夫・八木一洋〔編〕青林書院
③ わかりやすい物損交通事故紛争解決の手引〜園部厚著（民事法研究会2009年刊）
など
（注）以下特に注記のない場合、「赤い本」は2014年版上巻を指す。

2 法的根拠が人損と異なる

(1) 人損には自賠法の適用がある
自賠法3条（自動車損害賠償責任）
　自己のために自動車を運行の用に供する者は、その運行によって<u>他人の生命又は身体を害したとき</u>は、これによつて生じた損害を賠償する責に任ずる。ただし、自己及び運転者が自動車の運行に関し注意を怠らなかつたこと、被害者又は運転者以外の第三者に故意又は過失があつたこと並びに自動車に構造上の欠陥又は機能の障害がなかつたことを証明したときは、この限りでない。

(2) 物損には自賠法の適用がない
→不法行為責任（民法709条）で
　例外タクシーやバス乗車中に事故が発生し、乗客に物損が発生し、運転手の過失が認められる場合には、安全配慮義務違反＝債務不履行責任（民法415条）の適用の可能性はある。
※「陸上自衛隊三三一会計隊事件」における、最高裁昭和58年5月27日判決（民集37巻4号477頁）では、業務上自衛隊の車両（トラック）を運転していた陸尉が事故を起こしたため、国に対しその安全配慮義務違反を理由に損害賠償請求をしたところ、「本件事故は、D一尉が車両の運転者として、道路交通法上当然に負うべきものとされる通常の注意義務を怠つたことにより発生したもので

Ⅴ　物損全般について

あることが明らかであつて、他に国の安全配慮義務の不履行の点は認め難いから、国の安全配慮義務違反はないとした原審の判断は、正当として是認することができ」る旨判示しているのであって、<u>安全配慮義務そのものを否定したものではない。</u>
→不法行為責任の一般法理が適用
　・原則、過失責任者＝運転者が責任を負う
　・使用者責任（民法715条）や共同不法行為責任（民法が問題となる場合がある）
　・賠償義務者が、人損と異なる場合がある
　　運行供用者≠運転者、使用者
　・車両の所有者が保険に加入している→賠償責任を負わない場合どうするのか
　・自賠責保険は物損をカバーしない→加害車は任意保険に加入しているか必ず確認すること

●対物賠償責任保険補償の対象者（約款上）…<u>使用者責任とは異なる</u>
　(1)　記名被保険者
　(2)　記名被保険者の配偶者
　(3)　記名被保険者またはその配偶者の同居のご親族
　(4)　記名被保険者またはその配偶者の別居の未婚のお子さま
　(5)　記名被保険者の承諾を得てご契約の自動車を使用または管理中の方。ただし、自動車取扱業者（自動車修理業者など）の方が業務として受託したご契約の自動車を使用または管理している間を除きます。
　(6)　記名被保険者の使用者。ただし、記名被保険者がご契約の自動車をその使用者の業務に使用している場合に限ります。

●損害賠償責任保険の本質
　保険法第2条第6号…保険契約のうち、保険者が一定の偶然の事故によって生ずることのある損害をてん補することを約するものをいう。
　被保険者のための契約（＝被害者のための契約ではない）
　まじめな？被保険者が発生させてしまった賠償責任につきリスクの分散化（偶発事故以外除外、重過失免責）～自賠責保険と相違

●一般不法行為（民709条）の要件事実は？（法科大学院レベル）
　①　被侵害利益の存在
　②　加害行為の存在
　③　上記についての故意又は過失
　④　損害の発生及びその額
　⑤　②と④との因果関係

●実際の作成では、難しくない

赤い本には、モデル訴状（2014年版上巻416頁～物損の訴状例）が記載されている）

交通事故事件の特徴として

　　事故の特定

　　日時、場所、当事者、関係車両、事故態様

　（事故証明書に記載されている）

損害額算定表

1	治療費				¥600,000	○○病院
					¥71,980	立替分
2	付添看護費				¥330,000	母親分
3	入院雑費	@1500	60	日分	¥90,000	
4	医師等への謝礼				¥28,980	
5	通院交通費			日分	¥101,410	本人
					¥108,490	家族
					¥8,656	退院時
6	雑費				¥28,704	被服費用
7	休業損害	¥9,724		日分	¥1,509,322	●●会社分
					¥285,384	アルバイト分
					¥333,000	母親分
8	傷害慰謝料	通院	43	日（実通院）	¥2,700,006	
		入院	79	日		
					¥2,700,006	加算
9	後遺症逸失利益				¥4,133,171	34年間
10	後遺症慰謝料		14	級	¥1,100,000	
				小計	¥14,129,109	
11	過失相殺		-20	%	¥-2,825,822	
				合計	¥11,303,287	
				既払	¥-7,211,993	
				差引	¥4,091,294	
12	弁護士費用				¥409,129	10%相当額

3　物損をどう評価するか……公的（第三者）評価機関はない

（1）　人損に関しては、第三者機関＝損害保険料率算出機構（略称：損保料率機構）

（2）　物損の場合の修理費は、その算定に、自研センター方式が保険実務では使われているとされている。

　　　自研センター方式とは、株式会社自研センター（一般の会社）が策定した「指数」

Ⅴ　物損全般について

によるもの。

　指数とは、「損傷自動車修理の工賃算定をより合理的なものにするために、脱着・取替、板金および塗装に係る標準的な作業時間を示す「指数」を策定しています。現在では国産車、輸入車をあわせ年間40車種から45車種程度の「指数」を作成しています。

　「指数」と新型車に関する構造調査の結果を「構造調査シリーズ」にまとめ発刊し、アジャスターを中心に損傷自動車修理に関わる方々に購読いただいています。」と説明されている。

　・「指数」作成の前提条件
　車　　両　　1～2年使用（2～3万キロ走行）、汚れ、錆付は軽度な車両
　工　　場　　認証工場設備基準の機械設備の他、スポット・アーク・ガスの各溶接機、簡易ボデー修正機を有する一般的な整備工場。内板骨格修正指数は4点固定で多方引きが可能な修正機を有する工場
　作業者　　実務経験3年程度の技能を持った者、補修塗装は実務経験5年または金属塗装技能検定2級程度を有する者
　部　　品　　パーツカタログ記載部品で、原則としてメーカー出荷状態で損傷のない部品
　作業方法　安全、合理的かつ経済的な修理方法で、車両の機能、程度に応じた品質に配慮した作業方法
　→標準的な車両に標準的な作業を行う（相当因果関係）

●物損事故には、保険会社のアジャスターが就く場合がある
　アジャスターに関しては、後半（応用・実践編）で

4　物損には後遺障害はないし、原則、慰謝料は発生しない

赤い本（2008年下巻41頁～…浅岡千香子裁判官講演録）
　「物損事故の場合、一般には財産上の損害が賠償されることにより、同時に精神的苦痛（不愉快な感情）も慰謝されることになる」
例外…特殊な物損
　まず、ペットなど動物を自動車を乗せてはならないという（法的）制限はない
→通常の損害
　ただし、競走馬のような、1頭数千万円～もするような特殊な動物を載せていて損害を受けたことが通常損害と言えるか

●物損に慰謝料が認められる例（例外）
①　ペット……数万円～数十万円（ペットの医療過誤事件では、より高額の慰謝料が認められる場合もあるが、そこでは不法行為責任ではなく、診療契約、管理委託契約等の不履行が原因）

※ペットの葬儀費用（東京高裁平成16年2月26日判決）、治療費（東京地裁平成18年1月24日判決）、後遺障害に基づいて慰謝料（名古屋高裁平成20年9月30日判決）を飼い主に認めた裁判例もある。
② 先祖代々引き継がれてきた墓石
③ 代替性のない芸術作品

・希少性のある外国車
　慰謝料の補完的機能を考慮すると、本来物損として慰謝料が認められないもの、または本来の慰謝料額を超えた慰謝料が認められる可能性がある。

5　物損として代表的なものは修理費用
　交通事故により車両が損傷を受けた場合において、修理が可能なときは、事故車両の所有者は、原則として、必要かつ相当な修理費を請求することができる（「交通事故関係訴訟」227頁）ただし、修理費が車両時価額（消費税相当額を含む）に買い替え諸費用を加えて金額を上回る場合には、経済的全損となり買替え差額が認められる（赤い本196頁）。

6　改造車の修理費用
　金メッキ事件判決（東京高裁平成2年8月27日判決自保ジャーナル1499号2頁、判時1387号66頁）
…園高明弁護士は疑問を呈す（①実務153頁）基本的に、金メッキにせよ（略）許された行為であり、原状に戻す費用を賠償するのは当然。判例理論では、車中の高額品や量産車を改良した商品も賠償されなくなってしまう。
　被害者の中には、「新車に代えて欲しい＝買い換え費用を支払って欲しい」と要求する者もいるが、それは認められない。
　被害車両の所有者が別の場合にはどうなるか？
　　リースの場合
　　レンタカーの場合

●赤い本2000年版279頁〜…山崎秀尚裁判官（当時）
　全損の場合〜売主（リース業者）が行使
　評価損〜所有権者（リース業者）が行使
　（反対の裁判例があり。水戸地裁昭和43.11.25など）
　買主がリース契約を解除し、違約損害金を売主に支払った場合〜特別損害ではなく通常損害が認められる場合もある（相当因果関係を否定した裁判；神戸地判平成4.8.21）。

●上記山崎裁判官の提言（対応）
　日本坂トンネル事件の判決を引用し、買主（ユーザー）は不法行為によりリー

V 物損全般について

ス自動車を全損により喪失しても、リース料の支払い義務を免れない（民534条1項）、リース料完済後は自動車を取得できるという期待権があったことを理由に、民法536条2項但し書きおよび304条の類推適用により、リース自動車の所有権の変形物として売主（リース業者）が取得した第三者に対する損害賠償請求権（および遅延損害金）を当然に取得する。

リース業者が、第三者から既に損害賠償の支払いを受けてしまった場合には、民法536条2項但し書きの類推適用により、買主（ユーザー）は、売主（リース業者）に対し、加害者から受領した評価損相当額の金額の支払いを請求することができる。

価値判断として、事故当時担保価値の低下という損害を現実に被っている売主（リース業者）をまず保護すべき。

● 東京地裁平成18年3月27日判決

リース契約満了時の事故落ちの評価損ではなく、ユーザーの意思に基づき「中途解約したことにより、評価損が現実化したとしても」、リース契約のユーザーに対する財産権の侵害としての評価損には当てはまらず、拡大させた損害を被告らに「請求することはできない。」

※修理代金相当額の損害は、ユーザーに認めている。

⇔大阪地裁平成24年3月23日判決（青い本257頁）は、ユーザーに評価損を認める。

● 上記見解への疑問

1) 買主（ユーザー）は、リース車両が全損となっても、リース料を支払わなければならない
2) 売主（リース業者）に損害は認められるか。担保権の侵害ではないのか
3) リース契約では、危険負担はすべて買主（ユーザー）が負う＝債務者主義
民536条2項の規定は「債権者の責めに帰すべき事由により」＝債権者の債務不履行責任が問われる→類推適用として適当かという疑問

● 私見（私の理解）

リース契約（フルペイアウト）では、売主（リース業者）は、所有権留保と同じく、リース債権を確保するために、リース物件に一種の担保権を設定していると考えられる。

リース会社がユーザーに対してサプライヤーから買い受け資金を融資し、それをリース料の支払の形で回収し、その担保のために目的物の所有権を自らに留保

するもの（金融説）

⇔賃貸借説

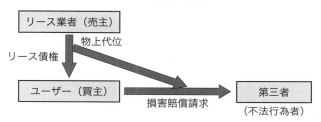

リース業者の保護

リース業者（売主）は、その担保的機能に基づいて、ユーザー（買主）が第三者に対して有することになった損害賠償請求権について物上代位の規定（民350条、304条の準用）の類推適用により差押えができる。

リース業者としては、事故後には、リース契約通りにユーザー（買主）にリース代金を請求し続けるか、ユーザーが第三者に対して有する損害賠償請求権を差し押さえることにより、リース代金（の一部）を回収するか選択できる。

いわゆる、担保権的構成を取った方が、他の法律（倒産法。例えば、会社更生手続きでは、リース債権は更生担保権として扱われる……最高裁判決）と統一的に処理できる。

全損の場合、修理代金請求の場合、評価損請求の場合、いずれもユーザー（買主）に権利行使を認める。

ただし、全損の場合に車両価格を超えないという制約はかかる（金利分、利益分は第三者に請求できない）……完全賠償責任主義・原状回復主義ではない。

●ノン・フルペイアウトのリースの場合

いわゆる残価契約によって、残価が事前に高く設定されている（リース料負担は低減されている）。

このような場合には、所有権はリース会社（売主）が保持しているとして、賃貸借と同じように処理することが妥当か。

●東京地裁平成21.12.25判決

・リース車両の場合

　証拠（略）及び弁論の全趣旨によれば、C車はリース物件であるが修理・保守はユーザーであるBが負担することになっているところ、本件事故によるC車の補修費用は25万0488円であることが認められる。

　したがって、Bの損害（弁護士費用を除く。）は25万0488円となる、としてユーザーに認めた。

V　物損全般について

●横浜地裁平成20年12月4日判決
　リース料残金そのものは、本件事故による損害と認めることはできない。
　<u>原告（ユーザー）の損害は、リース料全額を支払ったにもかかわらず、原告車両の存在を失ったことであり、原告車両の時価額が損害と認められる</u>。したがって、原告の車両損害は、オートガイド自動車価格月報によると（証拠略）、280万円から305万円と認められる

7　自動車の評価は難しい
レッドブック…（有）オートガイド発行の「オートガイド自動車価格月報」（AからDまである）
東京高裁昭和57年6月17日判決（交民集15巻611頁〜）では、
　　初度登録5年前の中古車については、ベンツを含めて、オートガイド社製作のガイドブックに年式、型式、メーカーなどによって類別掲載された標準価格に準拠して販売価格を決定しているが、初度登録後5年を超える中古車の価格は個別の車両の使用ないし保存状態に則し売主と買主との個別の話し合いによって決められているのが取引の一般の実情である。
イエローブック…（一般財団法人）日本自動車査定協会が毎月発刊する中古車卸売り価格

8　被害者からの相談では「査定額が低い」「これでは中古車であっても購入できない」という不満が多い

9　自動車には評価損がある
　<u>評価損</u>とは、修理しても外観や機能に欠陥を生じ、または事故歴により商品価値の下落が見込まれる場合に認められる（赤い本201頁）。
　　心理的なもの　　　物損には慰謝料が認められないこととの整合性
　　技術上の評価損　　完全修復は可能か、美観を損ねる
　　取引上の評価損　　取引実態としての評価損をどう取り入れるか

●評価損が認められるか

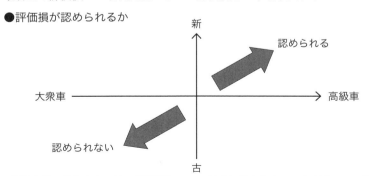

保険会社の行う査定では、評価損については盛り込まれないことが多いので注意！

●評価損を認定した裁判例
　赤い本の中に事例が記載されている
　　① 修理費の一定額について認めたもの　10〜100％
　　② 自動車の時価の一定額を認めたもの
　　③ 事故時のあるべき時価－修理後の価格
　　④ 複合型

●赤い本2002年度版299頁〜……影浦直人裁判官（当時）
　これまでの判例の傾向からすれば、外国車又は国産人気車種で初年度登録から5年（走行距離で6万キロメートル程度）以上、国産車では3年以上（走行距離で4万キロメートル程度）を経過すると、評価損が認められにくい傾向があり、これに上記の事情（註：初度登録からの期間、走行距離、損傷の部位、車種等）を加味して評価損が認められるか否かを検討すべき

10　代車使用料
　相当な修理期間または買替期間中、レンタカー使用等により代車を利用した場合に認められる（赤い本204頁）修理期間は1週間ないし2週間が通例であるが、部品の調達や営業車登録等の必要があるときは長期間認められる場合もある（赤い本）

(1) 代車の必要性
(2) 代車の種類（グレード）
　特異な車両であるからといって同等のものという訳ではない
　ベンツの代車は、国産高級車（例：クラウン）の費用でよい

●代車使用の必要性に関して
　…赤い本2006年版下巻77頁〜小林邦夫裁判官（当時）の分析
　◎必要性の認められる場合
　　ア　営業用車両…原則OK
　　イ　自家用車
　　　通勤通学に利用されている場合
　　　　…それだけで除外されない（幼児や病高齢者の送迎、地方の買い物など）
　　　　　レジャー、趣味の利用…原則否定
　　ウ　代替車両又は代替交通機関が存在する場合
　　　　…営業用、自家用を問わず必要性が否定される

11　休車損害
　営業用車両（緑ナンバー等）の場合には、相当なる買替期間中もしくは修理期間中、認められる（赤い本207頁）
　　算定方法：(1日当たりの売上－免れた経費)×休業日数

Ⅴ 物損全般について

　　稼働率が100％であれば、休車損害は認められる
　　稼働率が低い場合（遊休車がある場合）には代替可能→休車損害なし
　　では、稼働率が90％程度では？
●赤い本2004年版…森剛裁判官（当時）の分析
　　代車使用料における代車の必要性と同様、被害者が事故車以外に活用し得る車両（遊休車）を保有している場合には、被害者にも、信義則上、被害の拡大を防止すべき義務がある→被害者は遊休車を活用すべき
　⇒休車損害を認めるためには、休車期間中、遊休車が存在しなかったことが要件となる
　　・遊休車が存在しない、と言える場合
　　　営業用車両（バス、トラック、タクシーなど）には、行政的規制を受けている。予備車があれば、予備車を利用すべき。
　　・実働率が100％に満たない場合
　　　実働率だけで決まるものではない（実働率は、遊休車の存在を知り得る一つの手掛りに過ぎない）→故障、定期点検中ではないか、遠隔にあるなど、容易に遊休車を活用できない。
12　休業（営業）損失（損害）
　店舗などに車両が飛び込んで営業ができなくなった場合に、営業損害が認められる。考え方は、自動車の休業損害の算定方法による。
13　その他
　　・車両の引き揚げ費、レッカー代
　　・保管料
　　・時価査定料、見積費用等
　　・廃車料、車両処分費
　　　など
14　物損と人損との区別
　　・眼鏡
　　・義手・義肢
　　・義歯（インプラント）
　　・補聴器
　　・腕時計？
　　・かつら？
　　・杖？

●物損と人損の区別……判断要素

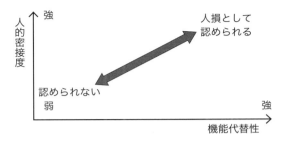

第2　応用・実践編
1　裁判所（管轄）を選ぶのも弁護士の腕
東京地裁では、専門部（27部）が扱う
情報量が集積
判断は、事実上の合議？
裁判官も専門家として自任・自負（？）
●中間利息控除
　最高裁判決（昭和53年10月20日・民集32巻7号1500頁）では、ライプニッツ式、ホフマン式いずれでもよい。
　東京地裁では、ライプニッツ式を採用（三庁提言【平成12年】以降、大阪地裁、名古屋地裁もこれに倣う）。
2　交通事故証明書の入手
　ネットをみればわかる（自動車安全運転センター）
①　警察に事故の届出をしてください。
　・警察への届出の無い事故については交通事故証明書の発行はできませんので、ご注意下さい。
　・交通事故がおきたら、取り扱いを受けた警察署（高速隊）、発生場所等を確認して、下記の申請方法で証明書を取得して下さい。
②　申請は最寄のセンター事務所で
　・最寄りのセンター事務所に申請してください。
　・他府県でおきた交通事故についても、最寄りのセンター事務所で申請できます。（その場合は後日郵送となります。）
　・詳しくは最寄りのセンター事務所にお問い合わせ下さい。
　　※サイトからの申込みも可能
　　　(http://www.jsdc.or.jp/certificate/accident/quest10.html)

V　物損全般について

交通事故証明書

申請できる方は
・交通事故の加害者
・被害者
・交通事故証明書の交付を受けることについて、正当な利益のある方（例損害賠償の請求権のある親族、保険の受取人等）
・交通事故証明書は、人身事故については事故発生から5年、物件事故については事故発生から3年をそれぞれ経過したものについては原則交付できません。詳しくは最寄りのセンター事務所にお問い合わせ下さい。

レジュメ

申請用紙
　申請用紙（郵便振替申請用紙または窓口申請用紙）は、センター事務所のほか、警察署・交番・駐在所等に備え付けてあります。

3　自動車登録事項等証明書の入手
・自動車には常に備え付けられていなければならない
　→自動車事故に遭ったら、相手車両の自動車検査証を確認し、コピー（写真）を取る
・軽自動車と普通自動車とは違う

●軽自動車は、軽自動車検査協会で
　・品川／中央区・港区・品川区・大田区・千代田区・渋谷区・目黒区・世田谷区・大島支庁・三宅支庁・八丈支庁・小笠原支庁…東京主管事務所
　・練馬／練馬区・北区・新宿区・杉並区・豊島区・文京区・中野区・板橋区…東京主管事務所練馬支所
　・足立／足立区・葛飾区・荒川区・台東区・墨田区・江東区・江戸川区…東京主管事務所足立支所
　・多摩／三鷹市・調布市・小金井市・立川市・昭島市・町田市・武蔵野市・東村山市・国分寺市・小平市・西東京市・東大和市・東久留米市・武蔵村山市・狛江市・清瀬市・多摩市・稲城市・府中市・国立市…東京主管事務所多摩支所
　・八王子(多摩)／八王子市・青梅市・日野市・福生市・あきる野市・羽村市・西多摩郡…東京主管事務所八王子支所
　※（　）内は従前の管轄区域により表示されていたナンバーです。
　　軽自動車の登録事項等証明書は所有者しかとれないので、23条の2の照会手続きを使う。

●普通自動車は運輸支局、自動車検査登録事務所で
関東運輸局
　・東京運輸支局
　　千代田区、中央区、港区、品川区、目黒区、大田区、世田谷区、渋谷区、大島支庁、三宅支庁、八丈支庁、小笠原支庁
　・足立自動車検査登録事務所
　　台東区、墨田区、江東区、荒川区、足立区、葛飾区、江戸川区
　・練馬自動車検査登録事務所
　　新宿区、文京区、中野区、杉並区、豊島区、北区、板橋区、練馬区
　・多摩自動車検査登録事務所
　　立川市、武蔵野市、三鷹市、府中市、昭島市、調布市、町田市、小金井市、小平市、東村山市、国分寺市、国立市、狛江市、東大和市、清瀬市、東久留

Ⅴ　物損全般について

　　米市、武蔵村山市、多摩市、稲城市、西東京市
　・八王子自動車検査登録事務所
　　八王子市、青梅市、日野市、福生市、羽村市、あきる野市、西多摩郡
どこの登録車両でも入手できる。
※従前は、1運輸支所・自動車検査登録事務所＝1ナンバーがあったが、昨今、「ご当地ナンバー」ができた（例「富士山」「柏」などは自動車検査登録事務所はない）などの影響で、1事務所＝複数ナンバーの場合があり、注意すること。東京でも、今秋からご当地ナンバーの導入「杉並」「世田谷」
　2007年までは、ナンバーがわかれば登録事項等証明書が入手できた（費用は、現在登録証明であれば300円、詳細事項証明は1000円～、履歴事項になると量による）。
　2007年（平成19年）11月からは、
　①　登録番号と車台番号の下7桁の明示
　②　申請者の本人確認のため、運転免許証などの身分証明書の提示
　③　証明書の具体的な請求理由がないと取得できない
①が困難！→入手不可であれば、23条の2の照会手続きを取る。
車台番号とは、
　　車台番号は個別の車両に1つずつ与えられる番号で、自動車の場合は道路運送車両法により打刻が義務付けられている。自動車の場合はメーカーあるいは運輸支局等以外は打刻してはならないことが道路運送車両法に定められていて、打刻の様式も国土交通省に届け出なければならない。移植や改竄（かいざん）は道路運送車両法違反として処罰される。
　　車台番号打刻位置は、ネットなどに出ている。
　　例　くるなび（http://www.kurunavi.jp/zatsugaku/syatai_num_top.html）
　行政書士なら職務上、登録事項等証明書が入手できる（弁護士では職務上入手できない）。
　私有地の放置車や民事訴訟で車台番号が不明な場合は、放置状態の写真や訴訟申立書など必要な書類をもってかえることができるとされている。

4　処理方法（方針）の選択

```
     ┌ 訴訟
     │ 調停
     │        ┌ 仲裁
     │        │ （公）交通事故紛争処理センター
     ┤ ADR  ┤ （公）日弁連交通事故相談センター
     │        └ （一）自賠責保険・共済紛争処理機構
     └ 示談
```

レジュメ

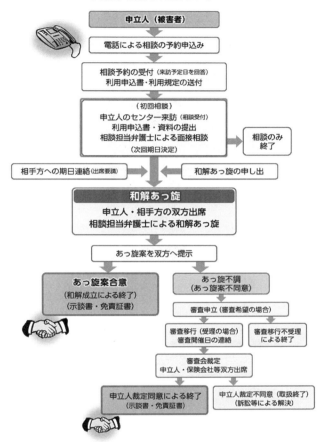

(注)※「申立人」とは、自動車事故の被害者をいう。
※「相手方」とは、加害者又は加害者が契約している保険会社、共済組合等をいう。
※物損のみの場合は、早期解決のため、原則として初回から和解あっ旋に入る取扱いを行っている。

● (公) 交通事故相談センターの制約

　物損の審査において事案解決のために審査会が必要と認める一定の条件を満たさない場合には、審査を受けられないことがある。

　物損事故の場合で、車両相互の衝突等によって、双方に物損が発生し、かつ、双方に過失が認められる場合及び双方に保険会社等の対物保険が付保されており、過失割合が解決しない場合等の審査については、双方が被害者となり当事者の一方が裁定に不同意の場合には審査での事案の一括解決が図れない結果と

Ⅴ 物損全般について

なってしまうため、この場合の審査申立にあたっては、双方の損害に対して双方の所有者（損害賠償請求権者）があらかじめ裁定に同意することが審査・裁定を行う条件となります。

日弁連交通事故相談センター
交通事故の発生から解決までの流れ

●自賠責保険・共済紛争処理機構
　申請可能な事案
　・自賠責保険・共済に請求し、保険会社・共済組合から支払い（不払）の通知があった事案。
　・自動車（任意）保険・共済の対人賠償について自賠責保険・共済の支払いに係る部分について判断（事前認定）がなされている事案。
　（注）人身傷害補償型自動車保険・共済は対象外となります。
　申請できる人
　・交通事故の当事者（死亡事故の場合はご遺族）又はその代理人の方。（正当な権限を持たない代理人の方からの申請はできません。）
　申請書類
　・紛争処理申請書
　・別紙（紛争処理申請書・「紛争の問題点、交渉の経過の概要及び請求の内容」について記載）

- ・同意書
- ・証拠書類、その他参考資料
- ●よく受ける質問
  - ・当事者間で物損事故として警察に届けなかったが、後に痛みが出たので、人身事故としたい、あるいは示談交渉が纏まらないので、警察に届けたい
  - ・事故に遭い警察に届出をしたが、怪我が軽微なために物損扱いにしたらどうかと言われてそうした。ところが、後に痛みが出たり、示談交渉が纏まらないので、後から人身事故扱いにしてもらえるか

5 不当・過大な請求を受けたら

- 放置する（3年の時効期間経過を待つ）
- 調停
- ADR
  - 保険加入を前提としたもの
  - （公）日弁連交通事故相談センター
- ・保険加入を前提としない手続き
  - 弁護士会の行う仲裁
  - <u>債務不存在確認訴訟の提起</u>

6 債務不存在確認訴訟の方法

- ・訴額は…相手の請求額−自認額（争いのある範囲）
- ・請求の趣旨は…原告は、被告に対し、下記事故による損害金として金〇円を超えては支払い義務がないことを確認する
- ・印紙は…本来は、上記争いのある額による（算定不能でも可？）
- ・請求原因は… 1 本件事故の発生
  - 2 被告より〇〇円の請求を受けている（争いあり）だけでは？

　少なくとも、事情欄を設けて、争いのある内容を説明すべき（責任原因か、過失割合なのか、損害の評価か）。

　提訴後は、裁判所が被告に対し、反訴提起を促す（過大請求には、印紙貼付による抑止効果がある）。

　反訴提起すれば、本訴（債務不存在確認請求）は訴えの利益がなくなり、取り下げる。

　本来の主張、立証責任により審理が進む

→債務不存在確認訴訟提起による、<u>紛争解決の「呼び水効果」</u>

7 アジャスターとは

　アジャスターとは、アジャスターとは、一般社団法人日本損害保険協会に加盟する保険会社の「保険事故」の損害調査業務を行う者で、同協会にアジャスター登録

V　物損全般について

された者、をいう。

●アジャスターの種類
- 特殊車アジャスター…特殊車両（建設機械等の特殊な構造を有する自動車、特種な用途に使用する自動車等）に関し、技術アジャスターと同様の業務を行う。
- 技術アジャスター…「保険事故」に関し、損害車両の損害額、事故の原因および損傷部位と事故との技術的因果関係の調査確認ならびにそれらに付随する業務を行う。
- 技術アジャスターは、社団法人日本損害保険協会に登録され、見習、初級、3級、2級（1級は未認定）の資格がある、とされている。

更に、アジャスターには、
① 特定の保険会社（○○損害調査（株）等）に勤務する「専属アジャスター」
② 特定の会社には勤務しない、いわゆるフリーランスである「乗合アジャスター」
の2つの形態がある

Q　個人の方が調査を依頼することはできますか？
A・保険に入っていないで事故を起こしてしまい、見積をしてほしいなどの依頼がありますが、アジャスターは、保険事故に関わる調査業務を行なうことになっていますので、無保険での調査依頼は残念ながらお受けできません。
- 相手が無理を言ってくるので困っているなどの相談や、示談をしてほしいなどは、弁護士法の問題があり、お手伝いできませんのでご理解ください。
- 裁判（調停）になったような事案の損害調査については裁判所を経由して、全技協本部へご相談ください。
- 公平、中立な第三者的立場で対応いたします。

全国技術アジャスター協会のHPより

●アジャスターの査定に関する裁判所の対応（姿勢）
　採　用
　　　追従型（あまり理由を示さずに採用）
　　　補充型（検討・吟味後採用）
　不採用
　　　一部（検討の上、一部の結論のみ採用＝裁判所の認定に沿うものだけ）
　　　全面的（理由を示して、排斥）
- アジャスターによる査定経緯（被害者の同意）から裁判外の和解成立を認めた事例もある。

Ⅵ 損害算定の実務
（具体的な事例をもとに）

弁護士 　平山　隆英

VI 損害算定の実務(具体的な事例をもとに)

はじめに

　皆様、こんにちは。ご紹介いただきました平山と申します。私に与えられました演題は、損害算定の実務で、具体的な事例をもとにということですので、事例を四つ、現実にあった事件からお話ししたいと思います。

　私は、加害者側としても被害者側としても交通事件に携わってまいりました。事件処理に際し、いわゆる基準本といわれています「赤い本」と「青本」は必読かと思います。かなり内容も細やかに書かれていますし、判例も毎年入れ替えをしながらアップデートしていますので、十分に理解されておく必要があろうかと思います。

　ただし、事件はそれぞれ千差万別であり具体的なものですから、基準をそのまま単純に当てはめるというようなことではなく、事件ごとにその特性、特徴を常に意識し検討しながら、最良の主張を工夫していくということが必要かと思います。一つ一つの事案をやはり丁寧に処理していくことが一番大切であると思います。

　では、レジュメに従って進めていきます。

【具体例1】67歳男性／清掃会社勤務

　被害者A(67歳男性、清掃会社勤務、事故前年収2,071,300円、江東区居住)は、平成12年4月11日、横断歩道を青信号で歩行中に加害者の車両に撥ねられ重傷を負った。

　Aは、直ちに最寄りの中央区内のB病院に搬送され、脳内出血、外傷性くも膜下出血、頭蓋骨骨折、意識障害等でそのまま平成12年7月6日までの87日間入院し、同7月6日に墨田区内のCリハビリテーション病院に転院して9月26日までの83日間入院し、更に同9月26日千葉県内のD病院に転院して平成15年2月14日まで入院した。

　AがCリハビリテーション病院に入院中には、Aの長女(34歳)、長男(31歳)及び次男(31歳)の3名は、毎日交代でAの付添看護をし、また、Aが千葉県内のD病院に入院中には、週末には面会に行って付添

【具体例1】67歳男性／清掃会社勤務

> 看護をし、AがD病院において精神的に不安定になったため、Aの長女、長男、次男は、週末を利用して、Aを自動車に乗せて江東区の自宅に連れてきて1泊2日、又は2泊3日で付添って療養看護して精神を安定させ、その回数は、合計100回、224日に及んだ。
> 　Aは、平成15年2月14日をもって症状固定と診断された。
> 　Aの後遺症状は、「頭部外傷後遺症」との傷病名で、後遺障害等級事前認定の結果、平成15年9月21日、自賠等級第2級第3号（「神経系統の機能又は精神に著しい障害を残し、随時介護を要するもの」）と判断された。
> 　Aは、平成15年2月14日にD病院を退院した後は、自宅に戻れないまま江東区内の特別養護老人ホームであるEホームに入所したため、Aの長女、長男及び次男の3名は、少なくとも2日に1日の割合でAを見舞い、付添看護をしていたが、Aは同年9月上旬ごろから微熱が出て治まらず、10月20日にF病院で胸部CTを撮影したところ、「肺腫瘍」の疑いがあるとのことで、同月23日にF病院に入院したが、翌11月19日、肺腫瘍を原因とする右胸膜炎による呼吸不全で死亡した。
> 　Aの相続人は、長女、長男、次男の3名であった。

　この事例について、どのように損害を算定し、どのように請求していくかということです。レジュメでは簡単に論点の項目立てしかしておりませんが、まず、全体的な捉え方としましては、既に亡くなられた後の請求ですから、これを死亡事案として構成するか、あるいは後遺障害事案として構成するかということが論点となります。

　レジュメ10ページをご覧ください。カに「後遺障害を負った被害者が、事後に死亡した場合」ということで、最高裁の裁判例を挙げております。交通事故受傷後、それとは無関係に海で貝を採っているときに心臓麻痺で亡くなった事例について、「逸失利益は一体どのくらいの期間まで請求できるのであろうか、将来的な賠償であるという逸失利益について、その人が死亡した以上、具体的な死亡時までしか請求できないのではないか、あるいはもっと先まで請求できるのか？」ということが争点となったものです（いわゆる「貝採り事件」）。この事案でもこの点が問題になるわけです。

VI 損害算定の実務（具体的な事例をもとに）

　この事例は、Aが死亡した後にその相続人3名が請求する場合ですので、死亡事案として請求するのか、後遺障害事案として請求するのかということの検討になります。

　基本的な捉え方として、まず、Aは事故が原因で死亡したかということです。さらに、Aのその時点でのその原因による死亡は事故前から想定されていたものであろうかということです。

　Aが交通事故が原因で死亡したということになれば、死亡事案の構成になります。

　他方、Aが交通事故とは無関係に死亡したということになれば、次に、Aは、事故前に、その時点でのその原因による死亡が予想されていたのかが検討されることになり、逸失利益の算定の際に、いわゆる67歳までの労働能力喪失期間あるいは高齢者であれば平均余命の半分という辺りまで算定されるのか、それとも、事故時点でそれほど長生きしない蓋然性が高かったということになりますと、喪失期間の算定年数が短くなるということにもなりますし、慰謝料にも影響するということにもなろうかと思います。

　死亡事案として構成することになりますと、喪失率は100パーセントです。ただし、生活費控除というものがかかってきます。一家の支柱と言えるかどうかということですが、大体50パーセントくらいは生活費控除で減額されてしまいます。また、一番最近の26年版の赤い本では147ページ辺りにありますが、死亡慰謝料は「その他」の分類の2000万円から2200万円くらいかと思われます。また、死亡事案ですから、将来の介護費用というものはないということになります。

　他方、後遺障害事案として構成することになりますと、後遺障害の逸失利益は、その等級に応じた労働能力喪失率となり、この事例ですと、自賠責で2級3号と認定されていますので、100パーセント喪失ということになり、後遺障害事案については通常、生活費控除をしないということになります。ただし、寝たきりや遷延性意識障害という事案では生活費がかからないではないかということで、生活費控除はあるのだと議論される方もいらっしゃいますが、通常は後遺障害の事案では生活費控除はないというのが一般的な理解でよろしいかと思います。

【具体例1】67歳男性／清掃会社勤務

　また、先ほど「貝採り事件」に触れましたが、裁判所が判決をするときに被害者は亡くなっているではないか、つまり、その人の生存年数が明確に分かってしまっているのであるから、逸失利益もその亡くなった時点までであるという考えにつきましては、最高裁判所は、後遺障害逸失利益は通常の労働能力喪失期間について支払うべきであると判断しております。この最高裁判所の判断に違和感はないと思います。事故時に物を壊してしまった以上、その段階で損害が発生してその評価ができ、事故とは無関係の事故後の事情で損害額が左右されないということでしょう。

　それと、後遺障害事案ですと、赤い本によりますと、後遺障害慰謝料は2級で2370万円とされています。死亡と比べるとそれだけ本人に苦痛があるであろうということですので、死亡事案での死亡慰謝料が2000万円から2200万円ということと比べると、後遺障害事案のほうが慰謝料も高いということになります。

　なお、後遺障害事案では、将来介護料の議論があります。どのような議論かといいますと、被害者が死亡しなければ介護費用は通常平均余命まで支払わなければならないにもかかわらず、被害者がたまたま死亡したらその時点で介護費用の支払がなくなっていいのかという議論です。

　後遺障害逸失利益については、先程お話ししましたとおり、最高裁判所は死亡の事実を斟酌しませんが、将来介護料については、最高裁判所は、交通事故で介護状態になった後に胃癌で死亡した被害者について、亡くなった段階で介護料は終わるとしています。ここの議論をするときにはよく切断説とか継続説というような言い方をしますが、これも考えてみれば至極当然のことだろうと思います。

　後遺障害逸失利益は、いわゆる消極損害でこの事故がなければ失うことはなかったものを事故によって奪ってしまうものに対する賠償と理解されています。そうしますと、事故によって奪うという評価はその時点で全部評価し尽くされます。

　他方、将来介護費は治療費の一種であると捉えることができ、治療費いわゆる積極損害で事故被害回復のために新たに発生していく損害であると理解されていますので、被害者が死亡した以上、介護の必要がなくなり介護費用

VI 損害算定の実務（具体的な事例をもとに）

は終了することになります。

ここで、付添看護について本事例に沿ってお話ししておきます。

本事例では、Aの子らはAがCリハビリテーション病院に83日入院中に付添看護をし、千葉のD病院に入院中自宅に連れ帰って自宅で介護し、それから症状固定後は特別養護老人ホームに入所中に2日に1回の割合くらいで付添介護に行っています。

レジュメの7ページに項目立て程度ですが、付添費用について書いておきました。入院付添費については、医師の指示又は症状の程度、被害者の年齢等により、必要があれば職業付添人の場合は実費全額、近親者付添人は1日につき6,500円程度が被害者本人の損害として認められます。通院付添費については、症状又は幼児等必要と認められる場合には、近親者付添人は1日につき3,300円程度が被害者本人の損害として認められるという基準となっています。

事例1についての損害賠償額一欄表をご覧ください。ここでまとめていますのは、当初（被害者Aが死亡する前）の加害者側の提示額、Aが死亡後の加害者側の提示額、Aの訴訟での請求額、裁判所の判決認容額です。

2の項目は付添看護①、②、③ですが、入院中については日額6,500円の83日分、入院中に自宅に連れて来た分については日額8,000円の224日分、特別養護老人ホームの入院中に2日に1日の割合の付添については日額6,500円に入院期間278日を2で割った189日分の合計323万円余を請求しました。これについて、裁判所は、入院中に千葉から自宅に連れて来た分だけを日額6,000円の224日分として134万円余を認めています。

ところで、加害者側の当初の主張額は、当時はAが未だ死亡していませんでしたので、後遺症事案としての賠償を提示してきています。

9の項目は後遺症逸失利益ですが、加害者側は当初1032万円余の賠償提示をしてきました。10の項目の後遺障害の慰謝料については、本人分（本人分しか提示はしておりませんが）として1088万円の賠償提示です。将来介護費については、年間の介護料を78万円とし、平均余命である12年分の691万円余を賠償提示しています。それらの結果、加害者側は、損害額合計を4058万円余とし、既払い金914万円余を差し引いて3144万円余を支払

【具体例1】67歳男性／清掃会社勤務

うとの提示でした。

　ところが、その後Aが死亡しましたので、加害者側は今度は死亡事案であると構成して賠償額を提示してきました。逸失利益は、後遺症ではなく死亡であるとして、100パーセント喪失に生活費控除を50パーセント、死亡の慰謝料を1100万円とし、葬儀費用を60万円とし、損害額合計を2932万円余、そして、自賠責、労災保険、保険会社の既払い金が合計4229万円余あるとして、既に支払はオーバーしているのでこれ以上の支払はないとの内容でした。

　Aの相続人である子らは、Aの死亡が平成15年11月19日、呼吸不全でその原因が右胸膜炎で肺腫瘍ということでしたので、後遺障害事案であるから後遺障害等級に沿った自賠責の支払をしてくださいとの被害者請求をしました。そうすると、自賠責保険調査事務所から、事故と死亡に関連があるかどうか等も含めて調査をするので協力をしてくださいという連絡がありました。そして、Aの長男から、Aの死因は肺腫瘍であり、交通事故によって肺腫瘍になったわけでもなければ、事故の前から肺腫瘍になっていたわけでもなく、交通事故後に肺腫瘍になり死亡したという内容の報告書を自賠責保険調査事務所に提出しました。

　その結果、平成16年9月に自賠責保険から、本件については2級3号に該当すると判断するということと、本件事故と被害者の死亡との相当因果関係は認められないものと判断するという内容の連絡をもらい、自賠責保険後遺障害2級に該当する後遺障害賠償金2590万円を受領しました。

　加害者側は本件を死亡事案であり既に支払オーバーであるとの主張でしたので、訴訟提起しました。

　裁判所は、本件を自賠責の2級3号の後遺障害事案であり、事故と死亡には相当因果関係がないとして、損害賠償額一覧表のとおり、損害額合計を5011万円余とし、既払い金4062万円余を控除して確定遅延損害金、弁護士費用等加算し、1608万円余と遅延損害金の認容判決となりました。

　付添看護費について先程お話ししましたが、千葉から週末自宅に連れてきたものについてだけの認容でした。

　特別養護老人ホームの施設の利用料については亡くなるまでの間実際にか

かった部分の費用を請求しましたが、裁判所は食費分を差し引いた金額を認めました。食費はどこにいようとかかるとの判断でした。

休業損害については、事故前年の年収で症状固定時までの請求を、裁判所はそのまま認容しました。

後遺障害の逸失利益については、基礎収入を事故前年の収入とし、喪失率100パーセントで、平均余命の半分という請求を、裁判所はそのまま認容しました。これは後で補足の説明をします。

後遺障害の慰謝料については、本人分を2400万円、子3名各300万円の計3300万円を請求しましたが、裁判所は、本人について2220万円、子3名各50万円ずつで150万円、合計2370万円としました。赤い本が後遺症慰謝料について掲げている金額ですが、2級ですと2370万円ですので、ちょうど子3名の近親者慰謝料と本人分とで合わせて基準どおりを裁判所は判決で出したのだという感じでした。

確定遅延損害金として自賠責保険が支払われるまでの分を請求し、裁判所はそのまま認容しました。

ところで、後遺障害逸失利益についてですが、基礎収入を事故前年の207万円余として請求しました。基礎収入をいくらの金額として請求するかについては、いろいろな数字の採り方があろうかと思います。本人の事故前年の年収がオーソドックスですが、賃金センサスによる平均賃金を検討することもあります。自賠責保険は男女別に全年齢平均給与額と年齢別平均給与額を掲げており、男子の全年齢平均給与額は月額415,400円、年収で490万円ほどになります。Aの年齢である68歳の男子についての自賠責保険の男子の年齢別平均給与額は月額314,800円、年収で377万円ほどとなります。賃金センサスの数値については、赤い本に掲げられています。これもいろいろと自由自在に組み合わせて使うことが可能です。例えば男女の合計の男女計、学歴も問わない全体の学歴計、年齢も問わない全体の全年齢というものがあります。今年の赤い本に掲載されているものを例にとりますと、男女合計、学歴合計、全年齢で472万円余になっています。それから男女計で、学歴計であるが年齢別が70歳以上の場合については359万円余となります。本事例の被害者のAは男性です。賃金センサスには男女計も出ていますし、

【具体例1】67歳男性／清掃会社勤務

男子と女子の分かれた数値も出ており、男子の学歴計で全年齢ですと529万円余、男子の学歴計で年齢別70歳は385万円、男子で学歴計ではなく高校卒業の場合の全年齢では458万円余、男子の高校卒業で70歳以上の場合には293万円余であり、これらをどのように主張するか、何が実態に即しているかということを事案ごとに検討する必要があります。

　ところで、平成11年に、東京地裁、大阪地裁、名古屋地裁の3庁の交通事件専門部により、「交通事故による逸失利益の算定方式についての共同提言」がなされました。これは若年者の将来の逸失利益を計算するについての提言です。中間利息の控除方法としての係数には、ライプニッツ係数とホフマン係数の二つがあります。同じ年数でもライプニッツ係数よりホフマン係数のほうが高い数値になっていますので、ホフマン係数を使用したほうが計算金額が高くなります。若年者の収入はまだ低いことが多いのですが、従前、大阪地裁では事故時の未だ低い収入額を基礎収入額としてホフマン係数を掛けあわせて逸失利益を算定する方式を採用していました。他方、東京地裁では若くても将来平均賃金くらいを稼ぐ蓋然性がある場合には全年齢平均の金額（これはそれなりに高い金額になりますが）を基礎収入としてライプニッツ係数を掛けあわせて逸失利益を算定する方式を採用していました。つまり、裁判所により、逸失利益算定方法に地域差があり、その結果逸失利益算定額にも地域差が生じているとの指摘がありましたので、裁判所としても何らかの統一を図るべきではないかということになり、三つの裁判所が共同の提言をしました。

　この提言の対象は、若年者と有職ではない専業主婦についてです。共同提言の骨子は、逸失利益の算定としては地域間の格差や男女間の格差などいろいろあるが、原則としては幼児、生徒、学生の場合、それから専業主婦の場合、既に働いているが比較的若年の被害者の場合、その人に生涯を通じて全年齢平均賃金収入を得られる蓋然性が認められるときには、全年齢平均賃金収入を基礎収入額として、中間利息の控除はライプニッツ係数を用いましょうと提言したということです。

　本件の事例に戻ります。

　後遺障害逸失利益につき、基礎収入額を、207万円余という現実収入では

Ⅵ 損害算定の実務（具体的な事例をもとに）

なく、将来のことはあくまでもその後どのような仕事に就くかいろいろな可能性があるのだから、平均賃金ベースで請求すればよいではないかという選択肢ももちろん検討し、その選択肢を子ら3人とも議論しながら、本件では、基礎収入額を事故前年の現実年収とすることを選択して請求し、裁判所は請求通りの逸失利益を認めました。

　逸失利益の喪失期間については、Aは事故時67歳ですが、もっと若い、例えば40歳の人が被害に遭った場合には、原則として67歳までとなります。67歳よりは多少若い場合であっても、その症状固定の時期における年齢の平均余命の2分の1と症状固定の年齢から67歳になるまでの年数を比較したときに大きいほうをいわゆる喪失期間として主張すればよいということが赤い本にも書いてあります。また、裁判所も大体同じような基準で判断していると思います。

　本件事案では、後遺症逸失利益ということで請求を立てたわけですが、本日の損害算定の講義では、死亡逸失利益についてもお話しします。

　レジュメの12ページをご覧ください。死亡逸失利益については、基礎収入額に、生活費控除をし、それに労働能力喪失期間に対応する中間利息の控除係数（通常はライプニッツ係数）の掛け算で計算をします。

　有職者又は就労可能者の場合の一般的な算定方法として、事故時50歳、一家の支柱で扶養する人が1人というときには、生活費控除率は40パーセント、労働能力喪失期間は50歳から67歳までの17年というように算定していきます。また、18歳未満の人が亡くなった場合、例えば事故時10歳の男子が亡くなった場合には、賃金センサスの男子の労働者の全年齢平均の金額をベースとし、生活費控除率は男性で独身、幼児の場合の基準とされている50パーセントとし、労働能力喪失期間は18歳から67歳までの49年としています。労働能力喪失期間の中間利息控除率の計算は、事故時10歳ですので18歳で働き出すはずの時までにまだ8年ありますので、8年先に18歳になってから67歳まで働く49年間の計算をするには、10歳から67歳までの57年のライプニッツ係数から事故時の10歳から18歳までの8年のライプニッツ係数を差し引いた数値で、事故時の10歳の逸失利益額を算定するという仕組みになっています。

【具体例1】67歳男性／清掃会社勤務

　後遺障害の場合には、事故で怪我をするとその後治療期間を経過して症状固定になったときに後遺症の等級認定をしますので、事故時と症状固定時に間があるということが通常想定されます。

　レジュメの8ページの算定例の㋐では、事故時46歳の人が症状固定時50歳で9級に該当するという例を想定した場合に、症状固定の50歳から67歳までが後遺障害の逸失利益であるとしています。つまり、症状固定の50歳までについては休業補償であり、休業損害ということになるわけです。その場合、50歳から67歳までの17年のライプニッツ係数は11.2741で、それをそのまま用いて計算して請求するというようなことも多数見られるのですが、遅延損害金は事故時から付きます。損害は事故時に発生しているのであり、事故時からその損害額に遅延損害金が加算されるというように一般に理解されており、最高裁判所もそのように理解をしていると思います。その関連から、事故時の46歳の時点で既に将来の逸失利益も評価されるということが言えます。

　これは先ほどの18歳未満の人が死亡した場合と同じような話になるのですが、症状固定は50歳であっても事故時の46歳から67歳までの21年のライプニッツ係数12.8212から46歳から症状固定の50歳までの4年に相当するライプニッツ係数3.5460を差し引いた9.2752を中間利息控除の係数として逸失利益を算定し、その逸失利益について事故時（46歳時）から遅延損害金を付けるということになります。また、㋑の算定例で18歳未満の逸失利益算定についても同じようなことが書いてありますので、見ておいてください。

　死亡の事案も事故があって1年、2年経って事故と関係がある原因で亡くなったという場合の計算方法は、これと同じようになるのかもしれません。

　積極損害として、遅延損害金は事故日から起算されますし、自賠責保険金支払までの確定遅延損害金も請求できます。随分前はそうした細かい請求をするということはほとんどありませんでした。しかし現在は、自賠責保険の支払までの期間の確定遅延損害金を請求すれば裁判所はきちんと認めてくれます。ですから、これは必ず損害額の算定からは落とさないようにしないとなりません。

Ⅵ　損害算定の実務（具体的な事例をもとに）

　本件事例1の確定遅延損害金も相当な金額になります。自賠責後遺障害の2950万円の支払について、事故日からその支払まで5パーセントの遅延損害金で569万円余ということになり、裁判所も認めています。

　また、弁護士費用は大体認容する金額の1割くらいといわれており、損害の算定からは落とさないようにしていただきたいと思います。

　本件では、3089万円余に事故日から5パーセントの遅延損害金を請求したのですが、判決は1608万円余となりました。しかし、これについても平成12年から支払済みまで年5パーセントの遅延損害金が付されますので相当な金額になりました。

　具体例1の説明に多くの時間を要しましたので、具体例2、3、4につきましては、要点を絞りながら、お話ししていきたいと思います。

【具体例2】26歳男性／レストラン勤務

　次に具体例2に入ります。事案は次のとおりです。

> 　被害者A（26歳男性、レストラン勤務、高卒であるが、大学受験するも4年間合格できずにレストランに就職し、事故前年収は金2,944,000円）は、平成4年11月7日、原付自転車で通勤中、加害者の車両に側面衝突されて転倒し、重傷を負った。
> 　Aは、肝臓破裂等の傷害を受け、直ちに最寄りのB病院に搬送されてそのまま翌平成5年2月24日までの110日間入院し、退院後の同年3月3日から同病院に通院し、週に4、5日、少なくても2日に1度の割合で治療を受け、体内を解毒し、肝炎の発生を防止するための点滴注射等の継続通院治療が必要な状況であった。
> 　Aは、平成9年3月31日をもって症状固定と診断され、症状固定までの実通院日数は765日であった。
> 　Aの後遺症状は、極度の倦怠感、発熱、掻痒感、下痢等の身体異常の繰り返しであり、自賠責保険により自賠等級7級5号（「胸腹部臓器の機能に傷害を残し、軽易な労務以外の労務に服することができないもの」）に該当するものと診断された。

【具体例2】26歳男性／レストラン勤務

> 担当医師からは、Aに対し、症状固定後も、症状を悪化させないために、できれば毎日、少なくても2日に1度は通院して体内を解毒し、肝炎の発生を防止するため等の点滴注射を受けるよう指示がされており、Aはそれに従い、継続通院治療していた。
> 　本件事故は、通勤途上の事故であり、労災保険が適用される事故であった。

　Aは事故時26歳で事故前年の年収は294万円余であり、26歳の男性の平均賃金より少ない状況です。Aの損害をどのように算定していくかということになります。

　事例2の損害賠償額一覧表の一番左に加害者側の当初の提示額を記載しています。一番下をご覧ください。加害者側は2411万円余を提示していますが、それは自賠責の7級5号の後遺障害の保険金の1050万円を含むこと、そしてこれを差し引くと残りは1360万円余となるという内容です。

　訴訟でどのような請求をしたかということを上から見ていきます。

　まず3番目の通院交通費等②（症状固定後）についてです。症状固定が平成9年で、訴訟を提起したのが平成13年12月ですので、症状固定から平成13年11月までの通院1326日についてのガソリン代と病院の駐車場料金を請求しました。

　症状固定後の治療費は基本的には認めないというのが一般的です。症状固定というのは、治療により症状は回復していったが、もうこれ以上は通常の医療の方法、手段では改善の見込みがない、つまりそのように改善の見込みのない症状が残存固定をしたという状態です。労災保険では「治癒」という言葉を症状固定という意味で使っています。症状固定までは治療期間ですが、それ以後の治療は後遺障害の問題として理解されています。

　現実には、症状固定の段階になってもなお具合が悪いので病院に行き、マッサージやリハビリを受けている例も見受けられますが、それは症状を具体的に改善していくといういわゆる治療とは違うと理解されています。症状固定後のことは後遺障害で判断され、後遺障害についての賠償金額が出れば、その金額で治療を続けるのも結構、それから旅行に行って気晴らしをするのも結構というようなことで判断をされますので、なかなか症状固定後の治療費

VI 損害算定の実務（具体的な事例をもとに）

というものが認められることは難しいのです。

　本件の事例では、労災の等級の判定もあり、労災にはこの当時アフターケアという制度があり、労災で治癒した、つまり症状固定したという後でも必要な治療については治療が受けられるという労災保険特有の制度があり、それも活用しながら、ただ、ガソリン代や病院の駐車場料金などは労災では出ないので加害者に請求をしていくということで、症状固定後でも単にマッサージやリハビリ程度ではなく、症状の悪化を防ぐため、すなわちこのまま放置すればせっかく改善したものがまた悪くなってしまうという場合は、単純に症状固定後の治療と割り切ることはできないとして請求し、このような場合には、裁判所も認定してくれることがあります。訴訟では、加害者側は症状固定後の治療については一切認めないと主張しましたが、裁判所はほぼ認めました。

　休業損害については、事故前年の年収が294万円ですから同金額を前提に症状固定までの1608日分について1295万円余を請求しました。加害者側は、事故1年後は100パーセントでも、その後は症状固定までは順次働くことが可能であるだろうということで、後遺障害の等級が7級になりましたので7級の喪失率の56パーセントで計算をして854万円ほどしか認めないと主張しましたが、裁判所は請求のとおりの認定をしました。

　傷害慰謝料については、赤い本において何日間入院、何日間通院ということで計算するようになっており、多少高めに請求しましたが、裁判所は請求のとおりの傷害慰謝料を認定しました。

　後遺症逸失利益については、平成9年の症状固定の段階における男子の学歴計の全年齢平均が575万円余ですから、これを前提に喪失率を56パーセント、喪失期間については固定時から67歳までの37年、つまり30歳から67歳までのライプニッツ係数で計算をして5381万円余を請求しました。裁判所は基礎収入について10パーセントを減じた517万円余としましたが、Aは事故当時294万円の収入しかありませんでしたので、10パーセントの減額とはいえ、裁判所の517万円余の基礎収入の認定はそれなりによいものを認めていただいたという感覚を受けました。喪失期間の中間利息の計算方法について先ほど申し上げましたが、本件では、症状固定時の段階でそのま

【具体例2】26歳男性／レストラン勤務

ま残り37年のライプニッツ係数で算定して請求しましたが、裁判所は事故時26歳から67歳までの41年から事故時26歳から症状固定時までの5年を差し引いたライプニッツ係数で算定しました。裁判所は先程お話ししましたとおりのオーソドックスな算定方法をしたわけです。

　後遺障害の慰謝料については、7級の規準が930万円でしたが1100万円を請求し、裁判所は1000万円を認定しました。

　将来の治療費については、1271万円余を請求しました。これはどのようなものかということは損害賠償額一覧表に簡単に書きましたが、平成9年3月31日に症状固定と診断されたものの、極度の倦怠感や発熱、痒み、下痢などの症状が残存して、主治医から解毒や肝炎防止のため2日に1回の割合では通院が指示されているという状態であり、労災保険から病院に支払われている治療費の年平均概算額が72万円程ですので、訴訟提起の35歳の段階で平均余命43年として計算しますと、1200万円ほどとなります。これについて加害者側は一切認めないとの対応でした。

　裁判所は、「将来にわたりある程度の治療を要するものと認めるのが相当であるが、遠い将来にわたってまで的確に判断するのは困難で、この裁判で確定する必要性も乏しいと考えられる。医師の意見書は将来の症状の寛解を否定していないのであって、こういうことも含めて今後3年間に限って治療費と交通費を判断する。労災保険からの診療費支払の実績は漸減傾向にあると言えるので、最近の支払の実績の55万円ほどに病院駐車場の年額費用12,000円を加算した金額について事故時の26歳から労災支給の最後から（つまり労災は将来払えるかどうかは分からないという前提なのですが）3年を経過するまでの13年間に対応するライプニッツ係数から事故時26歳から労災支給の最後までの10年に対応するライプニッツ係数を差し引いたもので計算する」として94万円余を認定しました。

　本件事案は、事故態様、過失の問題も争点になり、Aは、避けようのない事故として0パーセントを主張しました。加害者側は当初10パーセントの主張でしたが、裁判では主張がどんどんエスカレートして30パーセント以上の主張となりました。

　過失相殺がある場合には全部の損害を挙げてそこに過失割合を掛けていき

ますので、裁判所は事案の整理をして既に払われた労災保険分も含めた治療費も損害合計額に加算し、過失相殺を15パーセントとし、既払い金を損害の一部填補として差し引きました。

　確定遅延損害金については、事故のあった平成4年から自賠責保険後遺障害損害金1051万円が払われた平成12年までの7年間の5パーセントである384万円を請求し、裁判所はこの金額をそのまま認めました。

　弁護士費用は800万円を請求しましたが、裁判所は350万円を認容しました。

　以上により、判決は4223万円余の認容となり、このうち3800万円余については平成4年から年5パーセントの遅延損害金が加算されましたので、それなりに高額な解決となりました。

　その後日談ですが、加害者側がこの判決に控訴をしました。一審の判決は金額が高すぎ、高くても2719万円ほどが相当であるという控訴内容でした。こちらは、Aと控訴するかしないか相談し、認容額がまずまずであったので控訴しなくてもよいでしょうということになったので控訴はしませんでした。労災の支払関係の充当方法について、費目間流用、過失相殺前控除か過失相殺後控除かという点において、一審判決の判断に疑問があったのですが、控訴をしませんでしたところ、加害者側が控訴しましたので、こちらも付帯控訴をしました。

　高裁で、費目間流用の範囲や過失相殺前控除されるべきことを主張しましたところ、高裁担当裁判官も同様の考えを述べられ、認容額が一審より高くなりそうでしたので、加害者側は控訴を取り下げてしまいました。こちらも控訴していれば高裁の裁判は継続したのですが、付帯控訴でしたので加害者側の控訴取下げで控訴審は終了したのですが、その間の遅延損害金も事実上の加算となりました。

　以上のように、損益相殺も損害の算定には重要です。「費目間流用」、すなわち、どのような費目の支払がどの範囲で既払いとして差引きできるのか、また、「過失相殺前控除か、過失相殺後控除か」は、最終の損害賠償金額に影響を与える重要な事項です。そこも十分に配慮をしてやっていただければと思います。

【具体例3】48歳女性／主婦

具体例3に移ります。事案は次のとおりです。

> 被害者A（48歳女性、短大卒の主婦）は、平成17年12月8日、自転車で青信号交差点の横断歩道上を直進中、対向方向から右折してきた加害者の車両に追突されて転倒し、重傷を負った。
>
> Aは、右大腿骨頸部骨折、右上腕挫創等の傷害を受け、事故日である平成17年12月8日から症状固定とされた平成21年8月14日までの総治療日数1,346日につき、入院3回合計101日、通院合計96日の治療を要し、その間、右大腿骨頸部骨折による骨頭壊死により人工関節置換を余儀なくされた。
>
> 自賠責保険は、Aの後遺症状に対し、右大腿骨頸部骨折に伴い、右股関節に人工関節の挿入置換がなされ、外転・内転の可動域が健常な左股関節と比べ2分の1以下に制限されており、右股関節の機能障害は「1下肢の3大関節中の1関節の用を廃したもの」として第8級7号に該当すると判断した。
>
> Aが右股関節に挿入した人工関節については、将来再置換の必要があり、後遺障害診断書に、「人工股関節は10年〜15年で再置換を要するため、その際は再度手術的治療を要する。」と記載されている。

主婦の休業損害や逸失利益をどのように算定するか、将来の人工股関節の再置換の費用をどのように算定するかという辺りの話になります。

本件は裁判所の和解で終わりました。保険会社が当初に提示をしてきた金額が損害賠償額一覧表の一番左であり、1210万円余です。

治療費未払い分、自宅療養用の電動ベッドのレンタル費用、通院交通費、入院雑費については、加害者側も別段争いませんでした。

付添看護費につき、入院分については68万円余を請求しました。101日の入院期間中は、家族が毎日交代で付添看護をしたということで日額6,500円を請求し、また、Aの大阪に住んでいる母親が心配して来た際の交通費

VI　損害算定の実務（具体的な事例をもとに）

27,700円を併せて請求しましたが、加害者側は日額3,000円を主張し、裁判所の和解案では加害者側の認める30万円余となりました。通院分については、31万円余を請求しました。大腿骨頸部骨折ということで歩行が不自由であり、通院には家族の付添いが不可欠であったということで日額3,300円の請求をしましたが、加害者側は日額1,500円を主張し、裁判所の和解案では加害者側の認める14万円余となりました。

休業損害については、Aが短大卒の主婦でしたので、基礎収入を賃金センサス平成20年女子短大卒の50〜54歳の平均年収463万円余とし、休業期間を事故日から症状固定までの1340日として1710万円余を請求しました。これに対し、加害者側は基礎収入を平成20年の女子の学歴計、つまり短大卒ではなく学歴を全部合算した50〜54歳の年収373万円余とし、入院期間の101日間は100パーセントだが、それ以外は1年目80パーセント、2年目70パーセント、3年目60パーセント、4年目は50パーセントと順次漸減させて積算した963万円余の限度であると主張しました。裁判所の和解案は、1000万円でした。

傷害慰謝料については、320万円を請求し、加害者側は234万円を主張し、裁判所の和解案は280万円でした。

後遺症逸失利益については、基礎収入を休業損害と同じく賃金センサス平成20年女子短大卒の50〜54歳の平均年収463万円余とし、喪失率を45パーセント、喪失期間を平均余命34.54年の半分の17年のライプニッツ係数11.2741で算定した2352万円余を請求し、加害者側は、基礎収入を賃金センサス平成20年女子学歴計の60〜64歳の平均年収287万円余とし、喪失率を45パーセント、喪失期間を平均余命34.54年の半分の17年のライプニッツ係数11.2741で算定した1457万円余が限度と主張しました。裁判所の和解案は、基礎収入を平成20年女子学歴計の50〜54歳の349万円余とし、喪失率を45パーセント、喪失期間を平均余命34.54年の半分の17年のライプニッツ係数11.2741として算定した1775万円余でした。

後遺障害の慰謝料については、赤い本で8級の規準額830万円を多少上乗せした900万円を請求しましたところ、加害者側は基準の830万円の限度と主張し、裁判所の和解案は基準の830万円でした。

将来の人工股関節費用については、今後30年の間、3回再置換する必要があるとして、1回当たりの置換費用を819万円余と計算し1001万円余を請求しました。手術時53歳で平均余命は34年のため、少なくとも10年後、20年後、30年後の3回再置換が必要としました。診療報酬明細書等を見ますと、治療については607万円余かかっており、入院をしなければならず、将来の人工関節再置換手術の際には年齢を考えると入院日数も増え、さらに手術も困難さを増すであろうということを医師から説明を受け、診断書を書いてもらいました。これらのことから、将来の人工関節の再置換手術の際の損害額は、少なくとも1回当たり819万円余を下回らないということで、その内訳は、先ほどの治療費が607万円余、その場合入院雑費として60日くらいは入院するであろうとして日額1,500円の9万円、付添看護費は日額6,500円が必要であるとして39万円、その際の主婦の休業損害として60日分、これに入院慰謝料を加算した金額です。これに、将来の再置換手術であるということから中間利息を控除し、1001万円余を請求しました。加害者側は、403万円余の範囲でしか認めないとの対応でしたが、裁判所は1回当たりの再置換費用を607万円余とし、将来は15年ごとの2回分の466万円余の和解案でした。

　裁判所の和解案の損害合計額は4432万円余で、自賠責保険から受領済みの819万円を差し引いた3613万円余に遅延損害金や弁護士費用等の調整をした4700万円で、この金額で和解が成立しました。

【具体例4】42歳女性／看護師

　時間がほとんどなくなってまいりましたが、最後の事例です。

> 　被害者A（42歳女性、看護師、事故前年の年収は2か所の勤務で合計金7,632,616円であったが、事故当時は、そのうちの1か所の勤務にしており、金3,746,000円であった。）は、平成21年10月8日、横断歩道を歩行中、加害者の車両に衝突されて転倒し負傷した。
> 　Aは、本件事故により、両膝部挫傷、右膝内側靱帯損傷、右膝関節拘縮、四頭筋委縮、関節軟骨損傷、右膝骨挫創、右膝部接触性皮膚炎、左

膝関節内遊離体、右頬部打撲傷、右胸部挫傷の傷害を負った。

　Aは、救急車でB病院に搬送され、更に同日C整形外科に転院して通院を開始し、症状固定と診断された平成23年2月28日までの間、以下のとおり、入通院し、治療を受けた。

　1　B病院（通院）平成21年10月8日　　　　　　　　　　　通院1日
　2　C整形外科（通院）平成21年10月8日から平成22年12月4日
　　　　　　　　　　　　　　　　　　　　　　　　　　　　通院153日
　3　Dクリニック（通院）平成21年10月9日　　　　　　　通院1日
　4　E病院（通院及び入院2回）
　　　通院　平成21年12月16日から平成23年2月28日　通院24日
　　　入院　①平成22年2月23日から平成22年3月25日
　　　　　　　　右膝の観血的関節授動術施行　　　　　　　　入院31日
　　　　　　②平成22年11月22日から平成22年11月27日
　　　　　　　　左膝の関節鏡下関節鼠摘出手術施行　　　　　入院6日

　Aの後遺症状は、両膝に常時疼痛が残存しており、通常の歩行でも痛みがあり、激痛で歩行困難となることがあり、重いものを持ち歩くことができず、階段の昇降の際、痛みが強く、必ず手すりが必要であり、走ることができず、急ぐ動作もできず、正座、屈む等の日常動作ができず、立ち上がる動作の際、両膝前部に強い痛みを生じ、何かに摑まらなければならず、臥床時も、膝の角度により痛みが出て、横向きでは寝られない、特に右膝の内側に何かが挟まっている違和感があり、力が入らず、踏ん張りもきかないというものであった。

　Aの後遺症状につき、自賠責保険調査事務所は、当初、右膝につき「局部に神経症状を残すもの」として、後遺障害認定等級別表第二第14級9号に該当するものとしか判断しなかったが、異議申立てにより、原告の右膝につき、「右膝の内側に何かが挟まっているような感じがある。常に膝蓋骨内側から上辺部に何かが被さっているような感覚があり、力を入れると右膝蓋骨上部から何かに圧迫されるような感覚がある。屈む姿勢、正座ができない。右膝の痛み」等の症状については、本件事故直後撮影の右膝部MRI上で右膝内側副靭帯損傷が認められ、また、その

【具体例4】42歳女性／看護師

> 後撮影のX-P画像等で右膝部に骨萎縮が認められることから、他覚的に神経系統の障害が証明されるものと捉えられ、「局部に頑固な神経症状を残すもの」として後遺障害認定等級別表第二第12級13号に該当するものと判断した。
> しかしながら、Aは、本件事故当時42歳の看護師資格を有する健常な女性であり、結婚しているが夫婦間に子供がいないことから仕事に専念しており、看護師として医療法人Fクリニックに勤務していたところ、本件受傷による長期の就労不能、欠勤により、Fクリニックを平成22年1月31日に解雇されてしまったのであり、その後、症状固定と診断された後も上記後遺症状により膝の具合が悪く、就労することができなかった。
> Aは、平成24年1月からGクリニックにおいて就労を開始してみたものの、膝に無理が利かず、右膝に固定型サポート装具を装着した状態であり、週に1回前後程度の就労であり、それも1日に2時間程度の短時間しか就労できない状態であるため、Aの現実収入は、月額金2万7,000円程度にしかならず、本件事故当時の勤務先であったFクリニックの収入(平成20年度の給与所得の源泉徴収票による給与・賞与額金374万6,000円)の8～9パーセント程度の収入にしかならない状況であった。
> 本件事故は、通勤途上の事故であり、労災保険が適用される事故であった。

Aは入院をして右膝の手術、左膝の手術をし、症状固定となったのが平成23年2月28日です。

自賠責保険の後遺障害等級は、当初14級9号でしたが、異議申立てをした結果12級13号になりました。

Aは看護師として働いていましたが、膝の具合がよくないということで、退職を余儀なくされました。

その後、症状固定の翌年の平成24年1月から別のクリニックで就労を開始しましたが、右膝に固定型のサポーターを装着しているため週1回、それも1日2時間程度の就労が精一杯であるため、月額2万7000円くらいにしかならず、事故前の1か所の勤務の374万円余の収入から比較をしても8～

VI 損害算定の実務（具体的な事例をもとに）

9パーセント程度の収入にしかなっていませんでした。

後遺障害逸失利益について、後遺障害等級は12級ではあっても、現実の事故後の稼働状況からみれば喪失率は56パーセントを下らないとの主張をしました。加害者側は404万円余の限度しか認めないとの主張をし、裁判所の和解案は574万円余でした。

時間が無くなりましたので、具体例4のお話はほとんどできませんでしたが、ここで終わらせていただきます。

最後は説明の時間が無くなり大変駆け足となりましたが、実務処理の上で何らかの参考になれば幸いです。

ご清聴ありがとうございます。

レジュメ

Ⅵ 損害算定の実務（具体的な事例をもとに）

弁護士　平山　隆英

第1　具体的な事例をもとに

【具体例1】

　被害者A（67歳男性、清掃会社勤務、事故前年収2,071,300円、江東区居住）は、平成12年4月11日、横断歩道を青信号で歩行中に加害者の車両に撥ねられ重傷を負った。

　Aは、直ちに最寄りの中央区内のB病院に搬送され、脳内出血、外傷性くも膜下出血、頭蓋骨骨折、意識障害等でそのまま平成12年7月6日までの87日間入院し、同7月6日に墨田区内のCリハビリテーション病院に転院して9月26日までの83日間入院し、更に同9月26日千葉県内のD病院に転院して平成15年2月14日まで入院した。

　AがCリハビリテーション病院に入院中には、Aの長女（34歳）、長男（31歳）、及び次男（31歳）の3名は、毎日交代でAの付添看護をし、また、Aが千葉県内のD病院に入院中には、週末には面会に行って付添看護をし、AがD病院において精神的に不安定になったため、Aの長女、長男、次男は、週末を利用して、Aを自動車に乗せて江東区の自宅に連れて来て1泊2日、又は2泊3日で付添って療養看護して精神を安定させ、その回数は、合計100回、224日に及んだ。

　Aは、平成15年2月14日をもって症状固定と診断された。

　Aの後遺症状は、「頭部外傷後遺症」との傷病名で、後遺障害等級事前認定の結果、平成15年9月21日、自賠等級第2級3号（「神経系統の機能又は精神に著しい障害を残し、随時介護を要するもの」）と判断された。

　Aは、平成15年2月14日にD病院を退院した後は、自宅に戻れないまま江東区内の特別養護老人ホームであるEホームに入所したため、Aの長女、長男、及び次男の3名は、少なくとも2日に1日の割合でAを見舞い、付添看護をしていたが、Aは同年9月上旬頃から微熱が出て治まらず、10月20日にF病院で胸部CTを撮影したところ、「肺腫瘍」の疑いがあるとのことで、同月23日にF病院に入院したが、翌11月19日、肺腫瘍を原因とする右胸膜炎による呼吸不全で死亡した。

　Aの相続人は、長女、長男、次男の3名であった。

Ⅵ　損害算定の実務（具体的な事例をもとに）

〈具体例１の損害額算定上の論点〉
　１　本件事故全体の捉え方
　　　　死亡事案か？　後遺障害事案か？
　２　付添看護について
　３　入院雑費について
　４　特別養護老人ホーム施設利用料について
　５　休業損害について
　６　傷害慰謝料について
　７　後遺障害逸失利益について
　　・基礎収入
　　・期間
　　・死亡は影響するか？
　８　死亡逸失利益について
　９　後遺障害慰謝料について
　10　近親者慰謝料について
　11　死亡慰謝料について
　　・死亡は影響するか？
　12　将来介護費について
　13　損害の一部填補までの確定遅延損害金について
　14　弁護士費用相当損害金について
　15　遅延損害金について
　16　その他

【具体例２】
　被害者Ａ（26歳男性、レストラン勤務、高卒であるが、大学受験するも４年間合格できずにレストランに就職し、事故前年収は金2,944,000円）は、平成４年11月７日、原付自転車で通勤中、加害者の車両に側面衝突されて転倒し、重傷を負った。
　Ａは、肝臓破裂等の傷害を受け、直ちに最寄りのＢ病院に搬送されてそのまま翌平成５年２月24日までの110日間入院し、退院後の同年３月３日から同病院に通院し、週に４、５日、少なくても２日に１度の割合で治療を受け、体内を解毒し、肝炎の発生を防止するための点滴注射等の継続通院治療が必要な状況であった。
　Ａは、平成９年３月31日をもって症状固定と診断され、症状固定までの実通院日数は765日であった。
　Ａの後遺症状は、極度の倦怠感、発熱、掻痒感、下痢等の身体異常の繰り返しであり、自賠責保険により自賠等級７級５号（「胸腹部臓器の機能に傷害を残し、軽易な

労務以外の労務に服することができないもの」）に該当するものと判断された。

　担当医師からは、Aに対し、症状固定後も、症状を悪化させないために、できれば毎日、少なくても2日に1度は通院して体内を解毒し、肝炎の発生を防止するため等の点滴注射を受けるよう指示がされており、Aはそれに従い、継続通院治療していた。

　本件事故は、通勤途上の事故であり、労災保険が適用される事故であった。

〈具体例2の損害額算定上の論点〉
1　本件事故全体の捉え方
2　治療費、通院交通費について
3　入院雑費について
4　休業損害について
　・基礎収入
　・期間
5　傷害慰謝料について
6　後遺障害逸失利益について
　・基礎収入
　・期間
7　後遺障害慰謝料について
8　症状固定後の将来治療費、交通費について
9　事故発生状況、過失相殺減額の有無、程度について
10　損害の一部塡補、既払い金について
11　労災からの支払金、自賠責保険からの支払金、加害者側からの支払金の控除方法について
　・費目間流用の制限
　・過失がある場合の、相殺前控除か、あるいは過失相殺後控除か
12　損害の一部塡補までの確定遅延損害金について
13　弁護士費用相当損害金について
14　遅延損害金について
15　その他

【具体例3】
　被害者A（48歳女性、短大卒の主婦、）は、平成17年12月8日、自転車で青信号交差点の横断歩道上を直進中、対向方向から右折してきた加害者の車両に衝突されて転倒し、重傷を負った。
　Aは、右大腿骨骨頸部骨折、右上腕挫創等の傷害を受け、事故日である平成17

Ⅵ 損害算定の実務（具体的な事例をもとに）

年12月8日から症状固定とされた平成21年8月14日までの総治療日数1,346日につき、入院3回合計101日、通院合計96日の治療を要し、その間、右大腿骨頸部骨折による骨頭壊死により人工関節置換を余儀なくされた。

　自賠責保険は、Aの後遺症状に対し、右大腿骨頸部骨折に伴い、右股関節に人工関節の挿入置換がなされ、外転・内転の可動域が健常な左股関節に比べ2分の1以下に制限されており、右股関節の機能障害は「1下肢の3大関節中の1関節の用を廃したもの」として第8級7号に該当すると判断した。

　Aが右股関節に挿入した人工関節については、将来再置換の必要があり、後遺障害診断書に、「人工股関節は10年〜15年で再置換を要するため、その際は再度手術的治療を要する。」と記載されている。

〈具体例3の損害額算定上の論点〉
1　本件事故全体の捉え方
2　付添看護費について
3　入院雑費について
4　休業損害について
　主婦の休損
　・基礎収入
　・期間
5　傷害慰謝料について
6　後遺障害逸失利益について
　主婦の逸失利益
　・基礎収入
　・期間
7　後遺障害慰謝料について
8　将来の人工股関節再置換手術費用について
9　損害の一部填補、既払い金について
10　損害の一部填補までの確定遅延損害金について
11　弁護士費用相当損害金について
12　その他

【具体例4】

　被害者A（42歳女性、看護師、事故前年の年収は2か所の勤務で合計金7,632,616円であったが、事故当時は、そのうちの1か所の勤務にしており、金3,746,000円であった。）は、平成21年10月8日、横断歩道を歩行中、加害者の車両に衝突されて転倒し負傷した。

—4—

Aは、本件事故により、両膝部挫傷、右膝内側靭帯損傷、右膝関節拘縮、四頭筋委縮、関節軟骨損傷、右膝骨挫創、右膝部接触性皮膚炎、左膝関節内遊離体、右頬部打撲傷、右胸部挫傷の傷害を負った。

Aは、救急車でB病院に搬送され、更に同日、C整形外科に転院して通院を開始し、症状固定と診断された平成23年2月28日までの間、以下のとおり、入通院し、治療を受けた。

1　B病院（通院）平成21年10月8日　　　　　　　　　　　　通院1日
2　C整形外科（通院）平成21年10月8日から平成22年12月4日　通院153日
3　Dクリニック（通院）平成21年10月9日　　　　　　　　　　通院1日
4　E病院（通院及び入院2回）
　　通院　平成21年12月16日から平成23年2月28日　　　　　通院24日
　　入院　①平成22年2月23日から平成22年3月25日
　　　　　　右膝の観血的関節授動術施行　　　　　　　　　　入院31日
　　　　　②平成22年11月22日から平成22年11月27日
　　　　　　左膝の関節鏡下関節鼠摘出手術施行　　　　　　　入院6日

Aの後遺症状は、両膝に常時疼痛が残存しており、通常の歩行でも痛みがあり、激痛で歩行困難となることがあり、重いものを持ち歩くことができず、階段の昇降の際、痛みが強く、必ず手すりが必要であり、走ることができず、急ぐ動作もできず、正座、屈む等の日常動作ができず、立ち上がる動作の際、両膝前部に強い痛みを生じ、何かに摑まらなければならず、臥床時も、膝の角度により痛みが出て、横向きでは寝られない、特に右膝の内側に何かが挟まっている違和感があり、力が入らず、踏ん張りもきかないというものであった。

Aの後遺症状につき、自賠責保険調査事務所は、当初、右膝につき「局部に神経症状を残すもの」として、後遺障害認定等級別表第二第14級9号に該当するものとしか判断しなかったが、異議申立てにより、原告の右膝につき、「右膝の内側に何かが挟まっているような感じがある。常に膝蓋骨内側から上辺部に何かが被さっているような感覚があり、力を入れると右膝蓋骨上部から何かに圧迫されるような感覚がある。屈む姿勢、正座ができない。右膝の痛み」等の症状については、本件事故直後撮影の右膝部MRI上で右膝内側副靭帯損傷が認められ、また、その後撮影のX-P画像等で右膝部に骨萎縮が認められることから、他覚的に神経系統の障害が証明されるものと捉えられ、「局部に頑固な神経症状を残すもの」として後遺障害認定等級別表第二第12級13号に該当するものと判断した。

しかしながら、Aは、本件事故当時42歳の看護師資格を有する健常な女性であり、結婚しているが夫婦間に子供がいないことから仕事に専念しており、看護師として医療法人Fクリニックに勤務していたところ、本件受傷による長期の就労不能、欠

Ⅵ 損害算定の実務（具体的な事例をもとに）

勤により、Fクリニックを平成22年1月31日に解雇されてしまったのであり、その後、症状固定と診断された後も上記後遺症状により膝の具合が悪く、就労することができなかった。

Aは、平成24年1月からGクリニックにおいて就労を開始してみたものの、膝に無理が利かず、右膝に固定型サポート装具を装着した状態であり、週に1回前後程度の就労であり、それも1日に2時間程度の短時間しか就労できない状態であるため、Aの現実収入は、月額金2万7000円程度にしかならず、本件事故当時の勤務先であったFクリニックの収入（平成20年度の給与所得の源泉徴収票による給与・賞与額金374万6,000円）の8〜9パーセント程度の収入にしかならない状況であった。

本件事故は、通勤途上の事故であり、労災保険が適用される事故であった。

〈具体例4の損害額算定上の論点〉

1　本件事故全体の捉え方
2　治療費、通院交通費について
　　事故と因果関係が認められる範囲？
3　付添看護費について
4　入院雑費について
5　休業損害について
　・基礎収入
　・期間
6　傷害慰謝料について
7　後遺障害逸失利益について
　・基礎収入
　・期間
8　後遺障害慰謝料について
9　労災からの支払金、自賠責保険からの支払金、加害者側からの支払金の控除方法について
　・因果関係の認められる治療期間の損害と控除との関連性
10　損害の一部填補までの確定遅延損害金について
11　弁護士費用相当損害金について
12　遅延損害金について
13　その他

第2　損害の算定

1　損害の捉え方

損害の捉え方をめぐる学説としては、主なものとして、①差額説（現実損害説、

所得喪失説）と②労働能力喪失説がある。なお、他にも、死傷損害説、評価段階説等の学説がある。

2　積極損害

積極損害とは、当該事故のために被害者が支出し、あるいは支出を余儀なくされる金銭のことをいう。

・治療関係費

治療費

必要かつ相当な実費の全額

症状固定後の治療費

一般に否定される場合が多いであろうが、その支出が相当なときは認められる。

将来の手術費、治療費等

・付添費用

入院付添費

医師の指示又は症状の程度、被害者の年齢等により、必要があれば職業付添人の部分は実費全額、近親者付添人は1日につき金6,500円程度が被害者本人の損害として認められる。

通院付添費

症状又は幼児等必要と認められる場合には、近親者付添人は1日につき金3,300円程度が被害者本人の損害として認められる。

症状固定までの自宅付添費

・装具・器具等購入費

必要性が認められれば、妥当な範囲で認められる。

義歯、義眼、義手、義足、その他相当期間で交換の必要があるものは、将来の交換費用も認められる。

・弁護士費用

弁護士費用の内、認容額の10％程度を事故と相当因果関係がある損害として加害者側に負担させる。

・遅延損害金

事故日から起算する。

・自賠責保険金支払までの確定遅延損害金

3　（消極損害その1）休業損害

休業損害とは、交通事故による傷害が完治し、若しくは、症状固定までの間に、被害者に生じた収入の減少、経済的利益の喪失をいう。

Ⅵ　損害算定の実務（具体的な事例をもとに）

4　（消極損害その2）後遺症逸失利益

後遺症逸失利益とは、治療を受けるも症状固定となった時点において、その後遺障害の程度による将来の労働能力の喪失、得られたはずの利益の喪失をいう。

(1) 後遺障害逸失利益の算定方法

　ア　通常、以下の算式で算定される。

　　基礎収入額（基礎年収）× 労働能力喪失率 × 労働能力喪失期間に対応する中間利息控除係数 ＝ 後遺障害逸失利益

算定例

　　(ア)　有職者又は就労可能者の場合の一般的な算定方法

　　　事故時46歳の年収500万円の男性会社員が、症状固定時50歳で、後遺障害等級9級に該当する後遺障害が残存した場合

　　　後遺障害等級9級の労働能力喪失率は、後遺障害別表等級表により35％

　　　労働能力喪失期間は50歳から67歳までの17年

　　　17年に対応するライプニッツ係数は11.2741

　　　5,000,000円 × 0.35 × 11.2741 ＝ 19,729,675円

　　　ライプニッツ係数は症状固定時の50歳から17年の係数11.2741をそのまま使用して評価する方法が多数みられるが、遅延損害金が事故時から加算されることとの関連性から、事故時の46歳の時点で評価する例もある（考え方は、下記(イ)と同様であり、46歳から67歳までの21年のライプニッツ係数12.8212から46歳から50歳までの4年のライプニッツ係数3.5460を差し引いて9.2752となる。）

　　(イ)　18歳未満の未就労者の場合の一般的な算定方法

　　　事故時8歳、症状固定時10歳の男児が、後遺障害等級9級に該当する後遺障害が残存した場合

　　　基礎収入額は、賃金センサス第1巻第1表の産業計、企業規模計、男子労働者、学歴計、全年齢平均賃金額を基礎とする。

　　　後遺障害等級9級の労働能力喪失率は、後遺障害別表等級表により35％

　　　労働能力喪失期間は18歳から67歳までの49年間で、ライプニッツ係数は、症状固定時の10歳から67歳までの57年のライプニッツ係数18.7605から、症状固定時の10歳から18歳までの8年のライプニッツ係数6.4632を差し引いた12.2973

　　　5,230,200円 × 0.35 × 12.2973 ＝ 22,511,068円

　　　この場合も、遅延損害金が事故時から加算されることとの関連性から、症状固定時ではなく、事故時の8歳の時点で評価する例もある（考え方は、上記(ア)と同様であり、8歳から67歳までの59年のライプニッツ係数18.8758から8歳か

—8—

ら18歳までの10年のライプニッツ係数7.7217を差し引いて11.1541となる。）
　　イ　基礎収入額の認定
　　　原則として事故前の現実収入を基礎とする。将来、現実収入額以上の収入を得られる蓋然性があれば、その金額を基礎収入金額とする。

> ＊3庁による「交通事故による逸失利益の算定方式についての共同提言」
> 　東京地裁、大阪地裁、及び名古屋地裁の3庁の交通事件専門部は、幼児、生徒、学生、若年労働者等の逸失利益の算定において、従前、東京地裁民事27部が、原則として賃金センサス第1巻第1表の産業計・企業規模計・学歴計・男子又は女子の労働者の全年齢平均賃金とライプニッツ係数の組み合わせによるいわゆる東京方式を採用し、また、大阪地裁第15民事部及び名古屋地裁民事3部が、原則として賃金センサス第1巻第1表の産業計・企業規模計・学歴計・男子又は女子の18歳ないし19歳の平均賃金（初任給固定賃金）とホフマン係数の組み合わせによるいわゆる大阪方式を採用してきたことにつき、東京方式と大阪方式とで逸失利益算定額に大きな差が生じる結果になっているとして、平成11年11月22日、逸失利益の基礎収入の認定及び中間利息の控除方法につき、比較的若年の被害者で生涯を通じて全年齢平均賃金又は学歴別平均賃金程度の収入を得られる蓋然性が認められる場合に、基礎収入を全年齢平均賃金又は学歴別平均賃金によることとし、中間利息の控除方法を、特段の事情のない限り、年5分の割合によるライプニッツ方式とするとして、可能な限り同一の方式を採用する方向で合意し、今後はこの方式に基づいて基本的に同じ運用が行われる見通しになったとして、3庁による共同提言を発表した。

　　ウ　労働能力喪失率の認定
　　　労働能力の低下の程度については、労働省労働基準局長通牒（昭和32年7月2日基発第551号）別表労働能力喪失率表を参考とし、被害者の職業、年齢、性別、後遺症の部位、程度、事故前後の稼働状況等を総合的に判断して具体的にあてはめて評価する。
　　エ　労働能力喪失期間の認定
　　　労働能力喪失期間の始期は症状固定日。未就労者の就労の始期については原則18歳とするが、大学卒業を前提とする場合は大学卒業時とする。
　　　労働能力喪失期間の終期、原則として67歳とする。
　　　症状固定時の年齢が67歳をこえる者については、原則として簡易生命表の平均余命の2分の1を労働能力喪失期間とする。但し、労働能力喪失期間の終期は、職種、地位、健康状態、能力等により上記原則と異なった判断がなされ

Ⅵ 損害算定の実務（具体的な事例をもとに）

　る場合がある。
　オ　中間利息控除
　　労働能力喪失期間の中間利息の控除は、ライプニッツ方式とホフマン方式があるが、東京地裁はライプニッツ方式によっており、大阪地裁及び名古屋地裁も、東京地裁と同様の方式を採用することを表明している（「交通事故による逸失利益の算定方法についての共同提言」）。
　カ　後遺障害を負った被害者が、事後に死亡した場合
　○最高裁（一小）平成8年4月25日判決（民集50巻5号1221頁）
　　「原審の確定したところによれば、(1)昭和63年1月10日、新潟県内の国道上において被上告人会社が保有し被上告人Aの運転する大型貨物自動車が、Eの同乗する普通貨物自動車と衝突し、Eは、右交通事故により脳挫傷、頭蓋骨骨折等の傷害を負った（以下「本件交通事故」という。）、(2)Eは、本件交通事故の後、山形県鶴岡市内の病院において入院による治療を受けた結果、平成元年6月28日には、知能低下、左腓骨神経麻痺、複視等の後遺障害（以下「本件後遺障害」という。）を残して症状が固定した、(3)Eは、本件交通事故当時、大工として工務店に勤務していたものであるが、右の症状固定の後も就労が可能な状態になかったことから、毎日のように山形県西田川郡a町内の自宅付近の海で貝を探るなどしていたところ、同年7月4日、海中で貝を採っている際に心臓麻痺を起こして死亡した（以下「本件死亡事故」という。）、というのである。Eの相続人である上告人らは、本件において、Eの本件後遺障害による労働能力の一部喪失を理由として、Eの症状固定時である44歳から就労可能年齢67歳までの間の逸失利益の損害を主張している。原審は、Eの本件後遺障害による逸失利益があるとはしたものの、Eは本件交通事故と因果関係のない本件死亡事故により死亡したものであるところ、事実審の口頭弁論終結前に被害者の死亡の事実が発生し、その生存期間が確定して、その後に逸失利益の生ずる余地のないことが判明した場合には、後遺障害による逸失利益の算定に当たり右死亡の事実をしんしゃくすべきものであるとして、Eの死亡後の期間についての逸失利益を認めなかった。
　　しかしながら、原審の右判断は是認することができない。その理由は、次のとおりである。
　　交通事故の被害者が事故に起因する傷害のために身体的機能の一部を喪失し、労働能力の一部を喪失した場合において、いわゆる逸失利益の算定に当たっては、その後に被害者が死亡したとしても、右交通事故の時点で、その死亡の原因となる具体的事由が存在し、近い将来における死亡が客観的に予測されていたなどの特段の事情がない限り、右死亡の事実は就労可能期間の認定上考慮

すべきものではないと解するのが相当である。けだし、労働能力の一部喪失による損害は、交通事故の時に一定の内容のものとして発生しているのであるから、交通事故の後に生じた事由によってその内容に消長を来すものではなく、その逸失利益の額は、交通事故当時における被害者の年齢、職業、健康状態等の個別要素と平均稼働年数、平均余命等に関する統計資料から導かれる就労可能期間に基づいて算定すべきものであって、交通事故の後に被害者が死亡したことは、前記の特段の事情のない限り、就労可能期間の認定に当たって考慮すべきものとはいえないからである。また、交通事故の被害者が事故後にたまたま別の原因で死亡したことにより、賠償義務を負担する者がその義務の全部又は一部を免れ、他方被害者ないしその遺族が事故により生じた損害のてん補を受けることができなくなるというのでは、衡平の理念に反することになる。

　これを本件についてみるに、前記事実関係によれば、Eは本件交通事故に起因する本件後遺障害により労働能力の一部を喪失し、これによる損害を生じていたところ、本件死亡事故によるEの死亡について前記の特段の事情があるとは認められないから、就労可能年齢67歳までの就労可能期間の全部について逸失利益を算定すべきである。したがって、これと異なる判断の下に、Eの死亡後の期間について本件後遺障害による逸失利益を認めなかった原判決には、法令の解釈適用を誤った違法があり、その違法は原判決の結論に影響を及ぼすことが明らかである。」

○最高裁（二小）平成8年5月31日判決（民集50巻6号1323頁）
　「平成2年4月15日、千葉県八日市場市内の県道上をAが自動二輪車を運転して走行中、上告人が普通貨物自動車を運転して沿道のガソリンスタンド敷地内から右自動二輪車の走行車線上に進入したため、同車が右普通貨物自動車との衝突を回避しようとして急制動し、転倒する事故（以下「本件交通事故」という。）が発生し、Aは、これにより左膝開放骨折、右第五中手骨骨折の傷害を負って、平成3年9月19日まで入通院して治療を受けた結果、左膝痛、右小指関節部痛、右第五中手骨変形等の後遺障害（以下「本件後遺障害」という。）を残して症状が固定したが、同年12月11日、本件とは別の交通事故（以下「別件交通事故」という。）により死亡したというのである。Aの相続人である被上告人らは、本件において、Aの本件後遺障害による損害として、Aが平成3年3月に高等学校を卒業して同年4月に就職した場合のその後の10年間についての労働能力の一部喪失を理由とする逸失利益を主張している。
　交通事故の被害者が事故に起因する後遺障害のために労働能力の一部を喪失した場合における財産上の損害の額を算定するに当たっては、その後に被害者

Ⅵ 損害算定の実務（具体的な事例をもとに）

が死亡したとしても、交通事故の時点で、その死亡の原因となる具体的事由が存在し、近い将来における死亡が客観的に予測されていたなどの特段の事情がない限り、右死亡の事実は就労可能期間の算定上考慮すべきものではないと解するのが相当である。右のように解すべきことは、被害者の死亡が病気、事故、自殺、天災等のいかなる事由に基づくものか、死亡につき不法行為等に基づく責任を負担すべき第三者が存在するかどうか、交通事故と死亡との間に相当因果関係ないし条件関係が存在するかどうかといった事情によって異なるものではない。本件のように被害者が第二の交通事故によって死亡した場合、それが第三者の不法行為によるものであっても、右第三者の負担すべき賠償額は最初の交通事故に基づく後遺障害により低下した被害者の労働能力を前提として算定すべきものであるから、前記のように解することによって初めて、被害者ないしその遺族が前後二つの交通事故により被害者の被った全損害についての賠償を受けることが可能となるのである。また、交通事故の被害者が事故に起因する後遺障害のために労働能力の一部を喪失した後に死亡した場合、労働能力の一部喪失による財産上の損害の額の算定に当たっては、交通事故と被害者の死亡との間に相当因果関係があって死亡による損害の賠償をも請求できる場合に限り、死亡後の生活費を控除することができると解するのが相当である。けだし、交通事故と死亡との間の相当因果関係が認められない場合には、被害者が死亡により生活費の支出を必要としなくなったことは、損害の原因と同一原因により生じたものということができず、両者は損益相殺の法理又はその類推適用により控除すべき損失と利得との関係にないからである。これを本件についてみるに、前記事実関係によれば、Aは、本件後遺障害により労働能力の一部を喪失し、これによる損害を被っていたところ、別件交通事故によるAの死亡については、前記の特段の事情があるとは認められず、また、本件交通事故との間の相当因果関係も認められない。したがって、右労働能力喪失による財産上の損害額の算定に当たっては、別件交通事故によるAの死亡の事実を就労可能期間の算定上考慮すべきではなく、また、Aの死亡後の生活費を控除することもできない。」

5 （消極損害その3）死亡による逸失利益

死亡逸失利益とは、交通事故により被害者が死亡した場合に被害者が生存していれば得たであろう経済的利益相当額である。死亡により、生活費の支出を免れた利益分の調整のため、生活費控除を行う。

(1) 死亡逸失利益の算定方法

　ア　通常、以下の算式で算定される。

基礎収入額（基礎年収）×（1－生活費控除率）× 労働能力喪失期間に対応する中間利息控除係数 ＝ 死亡逸失利益

算定例
　(ア)　有職者又は就労可能者の場合の一般的な算定方法
　　　事故時50歳の年収500万円の男性会社員が、被扶養者1人を残して死亡した場合
　　　生活費控除率は、一家の支柱、被扶養者1人の場合として40パーセント
　　　労働能力喪失期間は、50歳から67歳まで17年でライプニッツ係数は11.2741
　　　5,000,000円 ×（1－0.4）× 11.2741 ＝ 33,822,300円
　(イ)　18歳未満の未就労者の場合の一般的な算定方法
　　　事故時10歳の男児が、死亡した場合
　　　基礎収入額は、賃金センサス第1巻第1表の産業計、企業規模計、男子労働者、学歴計、全年齢平均賃金額を基礎とする。
　　　生活費控除率は、男性（独身、幼児等を含む）として50パーセント
　　　労働能力喪失期間は、18歳から67歳までの49年間で、ライプニッツ係数は、事故時の10歳から67歳までの57年のライプニッツ係数18.7605から、事故時の10歳から18歳までの8年のライプニッツ係数6.4632を差し引いた12.2973
　　　5,230,200円 ×（1－0.5）× 12.2973 ＝ 32,158,669円

イ　基礎収入額の認定
　　原則として事故前の現実収入を基礎とするが、将来、現実収入額以上の収入を得られる蓋然性があれば、その金額を基礎収入金額とする。
　　＊3庁による「交通事故による逸失利益の算定方式についての共同提言」

ウ　就労可能年数、労働能力喪失期間の認定
　　労働能力喪失期間の始期は、事故日。未就労者の就労の始期については原則18歳とするが、大学卒業を前提とする場合は大学卒業時とする。
　　就労可能年数の終期は、原則として67歳とする。事故時の年齢が67歳をこえる者については、原則として簡易生命表の平均余命の2分の1を労働能力喪失期間とする。事故時から67歳までの年数が、簡易生命表の平均余命の2分の1より短くなる者の労働能力喪失期間は、原則として平均余命の2分の1とする。但し、労働能力喪失期間の終期は、職種、地位、健康状態、能力等により上記原則と異なった判断がなされる場合がある。
　　年金の逸失利益を計算する場合は平均余命とする。

エ　中間利息控除

Ⅵ 損害算定の実務（具体的な事例をもとに）

＊3庁による「交通事故による逸失利益の算定方式についての共同提言」

オ 生活費控除率の認定

　死亡による逸失利益を算定するときに、生活費相当分を控除するというのが実務・判例である。

カ 年金の逸失利益

　年金等は一身専属性の強い権利であり、判例は、年金の種類に応じ、逸失利益性の有無を判断している。

　受給権者に対して生活保障を与えるとともに、その者の収入に生計を依存する家族に対しても、同一の機能を営むと認められるような年金については逸失利益性が肯定され、他方、家族の生活保障のためという色彩がほとんどなく、あくまでも遺族本人のための一身専属性の強い年金については逸失利益性が否定されている。

6 慰謝料

慰謝料とは、精神的損害に対する金銭賠償である。

民法710条は「他人の身体、自由若しくは名誉を侵害した場合又は他人の財産権を侵害した場合のいずれであるかを問わず、前条の規定により損害賠償の責任を負う者は、財産以外の損害に対しても、その賠償をしなければならない。」と規定し、また、同711条も「他人の生命を侵害した者は、被害者の父母、配偶者及び子に対しては、その財産権が侵害されなかった場合においても、損害の賠償をしなければならない。」と規定して、財産以外の損害についても賠償しなければならないと規定している。精神的損害は、財産的侵害以外の損害の中の典型的なものである。

(1) 慰謝料請求権の行使の主体

　ア 交通事故の被害者

　イ 死亡した被害者の近親者

　ウ 後遺障害が残存した被害者の近親者

(2) 死亡慰謝料

(3) 傷害慰謝料

(4) 後遺症慰謝料

(5) 慰謝料の増額事由

(6) 慰謝料の補完機能

〔**参考文献**〕

1 民事交通事故訴訟損害賠償額算定基準（財団法人日弁連交通事故相談センター東京支部）（いわゆる「赤い本」）
2 交通事故損害額算定基準（財団法人日弁連交通事故相談センター）（いわゆる「青本」）
3 注解交通事故損害算定基準（株式会社ぎょうせい）

VI 損害算定の実務（具体的な事例をもとに）

事例1

損害賠償額一覧表

		当初の保険会社主張額		被害者死亡後の保険会社主張額	
1	治療費・文書費（未払分）	¥44,930		¥50,180	
2	付添看護費①				
	付添看護費②				
	付添看護費③				
3	付添人交通費	¥1,133,960	千葉の病院入院中の送迎交通費	¥1,133,960	千葉の病院入院中の送迎交通費
4	通院・転院交通費	¥13,716		¥13,716	
5	入院雑費				
・	（諸雑費）	¥1,703,618	立て替え分等	¥1,703,618	立て替え分等
・	（その他費用）	¥475,973	家族の休業損害	¥475,973	家族の休業損害
6	特別養護老人ホーム施設利用料等				
7	休業損害	¥5,794,880	5,572円×1,040日	¥5,794,880	5,572円×1,040日
8	傷害慰謝料	¥3,300,000	任意基準	¥3,300,000	任意基準
9	後遺症逸失利益	¥10,322,653	基礎収入 5,573円×365日＝ 　　　　　2,033,780円 喪失率　100% 喪失期間　6年 （ライプ5.0756） 平均余命12年の半分		
・	（死亡逸失利益）			¥5,256,545	死亡逸失利益として 基礎収入　2,071,300円 生活費控除　1－0.5 喪失期間　6年 （ライプ5.0756）
10	後遺障害慰謝料（本人分）	¥10,880,000	任意基準		

(原告、被告、裁判所判決)

原告請求額		裁判所判決	
¥50,180		¥50,180	
¥539,500	リハビリテーション病院入院中の付添看護費 日額6,500円×83日	¥0	
¥1,792,000	千葉の病院入院中に週末等に自宅に連れてきての付添看護費 日額8,000円×224日	¥1,344,000	日額6,000円×224日
¥903,500	特別養護老人ホーム入院中に2日に1日の割合の付添看護費日額 6,500円×278日÷2	¥0	
¥1,133,960	付添看護費②のための交通費	¥1,133,960	
¥13,716		¥13,716	
¥1,560,000	日額1,500円×1,040日	¥1,224,000	入院日数1,040日から帰宅していた224日を除いた816日について認める。 日額1,500円×816日
¥343,458	症状固定の平成15年2月14日から死亡した同年11月19日までの9か月間の特別養護老人ホーム施設利用料等	¥226,958	日常生活に随時介護が必要であり、特別養護老人ホーム施設利用料の相当額は損害として認められるべきであるが、食事代については後遺障害が無くても必要な費用というべきであり、これを差し引くと226,958円となる。
¥5,901,786	事故前年の年収2,071,300円につき、症状固定までの1,040日分 2,071,300円÷365日×1,040日	¥5,901,786	請求のとおり
¥5,800,000	症状固定まで1,040日間入院	¥4,540,000	症状固定まで1,040日間（約34か月間）入院
¥11,985,163	基礎収入　2,071,300円 喪失率　　100% 喪失期間　7年（ライプ5.7863） 平均余命14.32年の半分	¥11,985,163	請求のとおり
¥24,000,000		¥22,200,000	

Ⅵ 損害算定の実務(具体的な事例をもとに)

		当初の保険会社主張額		被害者死亡後の保険会社主張額	
11	近親者慰謝料				
・	将来介護費	¥6,913,296	年間介護料　780,000円 (任意基準月額65,000円×12か月) 介護期間　平均余命12年 (ライプ8.8632)		
・	(死亡慰謝料)			¥11,000,000	死亡慰謝料として
・	(葬儀費)			¥600,000	葬儀費として
12	合計金	¥40,583,026		¥29,328,872	
13	既払金	¥-9,142,755	・保険会社からの既払金 7,482,240円 ・その他の既払金 1,660,515円	¥-42,292,465	・自賠責後遺障害損害賠償金 25,900,000円 ・保険会社からの既払金 9,148,005円 ・労災からの受領金 7,244,460円
14	確定遅延損害金				
15	弁護士費用相当損害金				
16	合計損害額	¥31,440,271		¥-12,963,593	

原告請求額		裁判所判決	
¥9,000,000	長女、長男、次男 各自 3,000,000円 3,000,000円×3名	¥1,500,000	長女、長男、次男 各自 500,000円 500,000円×3名
¥63,023,263		¥50,119,763	
¥−40,626,700	・自賠責後遺障害損害賠償金 　25,900,000円 ・保険会社からの既払金 　7,482,240円 ・労災からの受領金 　7,244,460円	¥−40,626,700	・自賠責後遺障害損害賠償 　25,900,000円 ・保険会社からの既払金 　7,482,240円 ・労災からの受領金 　7,244,460円
¥5,694,452	自賠責後遺障害損害賠償金 25,900,000円につき、事故日から支払日まで年5分の割合による確定遅延損害金	¥5,690,904	自賠責後遺障害損害賠償金 25,900,000円につき、事故日から支払日の前日まで年5分の割合による確定遅延損害金
¥2,800,000		¥900,000	
¥30,891,015	及び事故日である平成12年4月11日から支払済みまで年5分の割合の遅延損害金	¥16,083,967	及び事故日である平成12年4月11日から支払済みまで年5分の割合の遅延損害金

VI 損害算定の実務（具体的な事例をもとに）

事例2

損害賠償額一覧表

		当初の保険会社主張額		被害者死亡後の保険会社主張額	
1	治療費（既払い分）	¥4,425,215		¥0	
2	通院交通費①（症状固定まで）	¥20,655		¥22,950	平成5年3月3日から症状固定と診断された平成9年3月31日までの実通院日数765日についてのガソリン代
3	通院交通費等②（症状固定後）			¥67,780	症状固定時から平成13年11月までの通院1,326日についてのガソリン代、病院駐車場料金
4	入院雑費	¥88,000	日額800円×実通院日数110日	¥165,000	日額1,500円×実通院日数110日
5	休業損害	¥4,820,800		¥12,953,599	事故前年の給与所得2,944,000円につき、症状固定までの就労不能日数1,606日分2,944,000円÷365日×1,606日
6	傷害慰謝料	¥2,284,000	任意基準	¥4,000,000	症状固定まで、110日間入院、765日間通院
7	後遺症逸失利益	¥22,010,000		¥53,817,550	基礎収入 5,750,800円（平成9年度男子学歴計全年齢平均） 喪失率 56% 喪失期間 37年 （ライプ16.7112） 症状固定時30歳から67歳までの37年間
8	後遺障害慰謝料	¥3,990,000	任意基準	¥11,000,000	
9	将来治療費			¥12,712,004	平成9年3月31日に症状固定と診断された後も、極度の倦怠感、発熱、痒み、下痢等の症状が残存し、主治医からは、体内解毒、肝炎発生防止のため、2日に1日の割合で通院を指示されており、現在労災保険から支払われている治療費の年平均概算額金724,500円である。現在35歳である原告の平均余命は、43年（ライプ係数17.5459）である。 724,500円×17.5459＝12,712,004円

レジュメ

（原告、被告、裁判所判決）

原告請求額		裁判所判決	
¥11,164,664	①労災保険診療費　7,494,609円 ②労災保険薬剤費　788,220円 ③保険会社支払診療費　2,875,535円 ④保険会社支文書料　6,300円	¥11,164,664	①労災保険診療費　7,494,609円 ②労災保険薬剤費　788,220円 ③保険会社支払診療費　2,875,535円 ④保険会社支文書料　6,300円
¥20,655	この限度しか認めない。	¥84,457	
¥0			
¥88,000	日額800円×実通院日数110日	¥132,000	日額1,200円×実通院日数110日
¥8,549,376	事故後1年は100％、その後は症状固定まで56％の限度でしか認めない。	¥12,953,599	請求のとおり
¥2,500,000	この限度しか認めない。	¥4,000,000	請求のとおり
¥27,550,752	原告は事故当時26歳であり、事故前年の年収2,944,000円は、賃金センサスの26歳を含む年齢別男子学歴計平均賃金4,304,900円、男子学歴別（高卒）平均賃金4,304,900円の及ばず、原告が生涯を通じて全年齢平均賃金又は学歴別平均賃金を得られる蓋然性は認められない。事故前年の年収2,944,000円を基礎収入とすべきである。	¥37,577,507	基礎収入　5,175,720円（平成9年度男子学歴計全年齢平均　5,750,800円を1割減じた金額とする）喪失率　56％ 喪失期間　37年（ライプ12.9649）事故時26歳から67歳までの41年に対応するライプ17.2943から事故時26歳から症状固定時までの5年に対応するライプ4.3294を差し引いた12.9649
¥9,300,000	この限度しか認めない。	¥10,000,000	
¥0	必要性、相当性を欠く。	¥948,856	将来にわたりある程度の保存的治療を要するものと認めるのが相当であるが、遠い将来にわたってまで適確に判断するのは困難であり、本訴で確定する必要も乏しいと考えられる。医師の意見書は、将来の症状の緩解を否定していないのであり、今後3年間に限って治療費及び交通費等を判断する。

VI 損害算定の実務（具体的な事例をもとに）

		当初の保険会社主張額		被害者死亡後の保険会社主張額	
10	将来通院交通費、病院駐車場利用料			¥359,690	通院交通費ガソリン代年概算額金8,500円、病院駐車場利用料年額金12,000円につき、原告の平均余命43年分（ライプ係数17.5459）20,500円×17.5459＝359,690円
11	以上合計	¥37,638,670		¥95,098,573	
12	過失相殺減額	¥-3,763,867	過失相殺10％	¥0	過失相殺0％
13	過失相殺減額後の残元本額	¥33,874,803		¥95,098,573	
14	損害の一部填補	¥-9,762,844	⑦労災障害一時金 1,713,309円 ⑧保険会社の既払金 8,049,535円	¥-18,976,804	⑤労災保険からの休業給付金 5,930,915円 ⑦労災障害一時金 1,713,309円 ⑧保険会社の内払金 822,580円 ⑨自賠責後遺障害被害者請求 10,510,000円
15	確定遅延損害金			¥3,848,874	自賠責後遺障害損害賠償金10,510,000円につき、事故日から支払日である平成12年6月30日までの7年237日に対する年5分の割合による確定遅延損害金
16	弁護士費用相当損害金			¥8,000,000	
17	合計損害額	¥24,111,959	但し、自賠責後遺障害金10,510,000円を含む。自賠責後遺障害金10,510,000円を差し引けば、13,601,959円	¥87,970,643	及び事故日である平成4年11月7日から支払済みまで年5分の割合の遅延損害金

318

レジュメ

原告請求額		裁判所判決	
¥0	必要性、相当性を欠く。		労災保険からの診療費支払実績は漸減傾向にあるということができ、最近の支払実績の555,566円に年額駐車場費用12,000円を加算した金額につき、事故時26歳から労災支給の最後より3年を経過するまでの13年に対応するライプ9.3935から事故時26歳から労災支給の最後までの10年に対応するライプ7.7217を差し引いた1.6718で計算する。
¥59,173,447		¥76,861,083	
¥−17,752,034	過失相殺30%以上	¥−11,529,163	過失相殺15%が相当
¥41,421,413		¥65,331,920	
¥−32,793,297	①労災保険診療費　7,494,609円 ②労災保険薬剤費　788,220円 ③保険会社支払診療費　2,875,535円 ④保険会社支文書料　6,300円 ⑤労災保険からの休業給付金 　　　　　　5,930,915円 ⑥労災特別支給金　2,345,189円 ⑦労災障害一時金　1,713,309円 ⑧保険会社の内払金　1,129,220円 ⑨自賠責後遺障害被害者請求 　　　　　　10,510,000円	¥−30,448,108	①労災保険診療費　7,494,609円 ②労災保険薬剤費　788,220円 ③保険会社支払診療費　2,875,535円 ④保険会社支文書料　6,300円 ⑤労災保険からの休業給付金 　　　　　　5,930,915円 ⑦労災障害一時金　1,713,309円 ⑧保険会社の内払金　1,129,220円 ⑨自賠責後遺障害被害者請求 　　　　　　10,510,000円
¥0	争う	¥3,848,874	
¥0	争う	¥3,500,000	
¥8,628,116		¥42,232,686	及び内金38,383,812円に対する事故日である平成4年11月7日から支払済みまで年5分の割合の遅延損害金

Ⅵ 損害算定の実務（具体的な事例をもとに）

事例3

損害賠償額一覧表

		当初の保険会社主張額		被害者死亡後の保険会社主張額	
1	治療費既払分	¥7,285,628			
2	靴補高既払分	¥48,842			
3	治療費等未払分			¥78,750	
4	自宅療養用電動ベッド等レンタル費用			¥93,944	平成18年1月から同年4月まで自宅療養の際に、電動ベッド等が必要であった。
5	通院交通費	¥0		¥33,500	症状固定時から平成13年11月までの通院1,326日についてのガソリン代、病院駐車場料金
6	入院雑費	¥111,100	日額1,100円×実通院日数101日	¥151,500	日額1,500円×実通院日数101日
7	付添看護費（入院）	¥0		¥684,200	101日の入院中は、夫、長男、長女、義理の姉、姪等の原告の家族が、毎日、交代で病院に来て原告を付添看護した。日額金6,500円（交通費込）×101日分、及び大阪から原告の母が来るについて特別に要した交通費金27,700円
8	付添看護費（通院）	¥0		¥316,800	右大腿骨頸部骨折により歩行が不自由で跛をひく状態であり、通院には原告の家族の付添いが必要であった。日額金3,300円（交通費込）×96日分
9	休業損害	¥1,122,900	5,700円×197日（入院日数101日＋通院日数96日）	¥17,100,100	短大卒の主婦であり、基礎収入を賃セ平成20年女子・短大卒・50歳～54歳平均年収額金4,637,100円とし、休業期間を事故時から症状固定時の平成21年8月14日までの1,346日の間とする。金4,637,100円×1,346／365＝金17,100,100円
10	傷害慰謝料	¥1,159,973	総治療日数1,346日、入院3回合計101日、通院96日の基準額927,978円の1.2倍	¥3,200,000	症状固定までの総治療日数1,346日につき、入院3回合計101日間入院し、96日通院した。
11	後遺症逸失利益	¥14,705,360	基礎収入を女子全年齢平均給与3,301,200円（月額275,100円×12）とし、喪失率を45％、喪失期間を67歳までの14年（ライプ9.899）とする。金3,301,200円 ×0.45×9.899＝金17,945,360円	¥23,525,608	短大卒の主婦であり、基礎収入を賃セ平成20年女子・短大卒・50歳～54歳平均年収額金4,637,100円とし、喪失率を45％、喪失期間を平均余命34.54年の半分の17年（ライプ11.2741）とする。金4,637,100円 ×0.45×11.2741＝金23,525,608円

レジュメ

(原告、被告、裁判所判決)

原告請求額		裁判所判決	
¥78,750			
¥93,944		¥93,944	
¥33,500		¥33,500	
¥151,500		¥151,500	
¥303,000	日額金3,000円×101日分	¥303,000	
¥144,000	日額金1,500円（交通費込）×96日分	¥144,000	
¥9,637,255	基礎収入を賃セ平成20年女子・学歴計・50歳～54歳平均年収額金3,732,200円とする。入院期間101日は100％、入院期間を除いた1年目は80％、2年目は70％、3年目は60％、4年目は50％として積算	¥10,000,000	
¥2,340,000		¥2,800,000	
¥14,570,139	基礎収入を賃セ平成20年女子・学歴計・60歳～64歳平均年収額金2,871,900円とし、喪失率を45％、喪失期間を平均余命34.54年の半分の17年（ライプ11.2741）とする。金2,871,900円×0.45×11.2741＝金14,570,139円	¥17,751,126	基礎収入を賃セ平成20年女子・学歴計・55歳～59歳平均年収額金3,498,900円とし、喪失率を45％、喪失期間を平均余命34.54年の半分の17年（ライプ11.2741）とする。金3,498,900円×0.45×11.2741＝金17,751,126円

—25—

321

VI 損害算定の実務(具体的な事例をもとに)

		当初の保険会社主張額		被害者死亡後の保険会社主張額	
12	後遺障害慰謝料	¥3,240,000	任意基準	¥9,000,000	
13	将来の人工関節再置換手術費			¥10,011,745	原告が右股関節に挿入した人工関節は、手術後10年を目途に再置換手術が必要であり、原告は手術時53歳であり、平均余命は34.54年であるから、10年後、20年後、30年後の3回の再置換手術を要する。1回当たりの将来の人工関節再置換手術の際の手術費、損害等を金8,192,919円とし、10年後(ライプ現価係数0.6139)、20年後(ライプ現価係数0.3768)、30年後(ライプ現価係数0.2313)の3回の損害額合計金は合計金10,011,745円である。
14	以上合計	¥27,673,803		¥64,196,147	
15	弁護士費用相当損害金			¥6,500,000	
16	合　計			¥70,696,147	
17	確定遅延損害金			¥14,991,456	上記金額に対する事故発生日である平成17年12月8日から自賠責保険後遺障害損害金の支払日である平成22年3月4日までの1,548日に対する確定遅延損害金70,696,147円×0.05×1,548／365≒金14,991,456円
18	損害の一部填補	¥−15,569,170	保険会社の既払金7,379,170円 自賠責保険後遺障害損害金8,190,000円	¥−8,190,000	被害者請求により、自賠責保険から平成22年3月4日、後遺障害損害金8,190,000円が支払われた
19	確定遅延損害金残額			¥6,801,456	上記の確定遅延損害金に、自賠責保険からの後遺障害損害金を充当した後の平成22年3月4日における確定遅延損害金残額金14,991,456円＋金8,190,000円＝金6,801,456円
20	合計損害額	¥12,104,633		¥77,497,603	及び内金70,696,147円に対する平成22年3月5日から支払済みまで年5分の割合の遅延損害金

レジュメ

	原告請求額		裁判所判決	
	¥8,300,000		¥8,300,000	過失相殺15%が相当
	¥4,034,070	1回当たりの将来の人工関節再置換手術の際の手術費、損害等を金4,716,005円とし、将来3回分の中間利息控除後の金額は5,762,958円であるが、長期の不確定要素を考慮し、その70%とする。	¥4,666,099	1回当たりの将来の人工関節再置換手術の際の手術費、損害等を金6,070,750円とし、将来15年ごとの2回分とする。
	¥39,686,158		¥44,321,919	
	¥0	争う	α	
	¥39,686,158			
	¥0	争う	α	
	¥-8,190,000	被害者請求により、自賠責保険から平成22年3月4日、後遺障害損害金8,190,000円が支払われた	¥-8,190,000	被害者請求により、自賠責保険から平成22年3月4日、後遺障害損害金8,190,000円が支払われた
	¥0	争う	α	
	¥31,496,158		¥36,131,919	及び調整金α (最終的には、既払金以外に金47,000,000円を支払うとの和解成立で解決となる。)

—27—

VI 損害算定の実務（具体的な事例をもとに）

事例4

損害賠償額一覧表

		当初の保険会社主張額		被害者死亡後の保険会社主張額	
1	治療費・文書代（未払分）	¥48,965		¥29,950	
2	通院交通費（未払分）	¥57,300		¥4,960	
3	入院雑費	¥46,500	日額1,500円×実通院日数37日の内、31日	¥55,500	日額1,500円×実通院日数37日
4	付添看護費（入院）	¥16,480		¥51,000	関東労災病院での1回目の入院日数31日の内15日間、また、2回目の入院日数6日の内2日間、以上合計17日間、原告の夫が関東労災病院に出向き、原告の夫が付き添い看護した。日額金3,000円（交通費込）×17日分を請求する。
5	その他治療関係費	¥33,505			
6	休業損害	¥1,752,214		¥5,026,228	事故当時の収入日額10,263円を基礎収入とし、平成21年10月8日の事故日から症状固定と診断された平成23年2月28日までの509日間から、その間に勤務先から支給された賞与額金197,639円を差し引いた金額。 金10,263円×509日−金197,639円＝金5026228円
7	傷害慰謝料	¥1,392,000		¥2,000,000	症状固定までの総治療日数509日につき、入院2回合計37日間入院し、177日通院した。
8	後遺症逸失利益	¥4,049,568		¥41,056,244	事故受傷まで健常な看護師として勤務していたのであり、基礎収入を平成22年度賃金センサス、職種・性別、東京都の看護師（女）、全年齢平均額金5,313,200円とし、喪失率を56パーセントとし、喪失期間は67歳までの24年間（ライプ13.7986）とする。 金5,313,2000円×0.56×13.7986＝金41,056,244円
9	後遺障害慰謝料	¥2,320,000	12級13号につき、任意基準	¥10,000,000	7級4号に該当、若しくは準じるべき
10	交通事故証明書取得振込手数料			¥120	
11	以上合計	¥9,716,532		¥58,224,002	
12	損害の一部塡補			¥−4,697,462	被告付保の任意保険からの損害一部支払金 金2,134,493円 労災保険からの休業給付金 2,562,969円

レジュメ

(原告、被告、裁判所判決)

原告請求額		裁判所判決	
¥6,000	平成22年10月15日を症状固定とすべきであり、その後の治療費は否認。	¥6,000	
¥0		¥0	
¥46,500	日額1,500円×実通院日数37日の内、31日	¥46,500	
¥0		¥21,000	7日分認める。
¥3,305,204	事故前3ヶ月の1日単価9,391円を基礎収入とし、平成22年1月31日までの休業日数373日分の3,502,843円から賞与額金197,639円を差し引いた金額。	¥3,305,204	
¥1,800,000		¥1,800,000	
¥4,049,568	基礎収入を事故前の勤務先からの給与3,746,000円とし、喪失率14%、10年間(ライプ7.7217) 金3,746,0000円×0.14×7.7217 =金4,049,568円	¥5,743,771	
¥2,900,000		¥2,900,000	
	不知	¥120	
¥12,107,272		¥13,822,595	
¥-4,697,432			

—29—

VI 損害算定の実務(具体的な事例をもとに)

		当初の保険会社主張額	被害者死亡後の保険会社主張額	
13	11から12を控除した金額		¥53,526,540	
14	弁護士費用相当損害金		¥5,350,000	
15	13と14の合計		¥58,876,540	
16	確定遅延損害金(本件事故時から平成23年11月6日まで)		¥6,121,541	上記15の金58,876,540円に対する本件事故発生日である平成21年10月8日から下記17の支払がなされた平成23年11月6日までの2年29日間についての年5パーセントの割合による確定遅延損害金は、以下の通りである。 計算式　金58,876,540円×0.05×2.07945＝金6,121,541円
17	平成23年11月6日の自賠責保険からの後遺障害損害金の支払		¥-750,000	被害者請求により、自賠責保険から平成23年11月6日、後遺障害損害金750,000円が支払われた
18	平成23年11月6日時点の確定遅延損害金残額		¥5,371,541	上記16の確定遅延損害金に、自賠責保険からの後遺障害損害金を充当した後の平成23年11月6日における確定遅延損害金残額金6,121,541円−金750,000円＝金5,371,541円
19	平成23年11月6日から平成24年4月16日までの確定遅延損害金		¥1,298,227	上記15の金58,876,540円に対する平成23年11月7日から下記20の支払がなされた平成24年4月16日までの161日間についての年5パーセントの割合の確定遅延損害金金58,876,540円×0.05×0.4410＝金1,298,227円
20	平成24年4月16日の自賠責保険からの後遺障害損害金の支払		¥-1,490,000	被害者請求により、自賠責保険から平成23年11月6日、後遺障害損害金750,000円が支払われた
21	平成24年4月16日時点の確定遅延損害金残額		¥5,179,768	18と19に、20の自賠責保険後遺障害損害金を充当した後の平成24年4月16日における確定遅延損害金残額 金6,669,768円 − 金1,490,000円＝金5,179,768円
22	損害の塡補	¥-4,522,503		
24	調整金			
25	合計損害額	¥5,194,029	¥64,056,308	及び内金58,876,540円に対する平成24年4月17日から支払済みまで年5分の割合の遅延損害金

レジュメ

	原告請求額		裁判所判決	
	¥0	争う		
	¥7,409,810			
	¥0	争う		
	¥-750,000			
	¥0	争う		
	¥0	争う		
	¥-1,490,000			
	¥0	争う		
			¥-6,937,462	
			α	
	¥5,169,810		¥6,885,133	和解金として、既払い以外に金7,500,000円

あとがき

　東京弁護士会弁護士研修センター運営委員会では、専門領域における業務に対応できる研修を目指し、平成13年より特定の専門分野につき数回にわたる連続講座を実施してまいりました。平成18年度後期からは6ヶ月間を区切りとして、一つのテーマについて、受講者を固定して、その分野に関する専門的知識や実務的知識の習得を目的とする連続講座を開始し、毎年好評を博しております。

　本講義録は、平成26年度の専門講座で交通事故をめぐる法的問題につき、専門的知識とノウハウを全6回の連続講座として実施した内容をまとめたものです。交通事故事件は専門性が高く、昨今は交通事故事件に関与する（あるいは関与しようとする）弁護士も増加しており、交通事故事件に関する講義のニーズは高い状況にあると感じております。ぜひ本書をお読みいただき交通事故に関連する専門知識とノウハウを習得され、適切な事件対応にお役立ていただければ幸いです。

　終わりに、この専門研修講座の企画、実施と本書の発行にご協力いただきました講師の先生方、弁護士研修センター運営委員会担当委員各位、そして株式会社ぎょうせいの編集者の皆様に厚くお礼申し上げます。

　　平成27年9月

　　　　　　　　　　　東京弁護士会弁護士研修センター運営委員会
　　　　　　　　　　　　委員長　本　井　克　樹

弁護士専門研修講座
交通事故の法律相談と事件処理　民事交通事故訴訟の実務Ⅲ

平成27年11月20日　第1刷発行
平成29年 7 月10日　第5刷発行

編　集　　東京弁護士会弁護士研修センター運営委員会
発　行　　株式会社ぎょうせい

〒136-8575　東京都江東区新木場1-18-11
電話　編集　03-6892-6508
　　　営業　03-6892-6666
フリーコール　0120-953-431
URL：https://gyosei.jp

〈検印省略〉

印刷　ぎょうせいデジタル㈱　　　　　　©2015 Printed in Japan
※乱丁・落丁本はお取り替えいたします。
ISBN978-4-324-10033-2
(5108175-00-000)
〔略号：弁護士講座（民事交通事故Ⅲ）〕

弁護士専門研修講座

東京弁護士会弁護士
研修センター運営委員会【編集】

東京弁護士会主催の「弁護士専門研修講座」講義録。講義録の簡便さと厳選されたテーマに沿った講義の適度な専門性により、経験の浅い弁護士から専門性を高めたい弁護士まで広くご活用いただけます。

情報・インターネット法の知識と実務
●A5判・定価(本体4,000円+税)

子どもをめぐる法律問題
●A5判・定価(本体3,700円+税)

労働環境の多様化と法的対応　労働法の知識と実務Ⅲ
●A5判・定価(本体4,300円+税)

交通事故の法律相談と事件処理　民事交通事故訴訟の実務Ⅲ
●A5判・定価(本体4,000円+税)

高齢者をめぐる法律問題
●A5判・定価(本体3,700円+税)

租税争訟をめぐる実務の知識
●A5判・定価(本体4,000円+税)

住宅瑕疵紛争の知識と実務
●A5判・定価(本体3,000円+税)

相続関係事件の実務―寄与分・特別受益、遺留分、税務処理―
●A5判・定価(本体2,500円+税)

中小企業法務の実務
●A5判・定価(本体3,500円+税)

民事交通事故訴訟の実務Ⅱ
●A5判・定価(本体4,300円+税)

インターネットの法律実務
●A5判・定価(本体3,800円+税)

債権回収の知識と実務
●A5判・定価(本体3,000円+税)

離婚事件の実務
●A5判・定価(本体2,857円+税)

民事交通事故訴訟の実務―保険実務と損害額の算定―
●A5判・定価(本体3,619円+税)

 株式会社 ぎょうせい

フリーコール　TEL：0120-953-431 [平日9〜17時]
　　　　　　　FAX：0120-953-495 [24時間受付]

〒136-8575　東京都江東区新木場1-18-11　　Web　https://shop.gyosei.jp [オンライン販売]